मेरी दृष्टि
तो
मेरी है

मेरी दृष्टि तो मेरी है

कुसुम अंसल

वाणी प्रकाशन

वाणी प्रकाशन
4695, 21-ए, दरियागंज, नयी दिल्ली 110 002
शाखा
अशोक राजपथ, पटना 800 004
फ़ोन : +91 11 23273167 फ़ैक्स : +91 11 23275710
www.vaniprakashan.in
vaniprakashan@gmail.com
sales@vaniprakashan.in

MERI DRISHTI TO MERI HAI
by Kusum Ansal

ISBN : 978-93-87889-73-6
Collection of Stories

प्रथम संस्करण

मूल्य : ₹ 395

सिटी प्रेस, दिल्ली-110 095 में मुद्रित

वाणी प्रकाशन का लोगो मक़बूल फ़िदा हुसेन की कूची से

अपनी स्वर्गीय माँ सुशीला रानी को
सादर

जो न होने पर भी मेरी आत्मा में
हर पल, हर क्षण अनुप्राणित हैं

प्राक्कथन

साहित्य के प्रति प्रायः सभी लेखकों की अपनी-अपनी मान्यताएँ होती हैं। मेरे लिए मेरा लेखन एक तपस्या जैसा है—एक साधना जिसमें लीन होकर मैं सर्जनात्मकता के विभिन्न आयामों तक जाती हूँ। मेरा यह भी मानना है कि लेखन की कोई भी विधा हो—कविता या कहानी, उपन्यास या नाटक, सभी विधाएँ लेखक के अपने ज्ञान, चिन्तन, सोच के अतिरिक्त उसके जीवन के अनुभवों की सच्ची अनुभूति, प्रेरित अभिव्यक्ति होती है। मेरी कहानियाँ भी, मेरे जीवन में आये मेरे हमसफ़र, व्यक्ति विशेष, स्मृतियाँ, घटनाएँ या स्थिति विशेष की दास्तानें हैं—अथवा एक प्रकार का 'साइकिक चैलेंज' जिसकी मैं साक्षी रही हूँ या जिन्हें मैंने जिया है, या जो मेरी अन्तरात्मा में जब-तब दस्तक देती रहती हैं। उनके थ्री डायमेंशनल, त्रिआयामी तन्तुजाल से मुक्त होने के लिए मुझे अपनी कलम उठानी पड़ती है। जैसे ही एक रचना काग़ज़ पर उतरती है, दूसरी मन के किसी कोने में सिर उठाकर खड़ी हो जाती हैं। फिर बस उसी के तिलिस्म में बँधी मैं जाने-अनजाने समय के उस खण्ड-काल में या शहर की किसी गली-मोहल्ले के गुमनाम मकान में, बाज़ार या अस्पताल के दर्द से कराहते किसी वार्ड में दबे पाँव जा खड़ी होती हूँ। मेरे पात्र मुझे चुनौती देते हैं, और मैं वैसी सिचुएशनल स्थिति में दिन-रात जीने के लिए विवश हो जाती हूँ। पात्रों से उठकर आते उनके सपने, इच्छाएँ, उपलब्धियाँ, जीवेषणा, कुंठाएँ या ग्रन्थियाँ मेरी सोच पर हावी होकर मुझे फिर से कलम उठाने का आग्रह करते हैं।

जाने क्या होती है यह रचना-प्रक्रिया कि मैं एक इल्यूसिव या भ्रमित-सी ज़िन्दगी के किनारे-किनारे चल पड़ती हूँ—रास्ता अपने-आप बनता जाता है। वैसे तो आज के आधुनिक परिवेश में भूमंडलीकरण और प्रगति, विज्ञान और टेक्नोलॉजी, बाज़ारवाद या आविष्कारों से लदा-फँदा

एक संसार मेरे वजूद को चकाचौंध कर जाता है। मैं चाहती हूँ कि उसके इस ज्वलन्त परिवेश से जान-पहचान कर लूँ, परन्तु मेरे सरोकार अलग-थलग खड़े रह जाते हैं। मेरा मनोविज्ञान, मेरी चेतना, हृदय में आलोड़ित होतीं कोमल मानवीय भावनाओं के सहज, परन्तु नैसर्गिक ज्ञान को ही जीना चाहता है, और मेरे पात्र, 'आइडिंटिटी पॉलिटिक्स' के शिकार होने से बच जाते हैं। उनकी पहचान, व्यक्ति-साधारण से व्यक्ति के रूप में ही बन पाती है वह जो केवल धड़कती हुई इनसानियत जीता है। मैं प्रयास करती हूँ कि नयी टेक्नोलॉजी के प्रयोग करूँ, परन्तु जाने कहाँ से आकर स्मृतियों की धुन्ध में गुँथा मेरे जन्म, मेरी परवरिश का शहर अलीगढ़ जाति-भेद के तथा साम्प्रदायिक दंगों से रचा-बसा, मेरे कथा-संसार में प्रवेश कर जाता है।...तो मेरी रचना की कथायात्रा डैलिवरेट या जानबूझ कर लिखी गयी क़िस्सागोई न रहकर पुख़्ता कहानी बन जाती है। हाँ, मैं नहीं, वह मुझे रचयिता बनाती है। यही मेरे कथाकार होने का सच है।

'मेरी दृष्टि तो मेरी है' (कहानी-संग्रह) की पाण्डुलिपि प्रिय मजीद अहमद ने तैयार की है, उनके प्रति शुभकामनाएँ एवं आभार।

किम् अधिकम्?

–कुसुम अंसल

विश्रान्ति
26, फ़ीरोज़शाह रोड
नयी दिल्ली-110001

अनुक्रम

दिया-आग और पुरानी लालटेन

बहुत पूछने पर भी राजीव ने नहीं बताया कि हमें किस होटल में ठहरना है, तो मुझे और बच्चों को चुप रह जाना पड़ा। '' 'सरप्राइज़'—इट इज़ ए सरप्राइज़ फॉर यू गीता, मुझे पूरा विश्वास है कि वह जगह तुम्हें बहुत पसन्द आयेगी—देखोगी तो विश्वास नहीं होगा, अजीबोग़रीब स्थान है वह, जहाँ मैंने बुकिंग कराई है।''

तो हम चुपचाप उस पहाड़ी इलाके की घुमावदार सड़क पर अपने-अपने विचारों में गुम चलते चले जा रहे थे। धीरे-धीरे उस पहाड़ी शहर के मकान, बिल्डिगें पीछे छूटते जा रहे थे, परन्तु दोनों ओर का पहाड़ी जंगल घना होता जा रहा था। हमारी उत्सुकता बढ़ रही थी, परन्तु तभी एक बड़ा गहरा मोड़ पार कर लेने के पश्चात गहरी सी खाई के निकट एक काफ़ी छोटा-सा घर दिखाई दिया। घर के निकट गाड़ी खड़ी हो गयी। मुझे हैरानी हुई इतना मैला पुराना-सा ये घर कोई होटल तो नहीं हो सकता? गाड़ी से उतरकर मैं और राजीव एक पतले रास्ते से भीतर की ओर जाने लगे तो बरांडे में एक सज्जन, और उनकी सुन्दर सी पत्नी ने आगे बढ़कर हमारा स्वागत किया।

''गीता ये हैं श्री जीवन धर और उनकी बीवी रत्ना...जीवन जी ये मेरी पत्नी गीता और बेटी राधिका।''

''वैलकम सर, आइये अन्दर आइये।''

''थैंक यू।'' अन्दर जाने से पहले मैंने उस छोटे-से लॉन को देखा, जो हरा-भरा तो था, पर फूल बहुत कम थे, हाँ उसके एक कोने में पुराने समय की एक 'प्रैम' (बच्चा गाड़ी) खड़ी थी। वह भी बहुत पुराने समय की लग रही थी क्योंकि उसे पहिये ज़रूरत से ज़्यादा बड़े थे, कुछ वैसे, जैसे, पुरातन काल में आविष्कार के समय बनाये गये थे। अजीब-सी लगी वह कलात्मकता। घर के अन्दर घुसने पर, वहाँ का परिवेश भी एक बहुत पुरानी नींद में डूबा हुआ सा लगा, समूचा कमरा गहरी कत्थई रंग की पुरानी ओक लड़की का बना हुआ था। फ़र्श भी, और दीवारें भी उसी लकड़ी से मढ़ी हुई थीं। उसको उजागर कर

रहा था, उतना ही पुरातन, बेल्जियन शैंडलियर किसी विशेष शीशे के बने हुए। जिसमें अब मोमबत्तियों के स्थान पर बिजली के नये किस्म के बल्ब लगा दिये गये थे। उन बल्बों की रोशनी से सभी कुछ ज्योतित था, परन्तु कमरा निस्तब्ध था जैसे किसी चिरप्रदोस की छाया से ढका हुआ था।

''है न सरप्राइज़?'' राजीव ने मुझे छूते हुए कहा, ''तुम्हें पसन्द आती हैं न पुरानी वस्तुएँ 'एंटीक्स'। यह भी एक 'हैरीटेज-प्रॉपर्टी' है। अब जीवन भाई आप ही गीता को बताइये कितनी पुरानी प्रॉपर्टी है यह?''

''सर, इस 'कोलोनियल' घर को 1830 में किसी ब्रिटिश ऑफ़िसर ने बनवाया था। मैंने तो इसे केवल चौदह साल पहले ख़रीदा था, इसलिए इसका इतिहास बहुत नहीं जानता। परन्तु इसे मैंने जैसा लिया था वैसा मेंटेन भी किया है। इसके पुरानेपन को मैंने मिटाया नहीं सहेजने का ही प्रयास किया है।''

मैं तो अपने भीतरी सन्नाटे के घुमावदार चक्रवात में गोल-गोल घूम रही थी। पता नहीं पहाड़ी सड़क का प्रभाव था, या उस घर की पुरातनता? ऐसा लग रहा था जैसे वह घर कोई पुराना ऐतिहासिक सपना अपने अस्तित्व में समोये हुए चुपचाप हमें घूर रहा था। खिड़की खोल देने पर भी, दोपहर की हवा से कमरे से परदे कठिनाई से हिल पा रहे थे, जैसे उनकी सलवटों में कोई बहुत पुरानी थकान गठिया के जोड़ों के दर्द सी उनकी परेशानी में आ चुकी थीं, और जिसने उनकी पुरानी फड़फड़ाहट, गति और उड़ान छीन ली थी। कमरे की दीवारों पर विशेष चित्र नहीं थे, जबकि मुझे लगा कि होने चाहिए थे। मात्र एक पुराना कोई फैमिली पोर्ट्रेट दमे की उखड़ी साँसों जैसा कम्पित सहसा सा खड़ा था। उसमें छपे चेहरों पर से पुराने उत्साह, सपने, प्रतिज्ञाएँ, चाहतों, जैसे अनेक भाव—काग़ज़ के पीलेपन में परत-दर-परत खो चुके थे। मैंने निकट जाकर देखा, तो बिना कोई पहचान पकड़ाये वह सारे मुखौटे तस्वीरों में जड़े-जड़े पीले पड़ गये थे, जिन्हें पहचानना कठिन था। परन्तु उनकी उपस्थिति, उनके अस्तित्व के चिरकालिक अधिकार का एहसास दिला रही थी। विपिन बाबू बता रहे थे कि अभी एक साल पहले उन्होंने इसे होटल का रूप दे दिया है। फिर उन्होंने ही हमें उस कमरे और बरामदे को फलाँग कर पीछे आने का आदेश दिया। पीछे की ओर कुछ बड़ा-सा लॉन था, जिसके बीचोबीच पुराना एक फव्वारा भी लगा था। फिर ढलान के बाद एक और लम्बाकार दोमंज़िली इमारत थी जिसमें काफ़ी कमरे थे और उन्हें होटल का रूप दे दिया गया था। उसकी छत पुराने खपरैल की थी, जो कभी अपने समय में लाल रंग की रही होगी परन्तु अब भी वर्षों की धूप, बारिश सहकर भी अपनी वास्तविकता को समय के थपेड़ों से

बचाकर जैसे-तैसे सहेजे हुई थी। उसके ऊपरी हिस्से की बाल्कनी से पीछे की तरफ़ बना हुआ एक और छोटा-सा एक और घर नज़र आया जिसको देखकर मुझे शेक्सपीरियन कंट्री के तिकोनी छतवाले घरों की याद आने लगी जिनको मैंने अपने लन्दन प्रवास के समय देखा था।

"अब वह नीचे का घर भी देख ले..." राजीव ने कहा।

"नहीं उसे फिर कभी देख लीजिएगा, देर हो गयी है पहले खाना खा लें आप लोग।" जीवन बाबू ने हमें मुड़कर वापिस आने का आदेश जैसा दिया।

मैं इससे पहले कुछ कहती, हमारा सामान पहले वाली कॉटेज में रख दिया गया था।

"चलो फ्रैश हो लो फिर खाना खाते हैं।" राजीव ने मेरी इच्छा-अनिच्छा की कोई चिन्ता नहीं की थी। तब तक राधिका अपने कमरे में तैयार होने चली गयी।

अपने वाले कमरे को मैंने ध्यान से देखा। कमरे के बीचोबीच चार खूँटे वाला पलँग था, कुछ वैसा जैसा बंगाली फ़िल्मों में दिखाया जाता था। उसके सिरहाने की तरफ़ नक्काशी थी और शीशे भी जड़े हुए थे। मसहरीनुमा जाली भी खूँटियों पर टँगी थी। एक पुरानी सीलन-भरी हुई गन्ध, न चाहने पर भी मुझे सहज नहीं होने दे रही थी। मैं प्रयास करके भी शरतचन्द्र या टैगोर की किसी नायिका में नहीं ढल पा रही थी। राजीव मुस्कुराते हुए गुसलख़ाने से बाहर आये—"देखो गीता, बाथरूम में अभी भी पुरानी ब्रिटिश फिटिंग्स लगी हैं—जीवनधर कह रहा था उसने उन्हें कभी नहीं बदला। उतने वर्षों से वैसे की वैसे है। आज भी नल में ठंडा-गर्म पानी ठीक से मिलकर निकल रहा है।"

मैं भी उठकर कपड़े बदल आयी, सोचा यहाँ रहना है तो अपने को एडजस्ट करना पड़ेगा। मैंने अपनी क्लान्त साँसों को संयत करने का भरपूर प्रयास किया पर कुछ था जो किसी विकल पक्षी की तरह मेरे मन के भीतर फड़फड़ा रहा था।

हम लोग खाने के कक्ष में चले आये। वहाँ भी पुरानी लकड़ी की दीवारें, पुराना कालीन और एक दीवार भी साथ पुरानी फायर प्लेस अपने अतीत के रहस्य को अपने भीतर समोये नये यात्रियों का स्वागत कर रही थी। सारी दीवारें सपाट थीं, चित्र विहीन, उनका खालीपन मुझे अखर रहा था। मैंटल पीस पर भी कुछ नहीं था, न कोई तस्वीर न ही कोई फूलदान, बस एक घड़ी थी जो टिकटिका कर समय के हिसाब को व्यक्त कर रही थी—समय जो बीत गया, समय जो अब है, वर्तमान, वर्तमान जिसमें जीना है, साँस लेनी है। घड़ी की टिकटिकाहट में जैसे समूचे समय का हिसाब समोहित था। खिड़की के बाहर लोहित सूर्यास्त बहा जा रहा था—'ब्रिटिश-हैरीटेज़' कॉटेज में श्वेत वर्दीधारी

बैरे खाना जो परोस रहे थे, वह तो था नितान्त भारतीय—दाल, चावल, रोटी।

शाम को कमरे में लौटकर मैं अपने कपड़े आदि निकालकर फिर से अपने परिवेश से परिचित होने का प्रयास करने लगी। बाथरूम की खिड़की खोलकर बाहर झाँका तो दूर नीचे के छोटे-से शेक्सपीरियन घर की तिकोनी छत की खिड़की में मद्धम-सी रोशनी झिलमिलायी।

"देखो राजीव, उतने नीचे भी क्या कुछ यात्री रह रहे हैं?" मैंने राजीव को घसीटकर वहाँ खड़ा किया।

हलके गर्म अँधेरे में पसरा सन्नाटा और वह दूर-दराज खिड़की का मद्धम-सा प्रकाश मुझे अच्छा लग रहा था, मैं चाहती थी राजीव मुझे कुछ बतायें पर वह मुझे ही वहाँ से हटाकर बिस्तर तक ले आये, "चलो सोते हैं...थकान लग रही है।" और वह अपने तकिये पर सिर रखकर सो गये।

सुबह उठे तो राजीव और राधिक नाश्ते के बाद गोल्फ खेलने निकल रहे थे...मैं कहती रही, "राधिका, तू तो ठहर मेरे साथ, मैं अकेली पड़ जाऊँगी।"

"ओ हो मम...आप तो जानती हैं मैं स्पोर्टी हूँ, और गोल्फ के लिए तो पापा लाये हैं मुझे..." वह मेरी कम अपने पापा की ज़्यादा सगी बेटी है।

मैंने भी अपने सैर वाले जूते पहने और अपनी कॉटेज के पिछले वाले ढलान पर उतरने लगी। होटल की बड़ी बिल्डिग के बाद मैं उस छोटे-से ब्रिटिश वास्तुकला निर्मित घर के सामने जा खड़ी हुई जिसकी ऊपरी खिड़की में अभी भी मद्धम-सी रोशनी झिलमिला रही थी। बरांडे में आयी तो देखा उसका मुख्यद्वार बन्द था और ताला भी पुराना बड़ा-सा जंगखाया-बोझिल। चारों तरफ़ घने देवदार, साल और जंगली वृक्षों का घनापन अच्छा लग रहा था। एक पतली-सी पगडंडी जंगल के मध्य रास्ता बनाती हुई जैसे मेरा मार्गदर्शन कर रही थी। मैं बरांडे से उतरकर उस पगडंडी पर पैर रखती चलती गयी, तो काफ़ी आगे जाने पर एक खुला सा मैदान दिखाई दिया। इस सपाट जगह जिसके एक ओर 'ब्रिटिश सीमेंट्री' का बोर्ड लगा था, दूसरी ओर था एक छोटा-सा गिरजाघर। उन दोनों के मध्य एक विभाजक पक्का रास्ता था जिसके दोनों ओर सफ़ेद फूलों की हैज भी थी। एक बड़ा मैगनोलिया का पेड़ अपने बड़े-बड़े सुरभित फूलों से वातावरण की बोझिलता को कम कर रहा था। मैं पहले सीमेंट्री की तरफ़ चल पड़ी, वहाँ भी तरतीबवार क़ब्रों की क़तार थी, जिसमें न जाने कितने ब्रिटिश अधिकारी, भारतीय, ईसाई चिरनिद्रा में मग्न सोये पड़े थे। जिनके जीवन का रहस्यात्मक इतिहास उनके साथ उनके ताबूतों में बन्द हो गया था। मैं चलती गयी, इतना उजाड़ था सब कुछ, न कोई इबादत, न फूल, न ही माथा टेकता उनका अपना

परिवारीजन, एक गहरा अकेलापन वह अकेलापन वहाँ के उस उजड़े दयार के सन्नाटे में सूखे पत्तों सा उड़ रहा था। मैं सोच रही थी क्या मृत्यु जिये हुए जीवन के अकेलेपन से छुटकारा है। या है, एक और घोर अकेलापन, मिट्टी की परतों के मध्य दबा हुआ अन्तहीन अकेलापन, पता नहीं? क्या? असमाप्त या समाप्त?

मुझे यथार्थ में लौटता सूर्य उग आया था, परन्तु इस स्थान का सत्य अभी तक मुझ पर उजागर नहीं हुआ था। मैं क़ब्रों के उस मरुस्थल से मुड़कर चर्च की ओर चल पड़ी। मुझे लगा मेरे उदासी में डूबते अस्तित्व को थोड़े से आराम की आवश्यकता थी। चर्च का अधखुला दरवाज़ा मेरी थकान को आमन्त्रित कर रहा था। मैं धीरे-से भीतर चली गयी, तो आश्चर्य हुआ वहाँ कोई छह-सात लोग थे, मद्धम स्वर में चर्च का संगीत मेरी अपनी उस समय की मानसिकता में बहुत ही शान्तिपूर्ण लगा था। साधारण सा चर्च था, क्रॉस पर निरीह लटकी ईसा मसीह की प्रतिमा, एक धुँधले विश्वास को साहस से थामे खड़ी थी। शीशे के पुराने शमादानों में जलती कुछ मोमबत्तियाँ और बल्बों की पतली लड़ी के जलते-बुझते बल्ब, सप्रयास, उस परिवेश को उजागर करने के परिश्रम में जुटे थे। मात्र अगरबत्ती की भारतीय गन्ध उस जर्जर प्रतिमा को उस पहाड़ी शहर की धरती से जोड़े हुए थी।

प्रार्थना समाप्त होने पर मैंने देखा, एक बूढ़े से मिशनरी पादरी को, जो अपने याचकों को मुफ्त में बाइबिल की प्रतियाँ बाँट रहे थे। एक बाइबिल उन्होंने मेरे फैले हुए हाथों पर रख दी, "थैंक्स...पर क्या मैं यहाँ कुछ देर बैठ सकती हूँ।"

"ओह हाँ, यस, बैठो।" उसने मेरे अनजान चेहरे को देखते हुए कहा। परन्तु लोग उससे हाथ मिलाकर विदा ले रहे थे। मैंने देखा उनमें से अधिकतर बूढ़े थे...अकेले, शायद ज़िन्दगी की थकान से बोझिल, उनमें स्त्री भी कोई नहीं थी।

पादरी जी ने मेरी ओर मुड़कर कहा, "वैसे प्रार्थना तो समाप्त हो चुकी है, माई चाइल्ड।"

"प्रार्थना क्या कभी समाप्त होती है सर?"

"ओह यस" पादरी जी ने अचकचा कर मेरी ओर देखा, और अपने सधे क़दमों से धीरे-से आकर मेरे पास बैठ गये।

"सॉरी सर...मैं थक गयी थी, घूमते-घूमते अचानक यहाँ आ पहुँची, अब वापिस उस ऊँचाई तक जाने के लिए ऊर्जा बटोर रही थी...आपको मेरे यहाँ बैठने से कोई आपत्ति तो नहीं है सर?"

"अरे नहीं, माई चाइल्ड, यहाँ आता ही कौन है आज संडे है, बस यही

चार-छह लोग, जो यहाँ के लोकल हैं, वही आते हैं प्रार्थना के लिए। नहीं तो पूरे सप्ताह बस मैं, मेरा क्राइस्ट और बुक्स...अकेलेपन, और कोई नहीं होता।''

''बहुत शान्ति है यहाँ, इट इज़ वैरी फीसफुल।''

''हाँ, वह तो है इट इज़ वैरी-वैरी पीसफुल, बट समटाइम्स पीस बिकम्स अनकम्फर्टेबल...माई चाइल्ड...'' बर्दाश्त नहीं होती सूनी-सूनी शान्ति।

''क्या कह रहे हैं आप सर? क्या कोई शान्तिपूर्ण स्थल और उसकी वाईब्रेशंस किसी को असहज कर सकती है या कोई कष्ट पहुँचा सकता है?''

''कष्ट नहीं साइलेंस, सन्नाटा और वह भी हौलो, खोखला, खाली या एहसास जो अकेलेपन को और गहरा कर जाता है—अकेले रह जाना मन में एक कुआँ जैसा खोद जाता है, जिसके अन्दर प्रेम का जल नहीं होता, होता है हाहाकार करता खालीपन धुन्ध से भरा हुआ, कसैला।''

''आप तो इंटलैक्चुअल हैं, पढ़े-लिखे, बुद्धिजीवी, और आपका जीवन भी समर्पित है भगवान की भक्ति के प्रति क्या आपके मन की इस स्थिति को खालीपन के स्थान को अद्वैत में प्रवेश नहीं कहा जा सकता? 'वन विटाउट ए सैकंड'। अपने आप में समोहित, अपना स्व, परमात्मा के एकत्व में लीन।'' जिसे हम भारतीय सन्यास कहते हैं...समाधिस्थ संन्यास।''

''हाँ होता है अपने आप में उसका एहसास, अपने में स्थायी रूप से स्थापित भी है वह।'' उन्होंने जीसस की प्रतिमा की ओर उँगली उठा दी। ''वही तो जीवन का ध्येय है...परन्तु तुम कैसे जानती हो, यू आर वैरी नॉलेजेबल। क्या तुमने फ़िलॉसफ़ी पढ़ी है...माई...नो क्या नाम है तुम्हारा?''

''मेरा नाम गीता है। मैं लेखिका हूँ, कहानी आदि लिखती हूँ, लिखना भी एक प्रकार की साधना है उसके प्रति ''मैंने भी उँगली जीसस की ओर उठा दी।'' मुझे भी अपने लेखन में ही जीवन सत्य के प्रति अनुसन्धान करते-करते अपने मन की उस गहराई तक जाना होता है जहाँ मेरा परमात्मा है, शायद वही मेरी फ़िलॉसफ़ी, दर्शन या ज्ञान जो भी आप कहें, वही है। पर वह, खालीपन नहीं है समृद्ध है। मेरा मन्दिर मेरा चर्च मेरी लिखने की मेज़ है सर...जहाँ बैठकर आई मैडीटेट विद माई राइटिंग। समाधिस्थ हो जाती हूँ।''

''ओह...अच्छा लगा तुमसे मिलकर। तुम्हारा जैसा वार्तालाप कितनी मुश्किल से मिलता है। फिर से आना, बैठकर बातें करेंगे। क्या तुम नयी आयी हो यहाँ? कहाँ ठहरी हो?''

''वहाँ, ऊपर वह जो 'हैरीटेज़ होटल' है, पुराना, आप तो जानते होंगे उसका इतिहास।''

''ओह वहाँ, वह तो जीवनधर की प्रॉपर्टीज़ है।''

''जी वहीं, अच्छा-खासा पुरानापन मेंटेन किया है उन्होंने। मैं लेखिका हूँ इसलिए मेरे पति ने सरप्राइज़ रखा हमारा यहाँ ठहरना।''

''हाँ अब चल पड़ा है उसका होटल, चलो अच्छा है कब से खाली पड़ा था। समटाइम्स वन हैस टु राइज़ अबव डैथ।''

''तो मैं चलूँ...थैंक यू फार द बाइबिल। पढ़कर लौटा दूँ क्या?''

''नहीं-नहीं साथ ले जाना माई चाइल्ड, मेरे पास मिशनरी ऑफिस से हर महीने सप्लाई आती है कि मैं इन्हें फ्री में बाँट दूँ। और यहाँ के गरीबों को ईसाइत की शिक्षा दे सकूँ।''

''ओह।'' मैंने नमस्कार किया ईसामसीह को और पादरी जी को, तो उनके शब्द मुझे छू गये।

''आ सको तो कल फिर आना...मुझे अच्छा लगा तुमसे बातें करना–यू आर ए टेल ऑफ ट्रुथ–अदर्स आर डीमनस, पेंटिंग ऑफ फाल्स रीयलिटी। बाकी सब जो आते हैं वह अपनी प्रॉबलम्स लेकर आते हैं। कुछ न कुछ कष्टदायक कथानकों के साथ, जो उनकी वास्तविकता है, वास्तविकता जो उन्हें स्वार्थीपन तक ले जा रही है।''

''जी कल आऊँगी फिर से।'' एक बहुत ऊँची चढ़ाई मुझे चढ़नी थी, मुड़कर देखा होटल की आखिरी बिल्डिंग की एकमात्र नन्ही खिड़की में मद्धम सी रोशनी अब भी थी दोपहर के बारह बजे भी...वह उसी प्रकार जल रही थी जैसी रात के समय।

मैं होटल लौट आयी थी, राजीव और राधिका अभी गोल्फ से नहीं आये थे, तो मैं, अपने कमरे में न जाकर, उनके ड्राइंगरूम में बैठ गयी। वहाँ भी एक गहरा सन्नाटा था। शायद सभी पर्यटक घूमने निकल गये थे। एकमात्र मैनेजर जैसा कर्मचारी काउंटर पर बैठा था। मैं उसके पास चली गयी...''क्या एक कॉफ़ी मिल सकती है।''

''हाँ क्यों नहीं, आप गीता जी हैं...''

''हाँ, मैं ही गीता हूँ।''

''आपके लिए दो फ़ोन आये थे, एक अनीता का दूसरा रेखा मानकतला का। आप शायद, अपना मोबाइल साथ नहीं ले गयी। वो लोग उस पर ट्राई कर रही थीं।''

''हाँ...मैं उसे कमरे में ही भूल गयी...थैंक यू...'' मुझे उन दोनों से मिलना था, वह दोनों ही वर्षों से यहाँ रह रही हैं...तीन या चार, कोई हिसाब मन में

नहीं आया। परन्तु मुझे अपनी उन दोनों मित्रों से मिलना था...अवश्य...अवश्य।

मुझे उससे मिलना था, चाहे कितना भी चलना पड़े, मुझे उसे ढूँढ़ निकालना था। तीन-चार वर्ष से मैं उससे बिल्कुल नहीं मिली थी। पहले वह सर्दियों में दिल्ली आ जाती थी परन्तु अब कुछ वर्षों से नहीं आ पायी थी। पुरानी मित्रता का अपना ही एक अजीब सा जुड़ाव होता है जो एक-दूसरे को स्नेह के तन्तुओं से बाँधे रखता है, कुछ भी परिवर्तित हो जाये, समय, स्थान या उम्र। वह गहरा अपनापन वहीं का वहीं धँसा खड़ा रहता है मन में, जहाँ निर्मित हुआ था।

''ये 'डी-चौदह' कहाँ पड़ेगा?'' टैक्सी वाले ने सड़क पर चलते राहगीर से पूछा।

''मुझे नहीं मालूम।''

''अरे ड्राइवर साहब, वह सामने पुलिस वाला खड़ा है उससे पूछिये या फिर नुक्कड़ के उस 'कैफे' की गद्दी पर बैठे सरदार जी से, शायद वह बता सकें।'' मैंने अधैर्य से कहा।

''भाई साहब, ये डी-चौदह, जवाहर नगर कहाँ पड़ेगा?''

''जवाहर नगर तो यही है बीबी जी...'' सरदार जी ने कहा. ''पर 'डी-चौदह' के लिए आपको वह सामने के ढलान वाली सीढ़ियाँ उतरनी होंगी।''

फिर मुड़कर कहा–

''क्या रेखा बहन जी को पूछ रही हो–रेखा मानकतला को?''

''जी...उसी को ढूँढ़ रही हूँ...''

''हाँ...वह उधर ही रहती हैं। उसे तो इस इलाके का बच्चा-बच्चा जानता है। बड़ी नेक बीबी है जी, वह तो।''

''थैंक यू सरदार जी...थैंक यू।'' मैं टैक्सी से उतर गयी। ढलान भी गहरा था और उसके बाद सीढ़ियाँ भी अनगिनत जैसे किसी ने कुतुबमीनार को लिटा दिया हो।

घुटनों के दर्द की परवाह करती तो शायद उससे नहीं मिल पाती। पर कुछ लोग ऐसे होते हैं जहाँ जाना ही होता है। मैं अभी सोच ही रही थी कि सरदार जी ने पूछा–

''आपकी रिश्तेदार हैं? रेखा बहनजी?''

''ऐसा ही समझिये।''

''नहीं मैं जानता हूँ बल्लिये रेखा बहनजी कोई रिश्तेदार नहीं है। बस अख़बार वाले ही आते हैं यहाँ। उसकी ख़बरें छापते हैं–कितना काम करती है जेलों में जाकर सुधार करती है उन जवान बच्चों का जो अपराधी बन गये हैं।''

“मैं जानती हूँ।”

“अख़बार में ख़बर छपती है उसकी—वो सामने देख रही हैं न, उस ठेले वाले को, वो कैदी था—उसकी सजा ख़त्म होते ही उसने जाने कहाँ से जुगाड़ करके उसके लिए ये सब्ज़ी का ठेला करवा दिया है अब इज़्ज़त की ज़िन्दगी जीता है। चार पैसे कमाता है और ठीक से माँ-बाप का पालन करता है।”

“भाई जी...बारह गुलाब जामुन पैक कर दो।”

“अच्छा...ओह पुष्पा ठीक है ना तू बल्लिये?”

“देखो बहनजी, इस लड़की को, रेखाजी ने इसका इलाज करवाया—इसके पैर जनम से टेढ़े थे—कितने ऑपरेशन हुए तेरे पुष्पा बेटा?”

“चार बाबाजी...रेखा दीदी ने ही अस्पतालों के चक्कर काटे। मेरी पढ़ाई भी पूरी करवाई। उन्हीं के कहने पर मैं बारहवीं पास कर गयी...आज नौकरी की पहली तनखा मिली है मुझे, तभी तो गुलाब् जामुन ले जा रही हूँ—ऑफिस में पार्टी है ना।” वो गुलाब जामुन लेकर चली गयी।

पहाड़ी मेघों का क्या है अभी आये, अभी चले गये या फिर बरसने लगे—कुछ तो करना होता है उन्हें। हलकी-हलकी बारिश होने लगी तो मैं सरदार जी के वार्तालाप को बीच में ही छोड़कर रेखा के ऊबड़-खाबड़ मोहल्ले में उसे ढूँढ़ने निकल पड़ी।

रेखा ने अपने दोनों बेटों को पढ़ा-लिखा दिया था। उनके विदेश की महँगी शिक्षा के लिए अपनी दिल्ली की ‘मालचा मार्ग’ पर बनी कोठी बेच दी थी वह भी तो पढ़-लिखकर शादियाँ कराकर, सारा का सारा माल मत्ता सँभालकर चले गये थे। रेखा, उसका पति, केवल...और उनका ‘जवाहर नगर’ का ये दो कमरों का छोटा-सा फ्लैट बस अब यही बचा था। जीवन घुमावदार सड़क और ढेर सारी सीढ़ियों पर कब आ रुकता है, कि, पता ही नहीं चलता। मैंने मोबाइल से फिर उसका नम्बर मिलाया—

“हाँ...गीता आ गयी तू?”

“आ तो गयी पर घर नहीं मिल रहा।”

“ठहर मैं बॉलकनी में आती हूँ।”

जिस बॉलकनी को वह बैलकनी कह रही थी वह टूटा ठीकरा बरांडा जैसा था, जिसकी तार पर गन्दे से तौलिए, कपड़े टँगे हुए थे। उन्हीं लीर कतीर चीथड़ों के बीच एक दुर्बल सा चेहरा...एक हिलता हुआ हाथ मेरी पहचान बन रहा था।

अरे...मैंने अपनी आँखों पर विश्वास करना चाहा यही है रेखा मानकतला... फेमस सोशल वर्कर? जिसे अभी हाल में ‘लाइफ टाइम ब्रेवरी अवार्ड’ मिला था।

एक बार उसे देखा, दूसरी बार ढेर सारी कुतुबमीनारी सीढ़ियों को, और उतरती चली गयी। अरे, मेरी साँसों को क्या हुआ ऐसे कैसे...जैसा कोई अन्दरूनी पंखा उखड़ गया हो साँय-साँय...। अन्दर की उथल-पुथल बेचैन किये थी।

टीन की मैली चादर का गेट खोला। फिर दस-बीस सीढ़ियाँ चढ़ गयी...हाँ, वही थी दरवाज़ा खोले वही खड़ी थी। अगर बाहर कहीं मिलती तो मैं कहाँ पहचान पाती उसे? कहाँ चला गया उसका वह सौन्दर्य-रूपवान चेहरा जिस पर दफ़्तर के सारे छोकरे डोरे डालने पर उतारू रहते थे?

वह बाँहें खोलकर लिपट गयी...दुर्गन्ध की महक, भावनाओं के रेले के सामने कमज़ोर पड़ गयी थी।

"कैसी है रेखा?" कभी-कभी कठिन होता है वार्तालाप आरम्भ करना।

"ग्रेट...देख ना कैसा कलरफुल काफ्नान पहना है तेरे लिए।" उसके हँसी में खुले मुँह के सारे के सारे ख़ूबसूरत दाँत नदारद थे। कैसा सूना हो गया था उसका चेहरा बीतता हुआ समय, या क्या? शायद खँडहर?

"चल अन्दर चल—केवल कब से तेरा इन्तज़ार कर रही है।" हाँ...उसकी खुरदुरी उँगलियों की कमज़ोर पकड़ में मैं अन्दर चली आयी। दो क़दम पर एक कुर्सी पर केवल बैठा था। तो...ये है केवल...?

"हल्लौ" उसको ही कहना पड़ा। मैंने फिर से उफान लेती भावनाओं को समेटने के लिए दुपट्टे को बाँहों के आसपास लपेटा—

"हल्लौ...केवल आप तो बहुत अच्छे लग रहे हैं..." मुझे कुछ तो कहना था।

"खाक अच्छा हूँ...तुम्हारी सहेली ही है जो जी-जान से मुझमें प्राण फूँकती रहती है—नहीं तो 'हिप ट्रांसप्लांट' के बाद उठना-बैठना बहुत तकलीफ़ देता है।" मैंने देखा उसके पैर एक मैले शॉल से ढँके हुए थे, शायद उसने पाजामा नहीं पहना हुआ था। उसकी कुर्सी से सटे स्टूल पर रखा पिस पॉट (पेशाब का बर्तन) इस बात का गवाह था कि उसके पैर बेकार हो चुके थे।

"चल हम अन्दर चलते हैं।" रेखा ने कहा। मुझे लगा उस मैले-कुचैले कमरे से गुज़रकर वह मुझे किसी ड्राइंगरूम में ले जायेगी..., परन्तु हाँ, वह ड्राइंगरूम ही था, दीवारों पर उसके बच्चों की, बहुओं की, ढेर सारी तस्वीरें लगी थीं। परन्तु पूरा कमरा जर्जर अवस्था में उजड़ा-उजड़ा था। एक विपरीत यात्रा। एक सोफ़े पर बदरंग बुझी हुई पुरानी फुलकारी बिछी थी। ऊपर सजाकर रखी हुई गोल, चौकोर गद्दियों के झालर, दम तोड़ते मशीनी धागों को चुपचाप समेटे हुए पड़े थे। एक दीवार पर जो शेल्फ था उसमें, पुरानी नयी पुस्तकें, अस्त-व्यस्त बेतरतीब लगी हुई थीं। उसी परिवेश में वर्तमान के समय को उजागर करता

हुआ एक कम्प्यूटर-प्रिंट आउट करने की मशीन एक शेल्फ पर रखे थे। जैसे जर्जर, मरियल वातवारण में एक स्वच्छ जीवन्त सी साँस धीरे-धीरे समय के इस पल तक आ टिकी थी। रेखा और केवल के राख होते चेहरों पर कम्प्यूटर की रंगीन विंडोज़ अपनी प्रतिच्छाया या छलकते रंगों से नया जीवन प्रदान करने के प्रयास में जुटे थे जैसे। ताकि उन्हें अतीत की प्रतिच्छाया से निकालकर फिर से आज के सूरज से उन्हें जोड़ सकें, परन्तु फिर भी वहाँ सभी कुछ विचित्र था एक सुरंगनुमा क़ब्र जैसा विचित्र।

परन्तु रेखा के व्यवहार की ज़िन्दादिली बार-बार मुझे असहज कर रही थी। ऐसे वातावरण में रहकर भी सुथरी मानसिकता? न कोई गर्म निःश्वास, कोई शिकायत न कोई शिकवा। सर्वग्राही भस्मासुर जैसे बेटों के व्यवहार के बावजूद वह प्रसन्न थी न कोई मलिनता न शिकायत कुछ भी नहीं। और उसकी हँसी भी कितनी स्निग्ध थी। तो क्या सांसारिकता के संकीर्ण स्वार्थपरक अवरोधों के ऊपर उठ चुकी थी वह, शायद जो लोग निःस्वार्थ सेवा करते हैं—उनका जीवन?

"चल आ गीता तुझे दिखाऊँ—क्या कुछ किया है मैंने इन दिनों।" उसने मेरे सामने अख़बार की वह सारी कटिंग्स फैला दीं जिनमें उसकी तस्वीरों के साथ उसकी सभी कल्याणकारी उपलब्धियों का वर्णन था जो वह यहाँ रहकर कर रही थी। उसकी सेवाएँ गरीब बेघर-बार बच्चों के लिए चलाये गये आश्रम—उसकी हस्ती को प्रमाणित करते ये सारे उसकी आत्मा के पक्ष-विपक्ष जताते दस्तावेज़—मुझे घूर रहे थे। और मैं, उसकी तस्वीर के खोखलेपन की हँसी को समझना चाह रही थी? जिसमें ढेर सा आत्मविश्वास था—परन्तु कुछ था वहाँ जो नहीं था।

"बात सुन रेखा, तूने इतना काम किया पर यह तो बता, कैसे आती-जाती है इस घर की इतनी ढेर सारी सीढ़ियाँ चढ़कर...?"

"पहले यहाँ सड़क थी गीता और उस तरफ़ ढलान के पास कार आ जाती थी, मैं धीरे-धीरे उतरकर उसमें बैठ जाती थी और सारे काम करती थी। पर अब तकरीबन एक साल से जा नहीं पाती। पैरों का दर्द बहुत बढ़ गया है। पत्रकार यहाँ आते-जाते हैं—आश्रम की बहन जी आ जाती हैं और फ़ोन पर कामगार भी आते हैं—अपनी समस्याएँ लेकर या 'ईमेल' पर। सारे काम घर बैठे हो जाते हैं।" मुझे उसकी बेहद प्रसन्न मानसिकता तथा बर्ताव पर फिर बड़ा आश्चर्य हुआ।

"तो क्या तू दो साल से इस घर से नीचे ही नहीं उतरी रेखा। इन्हीं दो कमरों में...?"

"हाँ, कहाँ उतर पाती हूँ—मेरे पैरों में दर्द जो रहता है। फिर केवल, उसे

तो उठाना-बैठाना भी मुझे ही पड़ता है। नहलाना, खाना—कितना काम हो जाता है। उसे ही निबटाने में दिन बीत जाता है।''

''और राशन पानी, सब्ज़ी-दवाइयाँ?''

''सब कुछ फ़ोन पर हो जाता है, होम डिलीवरी।'' और फिर उसने रस्सी से बँधी एक टोकरी दिखाई जो उसकी खिड़की से लटक रही थी। ''हर रोज़ सब्ज़ी वाला दो-चार सब्ज़ियाँ इस बास्केट में रख देता है और मैं उसके पैसे इसमें रख देती हूँ हमारी तो बहुत न्यूनतम आवश्यकताएँ हैं।''

''और पैसे?''

''जमा किये थे ना बैंक में। महीने की पहली तारीख को एक लड़का आता है, वह चेक ले जाकर कैश करा देता है।'' उसकी आँखों के घुप्प अँधेरे में भी कहीं-कहीं जुगनू थे, झमझमाते हुए दिखाई दिये मुझे।

''और बच्चे...?''

''एक जर्मनी में है, दूसरा अमेरिका में...रोज़ एक 'ईमेल' आ जाता है बस पता रहता है सब ठीक-ठाक है, उनकी अपनी ज़िन्दगियाँ हैं, अपनी व्यस्तताएँ हैं। हमें कहते हैं आप लोग आ जाओ। तू देख तो रही है...क्या मैं जा सकती हूँ?'' उसकी धूमिल आँखों में बुझे हुए प्रश्न भी दम तोड़ चुके थे।

''देख कितनी ठंडी हवा है?'' उसने खिड़की खोल दी। ''जब आँखों से दूरियाँ नाप ली जाती हैं तो पैदल चलने की क्या ज़रूरत है...यहीं से दिखाई देते हैं देवदार, चिनार और फर के वृक्ष...मेरी नज़र छू लेती है उन्हें और उनके स्पर्श की सिहरन मुझे। देख तुझे भी अच्छा लगेगा।'' मैं बेदिली से उठी, खिड़की में एक बुझा दिया पड़ा था। मैंने खिड़की के बाहर देखा देवदार के जंगल की जगह छोटी-बड़ी बदरंग बिल्डिगें थीं। कहीं दूर बहुत दूर हरा-हरा कुछ था—बादल, पहाड़ में घुला हरा रंग। तो क्या बस यही मिनिएचर पेंटिंग जैसी लैंडस्केप ही बचा है, रेखा की इन दो आँखों के लिए? जिसकी दिल्ली में अच्छा-खासा अपना खुद का बगीचा था मालचा मार्ग की कोठी में, सत्तासीन आभिजात्य वर्ग में उठना-बैठना था उसका। और अब? टूटी हुई टोकरी—मैली नायलोन की रस्सी। मुट्ठी भर सब्ज़ी। जबकि उस समय किचिन में दो रसोइये थे—सब कुछ था उसका, मुद्राकोष भरापूरा था। सलीके से लगती थी टेबल, चाँदी के चम्मच कटलरी और यहाँ निष्क्रिय से शरीर में बँधा केवल उसके सामने धरी टेबल पर ही परसा जाता था खाना, और उसी पर टेलीविज़न के रिमोट के साथ पड़ा 'पिसपौट' वैसे ही उपकरण व्यवस्था, बहुत से अनकहे संवाद। चलो छोड़ दो, ''मैं न इस खिड़की में शाम को एक दिया देती हूँ, जो रातभर जलता है,

वही मुझे इन्सपायर करता है। अब तो यह दिया मेरा सूरज बन गया है। उसी से काम चल जाता है।" वह कॉफ़ी के दो प्याले ले आयी। मुझे पीना था, तो पिया भी। अतिप्रेम से चीनी न मिलाने के बावजूद वह कॉफ़ी, काफ़ी मीठी थी, तो क्या हुआ प्याले का हैंडल टूटा था—उसमें स्पर्श की ऊष्मता थी स्नेह का निग भी...समोया हुआ था।

रेखा फिर अपने काँपते पैरों से उठी और लड़खड़ाती हुई सामने लगी अलमारी में से कुछ निकालने लगी। फिर मैं सोच रही थी यही रेखा, घोड़े की रफ्तार से चलती, लम्बी वातानुकूलित कार में फर्राटे से यहाँ-वहाँ जाती थी। उसका यह आज का जीवन 'सेल्फ-डिसेप्शन' है क्या? अपने को ही धोखा दे रही है या जी रही है एक मजबूरी? जो भी था, उसकी सन्तुष्ट प्रसन्नचित्तता उस सारे परिवेश से ऊपर उठकर मुझे इस बार असहज तो नहीं कर रही थी, परन्तु .हाँ आश्चर्य में अवश्य डाल रही थी।

मुझे एक शॉल पकड़ाकर रेखा ने बड़े प्यार से मुस्कुराकर कहा...“ले गीता ये तेरे लिए है। अभी जो मुझे 'लाइफ टाइम ऐचीवमेंट' का अवार्ड मिला है न, उस समय मुझे मिनिस्टर साहब ने यह शॉल ओढ़ाया था। इसे तू अपने पास रख ले मेरा सम्मान तेरा सम्मान भी तो है।" मेरी आँखें छलछला आयी...मुझे उसका यह उपहार अमूल्य लगा।

“थैंक्स रेखा...तेरा यह सम्मान मेरे लिए बड़ा ही बेशकीमती है, अमूल्य। पर यह तो बता इसके साथ तुझे चेक कितने का मिला?"

“अरे, कोई चेक नहीं दिया उन्होंने गीता, एक फूलों का गुच्छा था, यह शॉल, और वह प्रमाण-पत्र, इतना पर्याप्त है गीता," उसके चेहरे पर असीम शान्ति थी। मेरा आत्मसम्मान, मेरी आत्मतुष्टि—उसकी कोई कीमत नहीं है। तू मेरे गुज़ारे की चिन्ता मत कर, इतना है हमारे पास कि कुछ वर्ष आराम से निकल जायेंगे। वी आर हैप्पी कन्टेन्टड। केवल अट्ठानवें वर्ष का है और मैं अस्सी, कितना जियेंगे हम। इस उम्र में लोग वानप्रस्थ भी तो लेते थे। जो भी है सुविधाएँ काफ़ी हैं। मालचा मार्ग की कोठी छोड़कर गये बच्चे यहाँ तो कभी आये नहीं, उनकी बीवियाँ फ़ोन पर “पूछती हैं 'कितने नौकर-चाकर हैं आपके पास?" मैं हँसकर बताती हूँ “मैं रेखा...तुम्हारे डैडी केवल...दो लोग काफ़ी होते हैं, दो कमरों के लिए।" उसकी हँसी में...वर्ष दर वर्ष टूटते दाँतों के साथ चेहरे का बिना इलाज के खोता हुआ लावण्य जैसा बहुत कुछ था जो गुम हो गया था। दूसरे कमरे में खाँसता हुआ केवल और उनके चारों तरफ़ बिखरा हुआ दरिद्रता का सन्नाटा, परन्तु फिर भी एक सन्तुष्ट आह्लाद।

रेखा का जीता-जागता अस्तित्व, उन कमरों की सीमाओं में सीमित उसका शरीर, वहाँ से सम्प्रेषित होता समाज सेविका का उसका अद्भुत-सा औदार्य–वही सच था, वही पूर्ण था और वही थी एकमात्र इबादत...प्रार्थना और उसका 'लाइफ टाइम ऐचीवमेंट अवार्ड।' और वह दिया जो उसने शाम के पाँच बजे ही अपने काँपते हाथों से जला दिया था...टिमटिमा रहा था...उसका इंसपिरेशन प्रेरणा या उसकी रोशनी? पता नहीं? क्योंकि कभी-कभी प्रकाश का प्रहार भी बर्दाश्त नहीं होता। मैं लौट रही थी, परन्तु एक मद्धम-सी लौ मेरे भीतर निरन्तर टिमटिमा रही थी।

अनीता, उसके घर तक पहुँचना तो वैसे ही कठिन था, और उस दिन तो सुबह से तेज़ बारिश हो रही थी। अतः रास्ते भर टूटे हुए वृक्ष और कीचड़ से सनी हुई सड़क पर किसी तरह बचती-बचाती जब मैं वहाँ पहुँची तो दोपहर के दो बज चुके थे। बारिश तो थम गयी थी, परन्तु उसके घर के सामने के हिस्से में काफ़ी पानी भरा था। उसे फलाँगने के लिए ईंटें जोड़कर एक कामचलाऊ रास्ता बना दिया गया था, उसी पर पैर रखती मैं दरवाज़े तक चली आयी। इधर-उधर नज़र दौड़ाई परन्तु कोई दिखाई नहीं दिया, न तो दरबान, ना ही बगीचे का माली। चारों तरफ़ पूरा सन्नाटा था, केवल कुछ सेब के वृक्ष जो घर को घेरते खड़े थे, उनके पत्तों पर से सुबह का बरसा पानी बूँद-बूँद टपक रहा था। दरवाज़े की घंटी बजाने पर भी काफ़ी समय तक कोई नहीं आया, फिर एक मैली-सी पहाड़िन औरत ने दरवाज़ा खोला।

"अनीता है?"

"हाँ, हैं आप अन्दर आ जाइये।" उसने दरवाज़ा पूरा खोल दिया। मैं भीतर चली आयी, हाँ मुझे याद आया वह कमरा कभी उसकी बैठक हुआ करता था, परन्तु जाने क्यों अब उसका वह परिवेश, उदास-सा खालीपन मुझे असहज कर रहा था। शायद इस कारण भी कि उस कमरे का बड़ा साधारण-सा फर्नीचर था। मात्र चार कुर्सियाँ और बीच में बिछा बदरंग-सा कालीन, कुछ भी, एक- दूसरे से मेल नहीं खा रहे थे। दीवारें भी बिल्कुल सूनी थीं, सपाट, किसी पर कोई चित्र, कैलेंडर जैसा कुछ भी नहीं था। अजीब विरोधाभास था–अनीता के दिल्ली के घर में भारत के प्रसिद्ध चित्रकारों के चित्रों का एक अच्छा-खासा संग्रह था। अमरकान्त को बहुत शौक था, हर चित्र प्रदर्शनी से वह बेहतरीन आर्ट ख़रीदते थे और अपनी पार्टियों में बड़े उत्साह से उसकी कलात्मकता और कलाकार के वैचित्र्य का वर्णन करते थे। उन दोनों का पूरा घर बेशकीमती सजावट की वस्तुओं से सजा-धजा होता था–जब भी जाओ ताज़े फूलों से महकता हुआ।

पहाड़िन नौकरानी प्लास्टिक की ट्रे में एक गिलास पानी ले आयी तो मुझसे रहा नहीं गया। अविश्वास से पूछा–

''अनीता यहीं रहती हैं ना?''

''हाँ जी, वह यहीं रहती हैं, अभी आ रही हैं।'' वह मुड़कर चली गयी। मैंने फिर से उस धुआँते कक्ष को ध्यान से देखा तो मैंटलपीस पर एक फूलदान में बहुत से ताज़े फूल अपनी रंगीन आभा से जैसे अनीता की उपस्थिति जता रहे थे। 'फायर-प्लेस' में बुझी हुई लकड़ियाँ भी एक व्यंग्यात्मक धिक्कार सी राख-राख हुई पड़ी थीं। मैं धीरे-से एक कुर्सी पर बैठ गयी और अपने साथ लाये सामान को मेज़ पर रखा ही था कि अनीता सामने आकर खड़ी हो गयी। उसने काली पैंट पर एक गहरे गुलाबी रंग का ब्लाउज़ पहना था...उसे हमेशा से ही लाल-गुलाबी रंग पसन्द थे। कन्धे पर मामूली सा शॉल बेपरवाही से लपेटे हुए उसके लम्बे बाल कन्धों पर बिखरे हुए थे। उसकी कलाइयों में न तो कोई चूड़ी थी ना ही कोई आभूषण, जबकि पूरी उम्र हीरे, मोती उसका ऑबसेशन थे। उसकी दो बहनें और थीं। उन सब में बड़े से बड़े हीरे और कीमती गहने पहनने की एक होड़ जैसी लगी रहती थी। अनीता मेरे गले लग गयी। ''अरे गीता, आ गयी तू, बहुत अच्छा किया, कितने वर्षों से मिलना ही नहीं हुआ। आ बैठ खड़ी क्यों है?''

''हाँ,'' मैं, अपने को, अपनेपन में लौटाती बैठ गयी। ''तू बता अनीता कैसी है, ठीक है ना?''

''हाँ, बिल्कुल ठीक हूँ, सुबह देर से सोकर उठी थी, इसी कारण नहाने-धोने में इतना समय लग गया।''

''अरे'' मैंने घड़ी देखी साढ़े तीन बज रहे थे। ''पर अनीता तुझे तो बहुत जल्दी उठने की आदत थी, रोज़ सुबह लम्बी सैर किया करती थी, बारिश के दिनों में भी छतरी लेकर निकल जाती थी...क्या यहाँ सैर नहीं करती?''

''नहीं...कभी-कभी करती हूँ...।'' वह एकाएक चुप हो गयी।

''मुझे याद है, अमर भाई सुबह-सबेरे उठकर ही पूजा-पाठ, प्रसाद, हवन, आरतियों के आयोजन में जुट जाते थे। पंडितों और साधु-सन्तों का तुम्हारे घर में सुबह से शाम तक ताँता लगा रहता था। कोई आता था, कोई जाता था। तुम लोगों की धार्मिकता तुम्हारी शौक़ीनी और घर की भव्य सज्जा सारे विरोधाभासों के बावजूद हम सभी मित्रों के मध्य चर्चा का विषय बनी रहती थी।'' मैं उसे पुराने दिनों में लौटा रही थी।

''बस वही धार्मिकता, कम से कम मेरी तो जानी दुश्मन बन गयी गीता।

वह समय और था, जीवन में एक अद्भुत सन्तुलन था। हम दोनों पति-पत्नी पूजा-पाठ के साथ बाकी की सारी सांसारिकता भी पूरी निभाते थे। तू तो जानती है गीता, अमरकान्त कितने शौक़ीन थे–सुरुचिपूर्ण कपड़े पहनते थे। सबसे महँगी सिगरेट पीते थे।''

''और तू भी तो सबसे बढ़िया साड़ियाँ पहनती थी और उनसे मेल खाते कीमती गहने दिल्ली की कोई भी सभा या पार्टी, तुम दोनों के बिना अधूरी मानी जाती थी। कितनी शालीनता थी तुम लोगों के व्यवहार में...फिर यह अचानक?''

''गीता अगर, अमर के पंडित जी के शब्दों में कहूँ तो, यह शरीर, एक बीज है, और जीवन है केवल जीवन। चेतना और आत्मा दो पक्ष हैं जीवन के। आत्मा जिसका अंकुर कहीं भीतर धँसा होता है और चेतना वह, जो हम जीते हैं। अमरकान्त और मैं, जब तक हम केवल बीज थे, हमारा पोटेंशियल वैसा था, जैसा तुझे याद है। सभी कुछ सन्तुलित ढंग से चलता था। फिर अंकुर की शादी के बाद नवीना घर में आयी, तो पूरे घर में जैसे एक झंझावात समाने लगा। उसे हमारा पूजा-पाठ शोर लगता था और पंडित-पुजारियों की उपस्थिति भीड़...तो क्या करते हमारी चेतना और आत्मा में अचानक बहुत से प्रश्न उठ खड़े हुए। हमें एकाएक ठहर कर सोचना पड़ा कि, क्या हम जो जी रहे हैं, वह ग़लत था, ग़लत है?'' उसकी स्मृतियों की झड़ी हुई राख में अंगारे झलमला उठे।

''मुझे याद है इतनी शान-शौक़त से की थी तूने अंकुर की शादी, कितने दिन बड़े संगीतकारों की बैठकें चली थीं घर में। अमरकान्त के चुनाव की नफ़ासत के चर्चे होते थे पूरे शहर में।

''वह समय और था, तब वह घर केवल हमारा था–मेरा और अमर का। परन्तु नवीना के आने के बाद एक अजीब सा बदलाव आया जिसकी हमने कल्पना नहीं की थी। जिन धार्मिक अनुष्ठानों में हमारी आस्था थी, जिनसे घर में एक प्रकार का नियन्त्रण था हम शाकाहारी थे...वह सब एक कटु विरोधाभास में बदलता गया। 'स्टॉप दिस हिपोक्रेसी' नवीना का स्लोगन बन गया था। देखते ही देखते, हमारे हवन-कुंड 'एश ट्रे' में बदल गये। परिवर्तन, एक जानलेवा परिवर्तन घर के हर कोने पर आकर खड़ा हो गया था गीता।''

''अंकुर ने उसे समझाया नहीं अनीता।''

''अरे कहाँ...'' वह तो जैसे पहले से विद्रोह के झंडे लिए खड़ा था। उसने कहा, ''माँ आप लोगों को बदलना होगा। अपनी 'एटीन्थ सेंचुरी' या 'अठारहवीं सदी' की वैल्यूस से बाहर निकलना होगा प्लीज़। अठारहवीं शताब्दी नहीं, आज

के इस वर्तमान में रहना सीखिए। अपना ही बेटा, अपना ही अंश जब अपने माँ-बाप की मानसिकता को नहीं समझ सका, तो दूसरे घर से आयी लड़की को मैं क्या दोष देती। मैं और अमर एक दोराहे पर आकर खड़े हो गये। अपनी पुरानी चलती परम्परा में एकाएक नयी क्रान्ति का समावेश हमें भीतर तक झकझोर गया गीता। जिस घर को स्वर्ग के दुष्प्राप्य रंगों से सँवारा था वह साफ़-साफ़ तिरोहित होता नज़र आया।

इस बीच नौकरानी चाय और बिस्कुट रख गयी। साधारण से प्याले और मटमैली-सी चाय...जबकि दिल्ली में चाँदी की ट्रे में पूरा का पूरा कीमती टी-सैट ऐसा सजकर आता था, जैसे किसी फ़िल्म का इश्तहार हो।

"ले गीता चाय पी।" उसने बिना हिले कहा, मैंने ही सहज होकर एक चाय का प्याला उठाकर पहले उसे दिया फिर अपने लिए लाकर साथ वाली मेज़ पर रख दिया।

"ठीक ही कहता था अंकुर, अनीता, तुम दोनों आज भी अठारहवीं शताब्दी की मानसिकता में जी रहे हो...अमर का इस तरह सारी की सारी सांसारिकता को छोड़कर चले जाना कितना बड़ा निर्णय था, साचेती हूँ तो विश्वास ही नहीं होता।"

"गीता तू और राजीव तो जानते थे हमारी हर छोटी-बड़ी स्थिति को। याद है तूने क्या कहा था जब पहली बार मैंने तुझे बताया था कि अमर अपनी माँ की तरह संन्यास ले रहे हैं। जाने कब से वह अपनी आत्मा में ज्ञान की फसल बो रहेथे...मुझे पता ही नहीं चला। मुझे कभी कोई इंट्यूशन भी नहीं हुई कि वह अचानक किसी दिन इतना बड़ा क़दम उठा लेंगे।"

"हाँ...एक पल के लिए तो मैं भी पथरा गयी थी अनीता, इस संसार के आज के इस प्रहर में ऐसा त्याग, ऐसा घोर त्याग?"

"त्याग, नहीं परित्याग, सिद्धार्थ, बुद्ध जैसा त्याग हम दोनों एक ही रथ के पहिये थे, परन्तु अमर के लिए? उसका ज्ञान, उसके संस्कार, उसका दर्शन उसके लिए सब कुछ था, और मैं उसके प्रेम में इतना खोयी हुई थी कि मैंने कभी सोचा भी नहीं कि उसके चरित्र की निर्मिति किसी एक कोण पर साधारण लोगों से भिन्न होती जा रही थी। मैंने कभी उसे सीरियसली नहीं लिया था, तब भी, जब वह कहता था कि मनुष्य जन्म क्या, उसका मूल्य क्या, जो अपनी आत्मा को इस साधारण शारीरिकता से मुक्त न कर पाये? उसके भीतर एक भिन्न-सा आत्मचैतन्य या आत्मबोध प्लावित था, बहता हुआ और उसका अस्तित्व उसी में खोता जा रहा था। उसके धार्मिक अनुष्ठान, पूजाएँ बढ़ती जा

रही थीं। मुड़कर देखती हूँ गीता, तो विश्वास ही नहीं होता, अमर वह सारी पार्टियाँ, भोज, सांसारिकता कैसे निभाता था? पता नहीं कैसे? निभाता था या मेरी ख़ातिर नाटक करता था, पता नहीं।''

अनीता उठकर खड़ी हो गयी थी अवश्य ही अतीत के दृश्य उसे अनमना कर रहे थे। उसका एक हाथ दिल के पास धड़कनों को जैसे सहला रहा था। कुछ दर्द अन्दर ही अन्दर टीसते हैं...।

मैंने उसके कन्धे पर हाथ रख दिये बहुत देर तक हम चुपचाप खड़े रहे। मेरे पास अनीता की इस स्थिति के लिए, सान्त्वना जैसा कुछ नहीं था। उसी ने धीरे-से कहा, ''याद है गीता मैंने तुझे बताया था, अमर हमें छोड़कर जा रहा है, तो तूने छूटते ही कहा था, मैं जानती थी, मैं क्या राजीव भी जानते थे कि वह इतना बड़ा क़दम उठाने की क्षमता रखता है।''

''हाँ।'' शायद इसलिए कि अमरकान्त का जीवन गणित, औरों जैसा साधारण नहीं था। राजीव कहते थे, ''अमर की आँखों में एक अजीब सा उजाला लगता था जैसे उसकी दृष्टि में हर बार एक नया सूरज उग रहा हो...कभी-कभी उसके व्यवहार से भी घबराहट होती थी।''

''परन्तु गीता मुझे नहीं लगा, शायद इस कारण कि मैं उसके प्रेम में आकंठ डूबी हुई थी क्योंकि वह मेरे साथ शरीर भी भरपूर जीता था गीता।''

''अजीब विरोधाभास था तुम्हारे जीवन में। परन्तु अनीता, तुझे याद है मैंने कहा था तू अपनी जगह खड़ी होकर देख तो यह तेरे प्रति अनर्थ है। क्रूअल है तेरे पक्ष में उसका इस तरह संसार त्याग देना। परन्तु अगर उसके पक्ष में खड़े होकर देख, तो सोच कितनी भाग्यवान है तू, कि ऐसे पति की पत्नी है जिसका इस संसार से मोह टूट चुका है जो निर्लिप्त है। आज की इस सदी में भी उसकी आत्मा में एक चिन्तन, एक जिज्ञासु जैसी स्थिति प्रवेश कर चुकी है जिस तक पहुँचना बड़ा कठिन होता है। ज्ञान की लौ उसे भीतर-बाहर आलोकित कर रही थी अनीता, वह साधारण मनुष्य नहीं है।''

''हाँ याद है मुझे...समझती भी हूँ...और समझना भी नहीं चाहती। या मेरे पत्नी होने का स्वार्थीपन समझना नहीं चाहता, गीता मैं क्या करूँ?''

''राजीव और मैं कितना समझाते थे उसे कि जब तक अनीता है अपनी बसी-बसाई गृहस्थी को छोड़कर मत जाओ...और आश्रम या जहाँ भी रहो, तो 'चोला' मत पहनो...ताकि वार-त्योहार घर आ सको...।''

''परन्तु कुछ नहीं हुआ गीता...उसे कोई नहीं रोक पाया मैं भी...जिसे वह कहता था, प्यार करता है, प्यार क्या इतना भर होता है गीता? बस इतना?

उसके जाने के बाद कितने दिन बीमार भी पड़ी रही थी, बहुत आग्रह करने पर भी वह नहीं आया तो राजीव उसे लेकर आये थे।''

''हाँ गीता, अमर आ तो गये थे, मेरी बहुत सेवा भी की परन्तु मेरे ठीक होते ही कहने लगे अनीता तुम्हारे लिए ये जीवन जी लिया मैंने, भरपूर, ऐसा क्या था, जो हमें नहीं मिला अब इस सुख से मुझे दूसरे सुख में चले जाने की अनुमति दे दो। गीता उसने मेरे सामने हाथ जोड़ दिये...उसकी आँखों में उस पल जो भाव था जैसा चैतन्य, आत्म विस्फोटक जैसे स्फुलिंग वह मेरी आत्मा को झकझोर गये। मैंने उसे चले जाने दिया...एक निर्मम, बहुत कठोर निर्णय था वह। मुझे लगा वह तो जा ही चुका है और जो चले जाते हैं उनहें रोका नहीं जा सकता।'' उसने कसकर अपनी आँखें बन्द कर लीं। फिर मुड़कर मेरे हाथ पकड़कर कहा।

''एक गहराते शून्य में, मैं, अपनी आत्म-चेतना में अपने आपको खोजती रही। मुझे लगा मैं तो सामान्य-सी स्त्री हूँ। अमर के प्रेम में आकंठ डूबी हुई। मेरे शरीर के भीतर की वासनामय ऊर्जा तो कभी कम नहीं हुई थी। मैं तो अपनी मनुष्य योनि को भरपूर जीना चाहती थी, परन्तु अमर ने मेरी इच्छा-अनिच्छा को जानना ही नहीं चाहा तो क्या करती। वह तो चला गया अपने किसी परम आनन्द के वितान तले परन्तु मैं अकेली खड़ी रह गयी, वासनाओं के इन्द्रधनुष लपेटे। इसीलिए न तो उसके साथ जा पायी ना ही अंकुर की गृहस्थी में मेरा कोई स्थान बन सका। भगवान से ही पूछती थी कि अगर अमर की वासना को सुखा दिया तो मुझे क्यों छोड़ दिया इस झील में तैरने के लिए? तू ही बता गीता मैं क्या करूँ?''

चाय के प्याले ठंडे हो गये थे। उस बोझिल वातावरण में बस कुछ जुगनू थे जो अनीता की आँखों में जल-बुझ रहे थे। उसके अपने बर्फ़ जैसे ठंडे हाथ मेरे हाथों में पत्थर हो रहे थे। ''तू बता गीता अमर का चले जाना उसका अहंकार था, या उसका आत्मविनय? मुझे तो उसने गीता के उपदेश की तरह पुराने कपड़ों के समान अपने अस्तित्व से अलग कर दिया। वहीं पड़ा छोड़ गया जहाँ कभी हम दोनों एक भरा पूरा समृद्ध जीवन जीते थे। एक मनुष्य योनि, वासना, तृष्णा—सब कुछ।''

''जो भी हुआ, शायद वही नियति थी तुम्हारे जीवन की अनीता। पर तुझे तो अपना दिल्ली का घर छोड़कर आना नहीं चाहिए था, तू क्यों चली आयी यहाँ?''

''कुछ दिन रही थी वहाँ, वह घर जो मेरा था, परन्तु अमरकान्त की वसीयत अंकुर के लिए थी। अंकुर और नवीना अपने ही बच्चे जैसे दो अजनबी।

प्रकाश को तो उजागर किया जा सकता है—दिया जलाया जा सकता है, परन्तु अँधेरे को क्या करती? वह अँधेरा जो अमर के पलायन के बाद मेरे जीवन पर परत-दर-परत पसरने लगा था। एक ही घर में सब थे—अंकुर, नवीना, उनके बच्चे, परन्तु मेरे लिए कोई नहीं था। मेरा अकेलापन मेरे आत्मसम्मान के सामने ढहती हुई दीवार सा खड़ा हो जाता। एक ही घर में उनका खाना-पीना अलग मेरा अलग पकता था, एक अदृश्य-सा बँटवारा था। हर वार्तालाप में था एक छिपा हुआ धिक्कार। मैं भजन के टेप नहीं चला सकती थी, मेरे लिए ईअर फ़ोन ला दिये गये थे। तो मैं वहाँ रहकर खुलकर अपनी स्थिति पर चिल्ला-चिल्लाकर कैसे रोती? तू बता गीता? मैं भरपूर चीखना भी चाहती थी। इससे पहले मेरी आवाज़ मेरे भीतर दम तोड़ देती। मैं यहाँ चली आयी। ये छोटा 'समर हाउस' पहाड़ी के इस कोने में नेगलेक्टेड पड़ा था। मुझे लगा यहीं रह जाना चाहिए। ख़ूब गुज़रेगी जब मिल बैठेंगे दीवाने दो।''

अचानक अनीता उठी और नौकरानी को बुला लायी। उन्होंने मिलकर फायर प्लेस में आग सुलगा दी। तो मुझसे रहा नहीं गया। घड़ी देखी शाम के पाँच ही बजे थे। ''अभी से आग सुलगा दी तूने अनीता, अभी तो शाम के पाँच ही बजे हैं। और फिर इतनी ठंड भी नहीं है।''

''पता है गीता, यहाँ पहाड़ों पर समय बहुत मद्धम गति से चलता है, धीरे-धीरे पैर रखता हुआ। सुबह से पहले सुबह हो जाती है और रात से पहले रात।''

मुझे चुपचाप खड़ा देखकर अनीता ने हाथ पकड़कर कहा, ''आ बैठ गीता। देख आग अब प्रज्चलित होती है तो उसके अनेक रूप होते हैं और उसकी भाषा भी और फिर आग जलाने का कोई निश्चित समय नहीं होता गीता। मुझे तो आदत थी रोज़ सुबह हवन कुंड में अग्नि प्रज्चलित करने की परन्तु तब उनमें मन्त्रों के स्वर घुले होते थे—उनकी भाषा में धर्मशास्त्र था, ज्ञान के तत्त्व थे। परन्तु अब इस अग्नि का संवाद भिन्न है, एक मनोचिकित्सक की तरह यह आग मेरे मन में कुछ न कुछ सम्प्रेषित करती है। देख कहीं तो हलकी-सी लौ मुस्कुराकर मुझसे कहती है, चलो कोई नया सपना देखो और जब धीरे-धीरे भड़कती है तो लगता है नाराज़ है, डाँट कर समझाती है कि अतृप्ति की प्यास को भुला दो, छोड़ दो उसे जो तुम्हें छोड़ गया है। क्रोध की चिनगारियाँ, कुछ अग्निस्फुलिंग, कुछ छींटे मेरे शरीर में आकर बूँद-बूँद जला देते हैं।'' उसने अपनी शॉल फैला दी...हाँ छोटे-छोटे काले जले हुए छेक उसमें बुंदकारियों से फैले थे। मैंने अपनी उँगलियों से उन्हें छुआ तो लगा जैसे उनमें एक अनबुझ तपिश अभी भी शेष थी।

"क्या अंकुर और नवीना ने तुझे नहीं रोका अनीता? उन्हें अपनी माँ की... माँ के दूध का कोई मोह नहीं बाँध पाया?"

"तू फिर से अठारहवीं सदी में चली गयी गीता, आज की इस 'जैट एज' में माँ के दूध की माँ की इच्छाओं की कद्र कौन करता है...फिर शायद तुझे याद हो नवीना लन्दन में पढ़ी थी तो शुरू में उसका भाई पायलट था न, वह लन्दन से उसके लिए और खाने-पीने के साथ-साथ दूध के 'कार्टन' भी लाता था। नवीना को यहाँ का दूध तो पानी से भी बदतर लगता था। अब जब से यह 'नैसले' चला है न, या शायद भाई की शादी हो गयी है उसकी दूध की सप्लाई आनी बन्द हो गयी है।"

"मुझे अंकुर के व्यवहार पर हैरानी होती है अनीता। उसने अपने इतने भव्य, इतने पढ़े-लिखे यू आर सो एजूकेटेड, माँ-बाप को इस तरह दो विपरीत धाराओं में बह जाने दिया?"

"नवीना कहती है 'योर एजूकेशन इज़ लाइक ए हैवी स्टोन...पत्थर जैसी बोझिल है।' हमारा ज्ञान पत्थर जैसा लगता है उन्हें।"

"और उनकी कल्चर? उनका संस्कार?"

"हमारी पुरानी कल्चर, वह डैड है। मृत, बोझवान, परन्तु हाँ उनकी आज की कल्चर, 'इस सनशाइन' सूर्य की किरणों जैसी हलकी, उजास फैलाती है उनकी आज की सभ्यता। परन्तु हमारी सभ्यता केवल सैक्रीफाइस और त्याग। तू ही बता गीता इतना अन्तर है एजूकेशन और कल्चर में? बहुत पढ़े-लिखे होने से आत्मा पत्थर हो जाती है क्या। सांस्कृतिकता का बोध कम हो जाता है? अंकुर कहता है पापा इज़ सैनाइल...पगला गये हैं।"

"हमारी और उनकी 'मैंटल-स्केप' में सोच और मान्यताओं में ज़मीन आसमान का अन्तर है अनीता...न होता तो पिता के इतने बड़े त्याग को इतनी नीचे स्तर पर न ले जाता अंकुर।"

नौकरानी ने जाकर फायर प्लेस में बुझती आग को फिर से प्रज्वलित कर दिया।

"गीता मैं अपनी पूरी शाम इस आग के साथ बिताती हूँ इसमें मुझे अपना वजूद जलता-बुझता दिखाई देता है—इन लपटों में मुझे एक वार्तालाप मिल जाता है। बाद में राख का गुनगुना ढेर फिर ठंडा पड़ता हुआ फीकापन बहुत कुछ बतियाता है मुझसे...तुझे सुनाई दे रहा है ना इनका स्वर...गीता? अमर कहता था, 'मैंने राम रतन धन पायो।' उसने वह सम्पदा प्राप्त कर ली गीता, जिसे पा लेने के बाद कुछ नहीं बचता जो लोग अन्दर से शून्य हो जाते हैं, मिट जाते

हैं–उनमें होता है परमात्मा। वही मैं भी सीख रही हूँ इन बुझती हुई लकड़ियों से, चाहती हूँ कि मैं भी, उस शून्यता तक चली जाऊँ। परन्तु मैं 'बैरन ऐसी जली न कोयला भई न राख'।''

''अनीता डोंट डू दिस...किसलिए तिल-तिलकर मर रही है किसके लिए? अमर...अंकुर या नवीना...किसके लिए?''

''शायद अपने लिए...तू कहती भी थी न मुझे 'इगोइस्टिक इंटलैक्चुअल'। अपने इस अक्खड़ आत्माभिमान का क्या करूँ? मेरा अपनापन जो किसी भी तिरस्कार को झेलना नहीं चाहता, समझौता नहीं चाहता। किसी भी निचली सतह को नहीं स्वीकारता इन लकड़ियों की तरह जलकर राख हो जाता है, झुकता नहीं। तू मेरा साक्षी-भाव है गीता, तू तो जानती है, मैं फैशनपरस्त थी, सारी उम्र, बढ़िया पहना, बढ़िया खाया। उस बुलन्दी पर भी खड़ी थी, जहाँ बड़े इंडस्ट्रियलिस्ट की पत्नी जी सकती थी। अमर के हाथ में हाथ डाले क्या नहीं किया, देश-विदेश की यात्राएँ कीं। परन्तु अब जब अमर ने दृष्टि फेर ली है, मुझसे और मुझसे जुड़े संसार से, वह तो अपनी किसी आन्तरिक दृष्टि को जी रहा है तो मैं क्या करूँ? मेरे पास और कोई विकल्प ही नहीं बचा गीता।''

''अनीता, मैं अलबर्ट आइंस्टीन के इस वाक्य को बहुत मान देती हूँ–'देअर आर ओनली टु वेस टु लिव योर लाइफ, वन इज़ ऐज़ दे नथिंग इज़ मिरैकल। द अदर इज़ ऐज़ दे एवरीथिंग इज़ मिरैकल।' (जीवन जीने के दो ही रास्ते हैं, एक वह कि प्रतीत हो इस संसार में कोई चमत्कार नहीं है–दूसरा वह कि सभी कुछ चमत्कार है, आश्चर्य से परिपूर्ण।) मैंने उसके हाथ थामकर फिर कहा– ''अनीता तू दूसरे रास्ते पर चल, कुछ मत कर जैसे जीती थी वैसा ही जीवन जीने का प्रयास कर, तुझे कौन मना करता है। अच्छे कपड़े पहन और अच्छा खाना खा।''

''ये तो कुछ भी नहीं खाती है।'' अनीता की नौकरानी दो कॉफ़ी के प्याले ले आयी, ''आप समझाइए इनको...सिर्फ़ चाय-कॉफ़ी पीती हैं और कुछ नहीं।''

''यह तो ऐसे ही कह रही है गीता, नहीं खाती, तो इतने वर्षों से जीवित कैसे रहती, कैसे? अच्छा चल छोड़। रेवती ज़रा फायर प्लेस में लकड़ी और डाल दो...और थोड़े सैंडविच बना लाओ...''

रेवती मुड़कर जाने को हुई तो उसने फिर कहा, ''वह सी.डी. प्लेयर चला दो...बस स्विच ऑन कर दो चल पड़ेगा।''

रेवती ने पहले आग भड़कायी, फिर टेप चला दिया पता नहीं किसकी आवाज़ थी...

किसने नन्हा-सा मुहब्बत का ये जला के दिया,
दिले वीरां के अँधेरे पे तरस खाया है।

मेरी स्मृति में अपने होटल के पीछे की कॉटेज की खिड़की का दिया टिमटिमा उठा। हाँ, वहाँ भी एक दिया जल रहा था।

आग, आग कम धुआँ-धुआँ हो रही थी—शायद लकड़ियाँ भी गीली थीं। और सैंडविच बेस्वाद। और हमारा संवाद भी उन्हीं में गड्डमड्ड हो गया था। तो कभी-कभी विदा के शब्द कहे बिना ही उठ जाना पड़ता है। शायद इसी कारण मेरे पैर...उस 'दिले वीरां' के अँधेरे से निकलकर भागने के लिए बेचैन थे।

अनीता के घर से लौटकर आयी तो मैं राजीव को मिलना चाहती थी, उनसे अपना वह समूचा अनुभव शेयर करना चाहती थी जो मेरे मन में गहरी काई-सा परत-दर-परत जमता जा रहा था, वह भी तो अमर के बहुत निकट थे। कमरे में राजीव नहीं थे, ना ही राधिका पर उनके इधर-उधर बिखरे कपड़ों से लगता था कि वह गोल्फ खेलकर आ चुके थे। मैंने भी स्नान के बाद वस्त्र बदल लिए, पिछले कुछ घंटों में घटित स्मृतियों से उबरना चाहती थी। तैयार होकर नीचे आयी तो देखा राजीव होटल की बार में चार-छह लोगों के साथ बैठे थे। बहुत सारे शब्द अट्टहास उनके सन्तुष्टिपूर्ण गोल्फ के खेल का नया नकोर जिक्र उन पुरानी दीवारों से टकरा रहा था। मुझे देखकर राजीव ने कहा, "कम गीता, जॉइन अस। ये मेरे गोल्फर दोस्त हैं...आओ कुछ लो, क्या पियोगी?"

"अभी चाय पीकर आयी हूँ...आप?"

"हाँ मैं बस अभी फ्री होता हूँ। तुम पीछे वाले लॉन में बैठो... तब तक मैं आता हूँ। और हाँ राधिका को भी अपनी कोई मित्र मिल गयी थी, उसके साथ पार्टी पर चली गयी है, देर से आयेगी, उसकी चिन्ता मत करना?"

"हाँ, ठीक है, मैं तब तक उधर पीछे थोड़ा घूम आती हूँ।" और मैं उनके बीच से निकल गयी, उन सबके बीच मेरे वजूद की जैसे कोई पहचान नहीं बनी, अजीब बात है? भीतरी सन्नाटा या मन की चुप्पी क्या शरीर को पारदर्शी कर देती है?...तो ठीक है। मैं चलती चली गयी, पिछले लॉन में आयी तो वह खाली पड़ा था, हाँ कुछ बैरे ट्रे आदि थामे होटल की बड़ी बिल्डिंग में आ-जा रहे थे। अभी साढ़े सात ही बजे थे, पूरा अँधेरा नहीं हुआ था। मैंने सोचा, नीचे उतर जाती हूँ। वह ढलान मुझे आकर्षित कर रहा था। मैं उसी पर बढ़ती चली गयी। थोड़ी ही दूर पर की वह छोटी बन्द पड़ी शेक्सपीरियन कॉटेज मेरे सामने आ खड़ी हुई। मेरे क़दम रुक गये। मेरा दिलोदिमाग़ उसकी ऐतिहासिक रहस्यात्मकता को जानने के लिए आतुर हो गया। आँखें उठाकर देखा, ऊपर

की रोशनी, उस तिकोनी छत की खिड़की की रोशनी को, जो पूरा दिन उसे प्रकाशित किये थी, अब नहीं थी। आश्चर्य से भरी मैं फिर से उसके बरामदे में आ गयी, वहाँ पहले दिन की तरह कोई नहीं था और द्वार पर ताला पड़ा था, निराश होती हुई कॉटेज के पीछे चली गयी। वहाँ भी कोई नहीं था, एक परिन्दा तक नहीं, हाँ झींगुरों की खनखनाती आवाज़ अवश्य ही उस गहरे सन्नाटे को गुंजरित करने का प्रयास कर रही थी। पीछे मुँडेर के पास एक लोहे की पुरानी बेंच पड़ी थी, मैं अपनी भीतरी छटपटाहट से थककर वहाँ बैठ गयी। तभी अचानक जाने किसी पगडंडी से उजागर होकर एक काली परछाईं दिखाई दी। इससे पहले मेरी धड़कनें मुझे असहज करतीं, अपनी पहचान बनाते, काले चोगे में, चर्च के पादरी साहब एक लालटेन हाथ में थामे सामने आ खड़े हुए। उनके इस तरह आ जाने से मैं थोड़ा डर-सा गयी। शायद इस कारण कि उनका काला चोगा, वस्त्र बढ़ते हुए अँधेरे में घुल रहे थे। परन्तु फिर मन में सोचा, भगवान को समर्पित, प्रबुद्ध पुरुष की उपस्थिति किसी को कैसे भयभीत कर सकती है। और अपनी प्रार्थनाओं में निमग्न ऐसे पुरुष हिंसक कभी नहीं हो सकते।

उन्होंने मुझे पहचानकर कहा, ''ओह आप?''

''जी मैं, वहाँ ऊपर की बिल्डिंग में ही तो ठहरी हूँ।''

''ओ एस, आपने बताया था...एस गीता, यही नाम है न, तुम्हारा।'' उनकी भृकुटि के मध्य, चमकती-सी उनकी आत्मा जैसे मुझे एक शान्तिधाम तक ले आयी थी।

''जी, परन्तु आप, आप क्या इस घर में रहते हैं?''

''नहीं, रहता नहीं हूँ, मैं तो वैसे कहीं भी रहता पर, खैर, मैं यहाँ रोज़ शाम को आता हूँ।'' वह मुड़कर कॉटेज के मुख्यद्वार की ओर चले गये, और उसके जंग लगे ताले को उतनी ही पुरानी चाबी से उन्होंने खोल दिया। उन्होंने मुड़कर मुझे देखा, तो साहस से मैंने कहा–

''मैं भी क्या अन्दर आ सकती हूँ फादर?''

''हाँ, क्यों नहीं, परन्तु यहाँ कोई नहीं रहता, यह चर्च की प्रॉपर्टी मानी जाती है, मैं तो यहाँ सिर्फ़ ये लालटेन रखने आता हूँ, ऊपर की उस खिड़की में। उसे रोशनी करने का एक वायदा, एक पुराना नियम, वह जो मेरे से पहले प्रीस्ट ने अपने से पहले प्रीस्ट से किया था–और जो मुझे निभाना है–मेरे बाद भी शायद कोई...?''

''कैसा वायदा फादर?''

''पहले अन्दर आओ, चलो मैं तुम्हें दिखाता हूँ कुछ?'' कमरे की बासी,

घुटी हुई बन्द वायु में श्वाँस लेना कठिन लग रहा था, परन्तु मुझे उसकी कोई चिन्ता नहीं थी। कोई अजनबी उद्‌देश्य, कोई अदृश्य सी कशिश थी जो मुझे खींच रही थी, जिसमें बँधी में उनके पीछे-पीछे चलती जा रही थी। कमरे के भीतर पहुँचकर उन्होंने बत्ती जला दी। छत से लगा पोर्सलिन का ख़ूबसूरत सा शैंडलियर अपने नये बल्बों से ज्योतित हो उठा। अगर इस घर में बिजली है तो यह लालटेन क्यों? परन्तु पादरी जी उस कमरे में रुके नहीं। उस कमरे के एक ओर सँकरी सी लकड़ी की सीढ़ियाँ थीं वह अपनी लालटेन उठाये उन पर चढ़ते चले गये, तो मैं भी परछाईं सी उनके पीछे चल पड़ी, बहुत चाह रही थी रुककर पूरे कमरे को नज़र भरकर देख लूँ, क्योंकि वहाँ भी कुछ सोफ़े, कुर्सियाँ, फायर प्लेस जैसा काफ़ी कुछ वैसा था, जैसा उस पहली कॉटेज में था, जहाँ हम ठहरे हुए थे। परन्तु मुझे तो उनके पीछे ही जाना था, सो चलती चली गयी। अन्दर जाकर उन्होंने कमरे की बत्ती जला दी। वह बरांडेनुमा कमरा, पतली-पतली लकड़ियों की पट्टियों को जोड़कर बनाया गया था। उसे एक दृष्टि से कलात्मक भी कह सकते थे और कुछ भिन्न भी, क्योंकि, वह कमरा कम, पक्षियों को बन्द रखनेवाला पिंजरा अधिक लग रहा था। कुछ देर ठहरकर पादरी साहब ने उस कमरे की दीवार से लटकती एक लोहे की जंज़ीर को खींचा। उसके खींचते ही एक लकड़ी का पतला सा जीना हमारे सामने एक आश्चर्य-सा आकर कमरे के फ़र्श की टेक लगाकर एक मार्ग-दर्शक जैसा हमारे सामने आ खड़ा हुआ। "ओह हाऊ मिस्टिरियस..." मैं आश्चर्य से अभिभूत थी, "यह क्या है फादर? बड़ा ही इंटरेस्टिंग है पूरा परिवेश।"

"हाँ गीता, यही है इस पूरे घर की मिस्टिरियस हिस्ट्री, वह इतिहास, जिसे शायद कोई नहीं जानता, या शायद कोई जानना भी नहीं चाहता। पर तुम में एक अलग-सी स्पार्क है—गीता माई डियर, इसीलिए मैंने तुम्हें साथ आने से नहीं रोका, चलो ऊपर चलते हैं।" अपने एक हाथ में लालटेन थामे हुए वह पादरी साहब, दूसरे हाथ से सीढ़ी रस्सी को पकड़कर हवा में झूलती उन सीढ़ियों पर क़दम रखते हुए चलते हम चले गये। उनके क़दम उन सीढ़ियों के अभ्यस्त लग रहे थे। मेरे पैर थोड़ा-सा काँपे थे परन्तु फिर साहस बटोर कर मैं भी उन पतली सीढ़ियों पर सँभल-सँभलकर क़दम रखती चली गयी। परन्तु पता नहीं क्यों लग रहा था जैसे कोई अदृश्य-सी परछाईं, नहीं मात्र परछाईं, नहीं, साँस लेती कोई आकृतिविहीन आकृति हमारे आस-पास चल रही थी।

ऊपर का कमरा, वैसा ही था जिसे कोलोनियल वास्तुशिल्प में पुरातन या 'ऐट्टिक' कहा जाता है। पता नहीं क्यों, वहाँ बिजली के बल्ब नहीं थे, परन्तु

लालटेन की मद्धम रोशनी से भी पर्याप्त उजाला फैल गया था और सभी कुछ साफ़-साफ़ दिखाई दे रहा था। मैंने चारों ओर उसकी दीवारों को देखा तो दंग रह गयी। लगभग सभी दीवारों पर पुस्तकों से लदे शेल्फ थे। एक दीवार पर ब्रिटिश स्टाइल का पढ़ने का मेज़ सजा हुआ था जिस पर कलमदान पड़ा था—मरियल-सा धूल भरा पंखनुमा पैन-दवात भी अपनी जगह पर थे। एक पुरानी कुर्सी जिसका बदरंग मखमल जगह-जगह से उधड़ चुका था। वह खिड़की, तिकोनी दीवार की वह खिड़की, जो हमारे कॉटेज से दिखाई देती थी, हाँ, वही, उसमें पादरी साहब ने अपनी लालटेन रख दी और पहले की बुझी हुई लालटेन को हाथ में उड़ा लिया।

"अब चलें।" उन्होंने मुड़कर मुझसे कहा।

"अभी नहीं फादर, एक बार हमें इस अजीबोग़रीब कमरे को भरपूर देख तो लेने दीजिए...और प्लीज़ यह किसका घर है? कौन रहता था यहाँ? क्या आपने 'डायरी ऑफ ऐनी फ्रैंक' पढ़ी है फादर? ऐनी का 'एट्टिक' भी बिल्कुल ऐसा था जहाँ नाज़ियों के जुम्मों से बचकर छुपते-छुपाते दो 'ज्यू' या यहूदी परिवार रहते थे। जिनमें से एक की बेटी थी—ऐनी। पता नहीं क्यों, इसे देखकर उसी की याद आ गयी मुझे।" मैं एक पुराने इतिहास में बह गयी।

"हो सकता है उस समय का प्रचलित आर्किटेक्चर ऐसा ही रहा हो। कौन-सा वर्ष था वह?"

"जहाँ तक मुझे याद है, उन्नीस सौ बयालिस में हॉलैंड के एक एट्टिक में वह ज्यू परिवार रहने आये थे—मैंने फ़िल्म भी देखी है, वहाँ भी दीवार पर बुककेस था जिसके पीछे वह सीढ़ियाँ छुपी हुई थीं जिनसे ऊपर एट्टिक में जाने का रास्ता था।"

"हो सकता है, इसका निर्माण भी तभी हुआ हो...मुझे भी 'होलोकास्ट', और उसकी यातनाओं का इतिहास पता है गीता। हो सकता है उस समय के आर्किटेक्ट इस तरह के खुफिया 'एट्टिक' कमरे, जुल्मों से बचने के लिए बनाते हों? शायद इसीलिए काफ़ी ब्रिटिश, योरोपियन या पाश्चात्य देशों के घरों का डिज़ाइन ऐसे ही शिल्प से मिलता-जुलता है।"

"वैसे उसकी डायरी उन्नीस सौ तिरसठ में छपी थी। सर...उसकी ऐनी की, किसी एक कंसन्ट्रेशन कैम्प में मृत्यु के बाद।"

"ओह।" उन्होंने बुझी हुई लालटेन उठा ली।

"तो क्या फादर यहाँ भी इस घर के उस नितान्त अकेले, संसार की दृष्टि से बहुत दूर इस एट्टिक में भी कोई, किसी प्रकार के जुल्मों से छुपने के लिए

रहा था फादर? प्लीज़ मुझे बताएँ?'' मैं उस स्थान की रहस्यात्मकता से परिचय पाने के लिए अधीर हो रही थी। ''प्लीज़ फादर मुझे बताइये इस कॉटेज का ऑनर कौन था? और यह एट्टिक?'' मेरा अधैर्य सीमा पार कर रहा था।

परन्तु फादर चुपचाप खड़े थे, मैंने मुड़कर पुस्तकों के शेल्फ से एक-दो किताबें निकाल लीं। अपनी मोबाइल की रोशनी से उन्हें देखने का प्रयास किया, तो लगा वह अंग्रेज़ी, हिन्दी ना होकर जर्मन या वैसी ही किसी भाषा में लिखी गयी थीं।

''वापस रख दो किताबें...इन्हें छूना वर्जित है...'' फादर ने ऊँचे स्वर में मुझे टोका।

''ओह सॉरी सर।'' मैंने घबराकर पुस्तकों को जगह पर रख दिया, परन्तु उन पर जमी मिट्टी का नम-सा सीलापन जो मेरी उँगलियों में चिपका रह गया था मुझे हांट करने लगा। मैंने अपने हाथ फैलाये तो लगा जैसे वह किसी की मटमैली जिजीविषा और आकांक्षा के कण जैसे थे...जो मेरी उँगलियों में सरसरा रहे थे।

''चलो अब चलते हैं गीता।'' वह मुड़कर सीढ़ियाँ उतरने लगे, तो मुझे भी तेज़ क़दमों से उनके पीछे जाना पड़ा, मैं चलती तो गयी, परन्तु जाने क्यों मुझे लगा उस एट्टिक का छूटता हुआ परिवेश अभी भी किसी भी पुरानी श्वाँसों से आलोड़ित था, परन्तु मेरी श्वाँस रुद्ध हुए जा रही थी। अगर कहीं एट्टिक की सीढ़ियाँ वापस बन्द हो जातीं और मैं वहाँ बन्दिनी बनकर छूट जाती तो किसी को पता भी नहीं चलता मैं कहाँ ग़ायब हो गयी? घबराहट और धुकधुकाते दिल और काँपते मेरे पैर कॉटेज के सबसे निचले बरामदे में ही आकर थम पाये। बाहर की शुद्ध, स्वतन्त्र वायु इतनी सुखदायी, शायद पहले कभी नहीं लगी थी।

''फादर आपने बताया नहीं, यहाँ कौन रहता था? किसकी थी कॉटेज? अवश्य ही कोई बहुत प्रबुद्ध और विद्वान रहा होगा। तभी तो इतनी ढेर सारी पुस्तकें? प्लीज़ बताइये न मुझे।''

''चलो वहाँ बैठते हैं।'' मेरे अधैर्य को समझकर पादरी साहब अपनी बुझी लालटेन के साथ आगे बढ़ गये। हम दोनों रौट आयरन के उस एकमात्र बेंच पर बैठ गये। लालटेन को पादरी साहब ने धरती पर रख दिया और मेरी ओर देखकर कहा, ''बताओ गीता, क्या जानना चाहती हो तुम?''

''बस इस कॉटेज का इतिहास...जो भी यहाँ रहता था, उसका जीवन कैसा था? फिर इतनी पुस्तकें? मैं स्वयं भी लिखती हूँ न, इसी कारण मेरी जिज्ञासा बढ़ती जा रही है सर।''

''ओ.के. माई चाइल्ड, वैसे तो मैं भी इसके अतीत के बारे में अधिक नहीं जानता, या शायद इसकी वास्तविकता को कोई भी नहीं जानता, परन्तु अवश्य ही यह सारी प्रॉपर्टी एक साथ बनायी गयी थी जिसमें चर्च भी शामिल है। मुझसे पहले जो पादरी यहाँ थे, उनसे ही ज्ञात हुआ था कि यहाँ एक गोरा, ब्रिटिश ऑफिसर रहता था। उसकी पत्नी जर्मन थी और इस कॉटेज को उसने विशेष रूप से अपनी पत्नी के लिए बनवाया था जो अवश्य ही इसे अपने पढ़ने-लिखने के लिए प्रयोग में लाती थी। इसे बाद में चर्च के साथ-साथ निर्मित किया गया था। तभी शायद इसका आर्किटेक्चर थोड़ा अलग-सा है।''

''आप सर, इस शहर में पहले से नहीं रहते थे।''

''नहीं गीता, मुझे यहाँ आये दस वर्ष हो गये हैं, उससे पहले मैं साउथ में था, वहीं मैंने दीक्षा ली थी, और वहीं केरल के चर्चों में आता-जाता था, वहाँ का माहौल अलग था, वहाँ ईसाइयत को माननेवाले यहाँ से कहीं अधिक थे। यहाँ तो कुछ एंग्लोइंडियन, ब्रिटिशर्स के समय के कन्वर्ट या धर्म परिवर्तित थोड़े से लोग हैं। परन्तु यहाँ खाली समय बहुत है। अकेलापन भी लगता है, अतः मैं सप्ताह में दो बार कॉलेज में स्प्रिच्युलिज़्म पर क्लास लेने चला जाता हूँ, उससे मेरा मन लगा रहता है और बाहरी संसार से नाता जुड़ा रहता है। और शायद इसीलिए तुम्हारी बातें अच्छी लग रही हैं मुझे।''

''थैंक्स सर, परन्तु आप इस स्थान के इतिहास को भी तो अवश्य जानते होंगे?''

''हाँ, अधिक नहीं, परन्तु जितना मैंने सुना है गीता, उन दिनों जब भारत में ब्रिटिशर्स की हुकूमत थी। यहाँ पर बहुत से गोरों ने अपने 'समर हाउस' बना लिए थे। और गर्मियों में यहीं रहते थे। मैंने सुना है उन्हें जो भी चाहिए होता था, वह हर कीमत पर हासिल हो जाता था। जो इस कॉटेज में रहते थे वह अंग्रेज़ था और उसकी बीवी जर्मन थी, वह साहब अपनी हवस के लिए प्रसिद्ध था, उसके पास नये-नये चढ़ावे चढ़ते थे। आसपास के गाँवों की ख़ूबसूरत लड़कियाँ उठवा ली जाती थीं, फिर वह कहीं ग़ायब कर दी जाती थीं। किसी को कानो-कान ख़बर नहीं होती थी। परन्तु उसकी अपनी पत्नी...बड़े शान्त स्वभाव की थी, वह चर्च में प्रार्थनाएँ करती रहती थी या ऊपर के उस एट्टिक में अपने को पढ़ने-लिखने में व्यस्त रखती थी। उसे जर्मन के अतिरिक्त कोई भाषा भी नहीं आती थी, शायद चर्च के पादरी साहब जानते थे जर्मन भाषा। इस कारण वही मानसिक रूप से उसके एकमात्र सहायक या मित्र थे। ऐसा भी सुनने में आया है कि गोरा साहब उसे सरेआम गालियाँ देता था और उस पर हाथ भी उठाता था। कंजूस तो था ही, उसकी कृपणता इतनी अधिक कि उसे

अपनी पत्नी को शायद उर्सला नाम था उसका, वह खाना भी नहीं देता था। तभी वह पादरी साहब के यहाँ ही अपने भोजन हेतु चली जाती थी। सहन करने की भी कोई सीमा होती है, पता नहीं वह कैसे सहन करती थी—शारीरिक और आत्मिक अत्याचार? ऐसे में कोई भी जीवन कुम्हला जाता है, पर बताते हैं वह प्रसन्न रहती थी। कभी कोई शिकायत नहीं, केवल प्रार्थना के स्वर उसके होंठों पर होते थे। अवश्य ही हमारे मुख्य प्रीस्ट में अपनी अद्‌भुत आन्तरिक शक्ति रही होगी, और उन्हीं के सम्पर्क में रहने के कारण वह क्राइस्ट को निकटता और जीवन दर्शन के 'सत्यम् शिवम् सुन्दरम्' पर विश्वास करती थी। कुछ वैसी, जैसी, आप भारतीयों की विचारधारा है। ईश्वर के सत्यता, प्रेम और सौन्दर्य में लिप्त हो गयी थी वह उर्सला।''

''फादर, ईश्वर से प्रेम सब के बस में नहीं होता, वह निर्मित भी नहीं किया जा सकता, वह तो मन की शुद्धता में प्रतिफलित हो जाता है। सत्य को भी गढ़ा नहीं जाता उसे मन में प्रस्फुटित होना पड़ता है, जानना पड़ता है।''

''शायद तुम ठीक कह रही हो गीता, झूठ गढ़े जाते हैं, सत्य मन की भावना है मन में जन्मती है और मन को समृद्ध बनाती है। आई मस्ट से गीता, तुम बहुत नॉलेजेबल हो, तुमसे बात करना अच्छा लगा मुझे। जिन स्टूडेंट्स को मैं पढ़ाता हूँ वह कभी कोई प्रश्न नहीं करते, ना ही किसी वाक्य पर रिएक्ट करते हैं जैसा तुम करती हो। कभी-कभी मुझे आश्चर्य होता है कि वह बच्चे कुछ जानने आये हैं या समय बिताने?''

कुछ समय एक मौन हमारे बीच देवदार की परछाइयों में घुलकर धुँधलाता रहा। समय का कुछ भी बोध नहीं रहा।

''फिर जानती हो गीता क्या हुआ?'' पादरी जी ने ही अतीत की उस कथा को फिर से उठा लिया, ''उर्सला के उस अय्याश पति ने क्या किया?''

''क्या किया सर?''

''इतवार की एक प्रार्थना सभा के बाद सभी प्रार्थियों के सामने उस बेकसूर, अपनी ही पत्नी को ज़लील किया, उसने मुख्य प्रीस्ट से उर्सला के प्रेम सम्बन्धों की मनगढ़ंत कहानी लोगों को सुनाई...ऊँचे-ऊँचे स्वरों में अश्लील फब्तियाँ कसीं उनकी पवित्रता पर...उनके चरित्र को मिट्टी में मिला दिया। और फिर जमा हुए लोग, भीड़ चाहे सड़क पर हो या चर्च में, तीर्थंकर नहीं होती। सांसारिक लोग चाहे गिरजे में एकत्रित हों, सांसारिक ही रहते हैं, उनकी मानसिकता बदलती कहाँ है? फिर मसालेदार गॉसिप, स्कैंडल पर्याप्त होता है बातें करने के लिए... गन्दे वाक्य हवा में उछलने लगे।''

"ओह...दो सादे सच्चे इनसान, सत्य को माननेवाले, आत्मिक विकास में रत उन दो पुजारियों पर कैसा भद्दा इलज़ाम?" मैं भीतर तक थरथरा गयी।

"हाँ, और फिर उन दिनों को, जैसा होता था, उन तमाशबीन लोगों ने बेकसूर उस महिला पर पत्थर फेंके। पादरी साहब ने अपनी भव्यता से शान्त स्वर में सबको किसी तरह समझाया...परन्तु उर्सला भागकर अपने ऐट्टिक में चली गयी और फिर उसी में बन्दिनी बनकर रहती रही। कभी बाहर नहीं आयी।"

पादरी साहब को बहुत से लोग जानते थे, जानते थे कि उन पर लगाये सारे इलज़ाम झूठे हैं। लम्पट गोरे को भी प्रताड़ित नहीं किया जा सकता था, फिर भी वह बीच बचाव में जुट गये। कार्यवाही की गयी—जीसस का भक्त जीसस होता है माई चाइल्ड मुट्ठी भर बुद्धिमानों ने उनके सम्मान की रक्षा की। जनता को समझाया गया कि, उर्सला जर्मन भाषा के अतिरिक्त दूसरी कोई भाषा ठीक से नहीं बोल पाती थी, और मुख्य पादरी जर्मन भाषा बोलते-समझते थे। अतः इतनी दूर-दराज के इस शहर में जंगलों के बीच इस कॉटेज में अकेली उर्सला उनसे ही मिलती-बोलती थी—यही निकटता उसकी दुश्मन बन गयी। खैर, गोरे साहब के तबादले के ऑर्डर आ गये और उन्हें वापस इंग्लैंड लौटना था—वह तो लौट गये, परन्तु...?"

फिर एक सन्नाटा हमारे परन्तु के पास सरसराने लगा, अतीत अगर इतना कष्टपूर्ण हो तो उसे बयान करना भी कष्टदायक होता है।

"दुख बहुत बड़ा यथार्थ है गीता, परन्तु सुख? सुख भ्रामक होता है और भटकाता भी है। सुख अपनी समृद्धता में चेहरे पर दिखाई देता है, परन्तु दुख अपने दर्द के साथ मन में गहरा उतरकर भीतर तक एक गहरा छेद कर जाता है, जो रिसता रहता है...जानती हो उस गोरे ऑफिसर ने क्या किया? जाते समय उर्सला को उसके इस एट्टिक में बन्द करके चला गया...।"

"ओह सर, प्लीज़!" अब दर्द से कराहने की बारी मेरी थी।

"हाँ गीता, इस संसार का गणित अटपटा है, अमानवीय, तभी तो सच्चे, सुथरे परमात्मा में विश्वास करनेवाले मनुष्य का निष्कर्ष शायद ऐसा ही नियत किया जाता है। हर बार केवल जीसस को ही सूली पर चढ़ाना पड़ता है, ये ज़िन्दगी चुनाव है, माई चाइल्ड, चुनाव और निर्णय अगर सही होते हैं तो कठोर भी।"

"परन्तु सर, विडम्बना यही है कि इस संसार की राजनीति बुद्धिहीनों के हाथों में होती है, और वह अहंकार को चुनते हैं उनका अपना अहंकार, उन पर हावी होता है अतः कटुता को ही बढ़ावा मिलता है, जिसके पीछे सच्चे मनुष्य के अन्तर्मन की वास्तविक सत्यता दम तोड़ देती है।"

"आश्चर्य तो तब हुआ जब सभी को बताया गया कि वह वापस जर्मनी जा रही है। उसका सामान कई बक्सों में पैक किया गया, और गाड़ियों में लादा गया, वह गाड़ी में बैठी या नहीं इसे किसी ने नहीं देखा...फिर हुआ ये कि दो दिन बाद सफाई वाली नौकरानी ने जब इस कॉटेज को खोला तो उसे लगा, ऊपर एट्टिक में कोई है।"

"ओ सर..." मुझसे वह वर्णन सहा नहीं जा रहा था।

"हाँ गीता, वह खुदकुशी नहीं थी, सज़ा थी, उस जुल्म की जो उसने किया ही नहीं था। आश्चर्य ये भी कि उसकी इस खिड़की का चिराग बिना तेल के भी दो दिन तक जलता रहा, इस कारण किसी को कोई शक नहीं हुआ। कहते हैं जब उसके शरीर को एट्टिक से उतरवाया था, तो न तो उसकी देह बदरंग हुई थी, न ही उसकी कोई दुर्गन्ध थी, बल्कि उसके चेहरे पर शान्ति की एक अपूर्व आभा अंकित थी, उसके ख़ूबसूरत चेहरे पर एक मीठी-सी मुस्कान सज्जित थी जैसे चिरनिद्रा में मग्न कोई सपना देख रही थी।"

"तो फिर, फिर क्या हुआ सर?" मेरा धैर्य...

"क्या होना होता है, किसी मृत देह का? हमारे चर्च के मुख्य प्रीस्ट ने ही उनका अन्तिम संसकार किया। वह इसी सीमेंट्री में दफ्न है यहीं कहीं इसी मिट्टी में परन्तु ताज्जुब है कि यहाँ की किसी क़ब्र पर कोई नाम नहीं खुदा हुआ है गीता—शायद उनके अपने याद करनेवाले सभी चले गये, शरीर रह गये। उनके सभी चिह्न समाप्त हो गये हैं, नाम गुम हो गये।"

सन्नाटे के उस स्पेस में क्लांत, कटु धारणाओं के पल, फिर से ठहरी हुई हवाओं में हमारे आसपास पथराये खड़े हो गये थे।

"तभी से उतने वर्षों से, अब तक, प्रथा चली आ रही है गीता, कि जो भी प्रीस्ट इस चर्च को टेक-ओवर करता है वह हर शाम को इस एट्टिक की उस खिड़की में दिया जलाता है। और जानती हो यह दोनों लालटेनें भी उसी समय की हैं, गीता शायद वह जर्मन महिला इन्हें रात के समय उजागर करके अपने पढ़ने-लिखने का काम करती थी।"

"आओ गीता तुम्हें एक और चीज़ दिखाता हूँ।" वह उठ खड़े हुए और उनके पीछे मैं भी, उस इतिहास की डोर थामे चल पड़ी। हम लोग कॉटेज की पिछली तरफ़ आ गये जहाँ छोटा-सा बरांडा था। कॉटेज की उस दीवार पर पादरी जी ने टॉर्च की रोशनी फेंकी तो मुझे लगा, वहाँ कुछ लिखा है। "यह क्या है सर?" मैंने पूछा।

"गीता मुझसे पहले जो पादरी जी यहाँ आये थे वह शायद उत्तर प्रदेश

के रहनेवाले थे। उन्हें उर्दू भाषा का भी ज्ञान था, उन्होंने यह पट्टिका यहाँ लगवा दी थी।''

''इस पर क्या लिखा है सर?''

''एक शेर है, जो मैंने याद कर लिया है, क्योंकि उर्दू तो मुझे नहीं आती, लिखा है—

न जाने क्यों ज़माना हँस रहा है मेरी हालत पर
जुनूं में जैसा होना चाहिए वैसा गिरेबां है मेरा।''

''ठीक ही लिखा है सर, ऐसे 'जुनूँ' को कितने लोग समझते हैं। परन्तु आई एम ग्लैड सर, मैं तो बहुत अधिक प्रभावित हुई आपसे। आपने इतने वर्षों पुराने इतिहास को केवल सुनाया ही नहीं, इतनी आत्मीयता से उसे सहेजकर भी रखा है। चर्च ने उर्सला के इस एट्टिक को उस ज्यू लड़की 'ऐनी फ्रैंक' जैसा सहेजकर रखा है। मैं तो बहुत इम्प्रेस हूँ आपसे सर।''

''गीता, तुम्हारे जैसे आत्मीयता से सुननेवाले भी कहाँ मिलते हैं। इस जंगली इलाके में घने पेड़ों के मध्य छिपे-छिपाये इस चर्च में तुम्हारे जैसे बुद्धिजीवी आते ही कहा हैं। जो लोग यहाँ आते हैं, वह थके-हारे, अपनी जीवन सन्ध्या का बोझ कन्धों पर उठाये केवल यहाँ समय काटने आते हैं। कितने ही ऐसे लोग हैं जिनके बच्चे उन्हें उनके हाल पर, उर्सला की तरह, छोड़कर चले गये हैं। अकेलापन...अकेलापन अपने आप में एक बीमारी है...गहरी उदासी का आत्मा को जमा देनेवाला ठंडा, क्रूर एहसास, जिसे न चाहकर भी बर्दाश्त करना पड़ता है।''

''प्रार्थनाएँ, भगवान पर किया विश्वास अवश्य ही उन्हें सान्त्वना देता होगा सर? अकेलापन कम हो जाता होगा।''

''प्रार्थनाएँ करना, सबके बस की बात नहीं है गीता, प्रार्थना केवल बाइबिल के पैराबल्स को दोहराना नहीं है माई चाइल्ड, प्रार्थना आत्मा तक पहुँचने का कठिन मार्ग है...तपस्या है।'' और यह भी सच है कि यहाँ आकर जो बैठते हैं वह केवल समय को काटने आते हैं—बस और कुछ नहीं। प्रार्थना तो बहाना है—एक स्केप, स्थिति से भागने का, और कुछ नहीं।''

तभी मेरा मोबाइल बज उठा...हमारे उस चिन्तनशील वार्तालाप को पूजन पद्धति के केन्द्र-बिन्दु से नीचे उतारकर वर्तमान के उस साधारण धरातल तक ले आया जहाँ हम खड़े थे। एक अकेलापन जिसमें पादरी जी लौट रहे थे। दूसरे, जहाँ उर्सला थी, रेखा थी, अनीता थी और था गहरा सन्नाटा।

''हलो,'' राजीव का स्वर था, ''गीता तुम कहाँ हो, कब से ढूँढ़ रहा हूँ तुम्हें?''

“हाँ,” मैंने सोचा मैं पता नहीं कहाँ हूँ, जीवन के किस पल में? इतिहास के पन्नों में गुम, या पता नहीं? राजीव की व्यस्तताओं और गोल्फ के लम्बे खेल के मध्य अपने अकेलेपन में चलती चर्च के इस पादरी के निकट...पता नहीं?

“अभी आ रही हूँ।” कहकर मैंने पादरी जी से विदा ली। “थैंक्स सर, आपका बहुत समय लिया मैंने, पर आपकी सच में मैं बहुत आभारी हूँ सर, कि आपने मुझे इतना सब बताया?”

“मुझे भी अच्छा लगा गीता, गॉड ब्लैस यू माई चाइल्ड।” कहकर पादरी जी गिरजाघर का पगडंडी पर उतर गये। और मैं, अपनी कॉटेज तक जाती उस कष्टपूर्ण चढ़ाई की ओर बढ़ गयी जहाँ मेरे कमरे की खिड़की से एक दिया जैसा दिखाई देता था या टिमटिमाती एक वर्षों पुरानी लालटेन जिसे, ‘दिले वीरां के अँधेरे में तरस खाकर’ किसी ने जला दिया था।

गुम होती गौरय्या

शमीम आपा की मौत की ख़बर हम दोनों को साथ-साथ दी गयी थी। ऐजाज़ ने पहले रूबीना को फिर मुझे फ़ोन किया था।

साथ चलने की तैयारी करके सुबह-सवेरे स्टेशन पहुँच गये थे। आसमान से प्रभात की उजास अभी तक धरती पर पूरी तरह नहीं उतरी थी। हल्का धुँधलका वैसा ही जैसा हमारी आँखों में और वैसा ही प्लेटफॉर्म पर भी फैला हुआ था। हम दोनों चुपचाप एक खाली बेंच पर बैठ गये थे। हमारे चारों तरफ़ भीड़ धीरे-धीरे बढ़ रही थी, भीड़ का शोर बढ़ रहा था। मेरी दृष्टि प्लेटफॉर्म की छत पर झूलते लोहे के तार पर अटक गयी थी। जहाँ दो छोटी गौरय्या बैठी अपनी चूँ-चूँ, चरपर से मुझे आकर्षित कर रही थीं। मुझे लगा बहुत दिनों बाद गौरय्या को देखा है, शायद इस कारण कि दिल्ली के परिवेश ने अपने आँचल में इतने ढेर सारे ईंट-पत्थर और इमारतों को बटोर लिया था कि उनके लिए जगह ही नहीं बची थी। पेड़ या तो कट चुके थे या ठूँठ होकर रह गये थे। गौरय्या के झुंड अपनी नम आँखों से अलविदा कहकर ऐसे विदा हो चुके थे जैसे कभी थे ही नहीं। वैसे ही जैसे शमीम आपा का यों रात की नींद में सोये-सोये रुखसत हो जाना। मृत्यु, मृत्यु को ही नहीं परिभाषित करती, एक पूरे जीवन को, उसके जुड़े परिवेश को भी एक बार फिर सबके सामने जीवन्त कर जाती है। हम नहीं बदलते परन्तु किसी न किसी व्यस्तता में गुम अवश्य हो जाते हैं, पता नहीं कहाँ...?

"कहाँ?" रूबीना ने चौंककर कहा।

"मैं तो सोच ही रही थी, पर तुमने कैसे कहा...कहाँ?" "क्या सोच रही हो?" मैंने उदासी में घिरी रूबीना से पूछा। "मैं सोच रही थी कि अम्मा तो कभी की ज़ा चुकी हैं बस खाला थीं, कभी-कभी जब मायके जाने का जी चाहता था, उनके पास चली जाती थी...पर अब, अब कहाँ?"

"मैं हूँ ना...मेरे पास आ जाना, जब भी जी चाहे/धर्म की विपरीतता और

भेदभाव हमारे परिवार के बड़ों के व्यवहार, विचारों पर हावी नहीं हुआ, तो हमारे बीच रूबीना? याद है, तुम्हारी अम्मा और शमीम आपा दोनों ही तो पापा के हाथ पर राखी बाँधती थी, हमारे घर ने भी उन्हें बड़ी बुआ, छोटी बुआ जैसा मान वह दर्जा दिया हुआ था।''

''हाँ, वह तो ठीक है, तुम्हारे घर में तंगजेहन कोई नहीं था, पर अब मामू भी तो नहीं हैं...''

''मैं हूँ ना...'' मैंने उसे बाँहों में घेर लिया था। कुछ रिश्ते रक्त से जुड़े नहीं होते परन्तु उनके नर्म स्पर्श में रेशमी सरसराहट होती है, मैं रूबीना को उस उदासी की सुरंग में प्रवेश करने से बचाना चाहती थी, जिसमें प्रवेश करके उसे अक्सर अस्पताल की शरण लेनी पड़ी थी। अकेलापन...उम्र के इस मोड़ पर जब बच्चे ब्याहे जाकर विदेशों में बस जायें और काम से निवृत्ति का खालीपन का डिप्रेशन एक गहरे सच सा आकर पास खड़ा हो जाये, तो तलाकशुदा अकेली रूबीना...हालात?

''याद है रूबीना, जब प्रकाश भइया की शादी थी और बारात का अलीगढ़ से चलकर दिल्ली के पाँच सितारा होटल में ठहरना तय हुआ था, तो शमीम आपा और तुम्हारी अम्मी ने पापा से क्या कहा था?''

''क्या?''

''भाई अगर आपने हमें बारात में शामिल नहीं किया तो हम अपने खर्चे पर दिल्ली जायेंगे। 'अशोका' की छत पर खड़े होकर चिल्लाकर कहेंगे, देखो लोगो क्योंकि हम मुसलमान हैं ना, इसलिए भाई ने हमें बारात में शामिल नहीं किया।''

बहुत से स्मृति चित्र हमारे आसपास उभर रहे थे। गाड़ी लग गयी थी, और हम अपनी आरक्षित सीटों पर बैठ चुके थे। समय की पाबन्दी निभाती गाड़ी धीमी रफ्तार से सरकने लगी थी। मैंने मुड़कर गौरय्या को देखना चाहा परन्तु अब वहाँ ढेर सारे कबूतर बैठे थे। गौरय्या का कहीं पता नहीं था। गाड़ी ने स्पीड पकड़ ली थी। हम दोनों अख़बार के पन्नों में डूब गये थे।

''वही सब ख़बरें, स्टेल, नया तो कुछ भी नहीं, मारे गये आतंकवादी, कश्मीर पर पाकिस्तान के गिरोह का नया हमला, या फिर किसी बलात्कारी का लापता होना, मन्दिर के आँगन में मुसलमान लड़की की लाश...''

''कितने इम्यून हो गये हैं हम लोग, मौत की कोई ख़बर हमें डिस्टर्ब नहीं करती, याद है जब छोटे थे तो अपने पड़ोसी के कुत्ते 'हस्की' के मरने पर हम लोगों ने दो दिन ठीक से खाना भी नहीं खाया था, वह था भी बड़ा प्यारा...''

''पर कुस, आदमी आज के ऐसे माहौल में नर्मी से जी भी कैसे सकता है? उसकी सैंसिटिविटी पर क्या विवाद।'' रूबीना अख़बार छोड़कर कॉफ़ी पी रही थी।

''हाँ विवाद भी तो अक्सर बेबुनियाद होते हैं। शहीद वही माना जाता है जिसके पीछे कोई गॉड फादर या कोई पुख़्ता गुट हो।''

''तो सम्भावनाएँ?'' मैं रास्ता खोज रही थी।

तभी अचानक गाड़ी के डिब्बे में जगजीत सिंह के मधुर स्वर में भजन का टेप चल पड़ा था।

हे राम...हे राम...
तू ही दाता, विश्वविधाता...
तुझसे हैं जग के सारे धाम...

''मुझे तुम लोगों का यह भजन बहुत अच्छा लगता है। पता है कुस जब पहली बार लन्दन गयी थी तो अपने जफर भाई के लिए बड़ी श्रद्धा से यह टेप ले गयी थी।''

''पर रूबीना तू?...''

''सुन तो, भाई ने जब टेप कार में चलाया तो, 'तोबा-तोबा' करके बोले, रूबीना कयामत के दिन तेरे कानों में पिघलता सीसा डाला जायेगा। तू यह सब सुनती है? और हिन्दुस्तान से यह लायी है, काफिरों का मर्सिया।''

''मैंने समझना चाहा, भाई जान, जो धुन कानों को मीठी लगे, उसे एन्जॉय करना चाहिए....जब कयामत आयेगी तब देखा जायेगा, फिर हमारे पुराने वक़्त में ये बँटवारा कहाँ था? पर जानती है उन्होंने टेप खींचकर निकाला और घर पहुँचते ही डस्टबिन में फेंक दिया। कहाँ कोई कद्र करता है इमोशंस की, कौन से लेवल पर बची है सैंसिटिविटी?...''

''मैंने जफर भाई को बेहुत सालों से नहीं देखा, फुफ्फी गुज़री थीं तो क्या वह आये थे?''

''कहाँ आया, जो अपनी सगी माँ के गुज़रने, उसे मिट्टी देने को इतना ज़रूरी नहीं समझता है, अब वह जिस भी 'रिलीजन' को माने हमें क्या? हमारा ईमान तो मोहब्बत है, जो प्यार की बुनियाद पर टिके हुए हैं। पर उसका सच जाने क्या है? मैं तो उसके रिलीजन से बिल्कुल भी आइडेंटीफाई नहीं करती। कुस, पता है उसने दाढ़ी बढ़ा ली है, घुटनों ऊँचा पाजामा पहनता है, सिर पर पगड़ी, 'ओसामा बिन लादेन' जैसा हुलिया बना रखा है। अपने बच्चों को 'मदरसे' में पढ़ने भेजता है, जहाँ कुरान पढ़ाई जाती है। पहले अच्छी-खासी जॉब

थी, बड़ी फर्म में एकाउंटेंट था अब उसके अजीबोगरीब हुलिए की वजह से उसे बर्खास्त कर दिया गया है।" रूबीना की आँखों में एक नमी तैर आयी थी।

"पिछली बार मैंने एक बात और नोट की वहाँ लन्दन में 11 सितम्बर के बाद जितने मुलसमान बच्चे पैदा हुए उनमें से ज़्यादातर के नाम 'ओसामा' रखे गये हैं...।" वह अभी तक अपने भाई के परिवेश में खड़ी थी।

"तो अब जो पैदा होंगे दो हज़ार दो में, शायद उनके नाम 'सद्दाम' रखे जायेंगे।"

"हो सकता है..." हम हँसना चाह रहे थे।

"और तेरी बेटियाँ, रूबीना...?"

"वह दोनों तो कमिटेड हैं, अभी तक तो उनमें अपनी बुनियादी वैल्यूस कायम है, कुस, अपने-अपने बच्चों को भी वह यही समझाती हैं कि हमारी रूट्स हिन्दुस्तान में हैं। हम हिन्दुस्तानी हैं। इसलिए जब भारत की क्रिकेट टीम जीतती है तो उसके बच्चे तालियाँ बजाते हैं...खुश होते हैं। उन्होंने पाकिस्तान देखा तक नहीं है तो वह क्यों कहें, अपने को पाकिस्तानी? नहीं भाई, फिर बड़ी ने तो यहाँ घर ले लिया है रिटायरमेंट के बाद उसका इरादा यहीं रहने का है दिल्ली में।"

"परन्तु विदेश में परवरिश होने के बाद उसके बच्चे, उन पर वहाँ की कल्चर का असर है, सामाजिक दबाव है। उनका जन्म से मुसलमान होना, क्या उसकी कौंशस इस बात को स्वीकार करेगी कि वह भारतीय टीम के लिए ताली बजायें? किसी भी इनसान की मानसिकता के लिए उसकी सोच, चिन्तन, दर्शन, सभ्यता या साहित्य भी बहुत ज़रूरी होते हैं रूबीना।"

"हमारी ज़िम्मदारी है बच्चों को सही वैल्यूस दें माँ बीज तो बोती है वह कैसे उगता है, फलता-फूलता है यह तो वक़्त बतायेगा, ज़ाहिर है बच्चों की सोच पर उनका माहौल, उनकी शिक्षा का असर तो पड़ता ही है, उनसे बच्चों को अलग तो नहीं किया जा सकता, पर हाँ थोड़ा-बहुत समझाया जा सकता है उन्हें इनसान बने रहने की तालीम तो दी जा सकती हैं कुस, उन्हें कौम्युनिलिस्म के खोल से आज़ाद तो किया जा सकता है। इस मॉडर्न ज़माने में उन सीमाओं को तोड़ने की ज़रूरत है जो ज़िन्दगी को मजहब के हाशिये तक रोके रखती हैं।"

"मुझे तो लगता है ये साम्प्रदायिकता या कौम्यूनिलिस्म इनसानियत की दुश्मन है..."

"अच्छा ये बता कुस ये साम्प्रदायिकता का सवाल हिन्दू-मुसलमान तक ही

क्यों सीमित रह जाता है जबकि हिन्दुस्तान में सम्प्रदायों के तौर पर सिख, ईसाई, पारसी, सिन्धी सभी रहते हैं और जबकि इतिहास गवाह है, हमारी पौराणिक कथाएँ गवाह हैं कि जितनी लड़ाइयाँ हिन्दू-मुसलमानों ने लड़ीं–मन्दिर-मस्जिद तोड़े...उतना ही प्रेम भी किया, मुगल शासकों ने हिन्दू राजा, महाराजाओं की बेटियों से ब्याह किये।''

''हाँ रूबीना अब समय आ गया है कि इतिहास का पुनः चिन्तन किया जाए, आज के समय में इतिहास केवल सत्य नहीं है क्योंकि आज अतीत को वर्तमान से जोड़कर देखा जाता है। और यह भी सच है कि वास्तविकता का इतिहास अब रोज़ रचा जाता है। अब जब मोदी ने एक प्रान्त में कत्लेआम किया...तो सभ्यता का तकाजा है कि अमेरिका, बगदाद, हिन्दुस्तान कहीं भी कत्ल होता रहना चाहिए। टेलीविज़न इतना शोर मचाते हैं कि हिन्दू हो या मुसलमान उसकी इनसानियत उसकी आत्मा पर ये हादसे हथौड़े से बजते हैं। नफरत उगाने में मीडिया का भी तो बहुत बड़ा हाथ है रूबीना? वह सस्ता मनोरंजन, जिसे हाइटेक-कम्प्यूटर और मास-मीडिया ने इतनी बार ऐलान किया कि उसमें से ज़िन्दगी की सजगता उसका सौन्दर्यबोध बेमौत मर गया।''

''चलो छोड़ो रूबीना, संस्कृति के रेडिकल या नवनिर्माण की बात को, हम दोनों का स्नेह बना रहे यही बहुत है।'' मैंने कहा और हमने अपनी किताबें पर्स में से निकाल लीं।

रूबीना के हाथ में इस्मत चुग़ताई की कहानियों का संकलन था। मेरे पास कविताओं का एक संग्रह था। बीच-बीच में रूबीना मुझे 'लिहाफ़' के कुछ हिस्से पढ़कर सुनाती जा रही थी। हालाँकि रेल के डिब्बे में काफ़ी आवाज़ें थीं और बैकग्राउंड में बजता जगजीत सिंह का टेप–''हे राम...हे राम...तू ही बिगाड़े...तू ही सँवारे...तू ही सुबह तू ही शाम...'' भीड़ के शोर में शब्द उठते थे खो जाते थे–शब्द, आवाज़ें जो न उर्दू थी, न पंजाबी, न सिन्धी–व्यर्थ ही गुम हो रहे थे 'शब्द', जबकि 'इस्मत आपा' के लिए कितना अर्थवान था, वह एक मामूली सा शब्द, 'लिहाफ़' कितनी रहस्यात्मकता को उकेरता 'लिहाफ़' एक पूरे के पूरे समलैंगिक कल्ट को समाज के सामने लाता हुआ, विवादों के कठघरे से लेकर कानून की सरहदों तक खड़ा करता हुआ 'लिहाफ़' का वह हाथी।

''पता नहीं, जीवन की घटनाएँ कहानियाँ हैं या कहानियों में लिखे क़िस्से जीवन...?''

हमें भावुकता में बहने से एकाएक रोकते हुए अचानक आगे की सीट पर बैठे सरदार जी उचक कर बोले।

"तुसी बड़ी सोंडी उर्दू बोल रये ओ जी...मैन्नु वी सिखा दवो..."

"आपको क्या ज़रूरत आन पड़ी।" रूबीना ने कहा।

"नहीं जी, जन्नत गया तां ज़रूरत पयेगी, हूरां (अप्सराओं) नाल किस्तरां गल करांगा...?"

"आपको पक्का पता है आप जन्नत जायेंगे अगर दोज़ख चले गये तो?"

"ताँ उत्थे लई पंजाबी मैंनु आउंदी है..."

मुझे हँसता देख, वह बुरा मान गये और मुड़कर अपनी सीट पर बैठ गये। बाहर का कुहासा अभी भी धुँधला था। नये स्टेशन की बत्तियाँ चकाचौंध पैदा कर रही थीं और गाड़ी धीमी होकर रुक रही थी। डिब्बे में खलबली सी मच रही थी खाली सीटों पर यात्री बैठ रहे थे, उठ रहे थे। एक नौजवान खलबली का कारण हो रहा था। उसके चेहरे पर लम्बी दाढ़ी थी, सिर पर बेतरतीब लपेटा हुआ सफ़ेद पगड़ीनुमा कपड़ा, पाजामा घुटनों तक ऊँचा, मोटा बदरंग हुआ कुरता, और जो बात गले नहीं उतर रही थी, वह थी, उसकी कमर के साथ बाँधा एक पट्टा जिसके साथ पेट के निकट गोल सा कुछ बँधा था।

दो कॉलिजी लड़के उसे बैठने नही दे रहे थे।

"कहाँ जा रहे हो भाई," एक ने कहा।

"क्या सीट नम्बर है...कैसे चढ़ आये इस डिब्बे में।" दूसरा बोला, "अलीगढ़ जा रहा हूँ...यं ही सीट नम्बर है मेरा," वह आराम से बैठ गया।

"हाउ इंटरेस्टिंग तुम्हारे अलीगढ़ जानेवाले लोग ऐसे ठप्पा छाप होते हैं।"

"नो...नो...लन्दन में भी तो काफ़ी बढ़ रहे हैं इस हुलिए वाले लोग...दे आर बाई-प्रोडक्ट्स ऑफ ग्लोबलाइजेशन..." दूसरे ने कहा।

मैंने रूबीना की तरफ़ देखा...वह बड़ी अकेली और थकी हुई लग रही थी।

"ऐसे स्टीरिओटाइप लोग 'टैरर-नेटवर्क' को बढ़ावा देते हैं।"

दबे-दबे शब्दों में किसी ने कहा..."ये कहीं सुसाइडल-बौम्ब तो नहीं बाँधे हैं?"

"चेन खींचो...गाड़ी रुकवाओ..."

आवाज़ें मुखर हो उठीं—"ऐसे भेषधारी को घुसने कैसे दिया?"

"ऐसे लोग तो कहीं भी घुस सकते हैं, बिना किसी पूर्व सूचना के, भीड़ भरे बाज़ारों में, छुट्टी वाली आरामगाहों में...हवाई जहाज़ों में...कहीं भी, इनको कौन रोक पाया है?"

"ये आधुनिक युग के लिए चुनौती है।"

"कैसे हैं यह लोग, जिनकी अपनी शक्ल और शिनाख्त भी खो चुकी हैं।"

"नहीं, यह आधुनिक युग के एनलाइटेंड चिल्ड्रेन है"...रूबीना ने कहा।

कॉलिजी लड़ने रूबीना की बात सुन रहे थे।

"क्यों हो रहा है यह सब?" रूबीना उन कॉलिजी लड़कों से मुखातिब थी।

"ऐसा कब नहीं हुआ, तब क्या नहीं हुआ था, जब हिटलर ने नाज़ी कौम को मारने के नये-नये तरीके ईजाद किये थे। नरसंहार उसका अन्तिम क्षोभ था। रूबीना इसलिए कि एक नये ह्यूमन ऑर्डर, जिसमें एक नयी समृद्ध इनसानी जाति को, जो उनसे हर बात में सुपीरियर थे...विशेष रूप से विचारों के स्तर पर उन्हें आगे लाया जा सके।" मैंने कहा–

"पर कुछ वैसा हुआ कहाँ, मार्कसिस्ट या आज के ये निओ-लिबरल्स, उन जर्मन सोल्जर्स की तरह हैं जिन्होंने पहले भी पुरानी सभ्यता और उसके इतिहास को जलाया था आज भी बगदाद के पुस्तकालय को, जो वहाँ के इतिहास और संस्कृति को जिसे वह बड़ी शिद्दत से छाती में सँभाले बैठा था, उस संग्रहालय को भी फूँककर राख कर चुके हैं।"

"और उस मलबे पर मुस्कराता खड़ा है एक विजयी, समृद्ध देश।"

"हम लोग अच्छे भले पद पर काम कर रहे थे अमेरिका में...11 सितम्बर को वह हादसा क्या घटा, खदेड़ दिये गये।" कॉलिजी लड़के ने उदास स्वर में कहा। "अब हम फिर एक ऐसी क्रॉस रोड पर खड़े हैं जहाँ से आगे निकलने का कोई रास्ता सुझाई नहीं देता।"

"द हिस्ट्री ऑफ आइडियाज़ ओबेज़ अ-लौ ऑफ आइरनी" (विचारों के इतिहास को कानून की विडम्बना या व्यंगोक्ति को मानना पड़ता है) दूसरा कुछ पढ़कर कह रहा था।

"बट आई मस्ट से, बड़ी भारी पड़ी थी 11 सितम्बर की वह सुबह...उजड़ते हुए शहर, जली हुई बहुमंजिली इमारतें, घर...लाखों लाशें और उसके मलबे पर खड़े होने में कितना कुछ नहीं गुज़रा।..."

"कम से कम सुधारवादी मुसलमान को पश्चिमी धार्मिकता के अनुसार अपना भाग्य निर्धारित करने के लिए मजबूर होना पड़ा।"

"नव पुरुष के निर्माता पर कभी इतना मेहरबान नहीं हुआ था इतिहास..."

अचानक सरदार जी अपनी सीट से उठे और उस लड़के के पास जा खड़े हुए..."क्या नाम है तुम्हारा, कहाँ से आये हो? क्या बाँध रखा है कमर विच्च...गोल जिहा...खोल के दिखाना पयेगा...नहीं तो..."

"नहीं तो? क्या कर लेंगे आप?...हू द हैल आर यू...? मैं कोई भी हूँ आपको उससे क्या..." वह लड़का अंग्रेज़ी लहजे में हिन्दी बोलने का प्रयास कर रहा था।

''आप हमारे हमसफ़र हैं...बात आगे न बढ़े इसलिए अगर आप साफ़-साफ़ बता देंगे तो क्या बिगड़ जायेगा आपका?'' रूबीना ने समझाना चाहा।

पर वह न हिला न डुला, वैसे ही बैठा रहा, कमर में लिपटा वह गोल-सा जो भी कुछ था उसे आराम से बैठने नहीं दे रहा था। सारे डिब्बे में हल्की-हल्की रहस्यमयता भरने लगी थी और लोग भी कुछ न कुछ फुसफुसा कर कहने लग गये थे।

''मुसलमान होगा पाकिस्तान का ट्रेनी...अलीगढ़ तो गढ़ है इन लोगों का।'' किसी ने कहा।

''कोई एजेंट—कोई आतंकवादी?''

यों तो डिब्बे में ज़्यादातर हिन्दू ही थे पर जाने क्यों एक तरह का खेमा सा बनने लगा था। रूबीना को मैंने हाथ पकड़कर बैठा लिया था।

''तुम बताते हो या ट्रेन की चेन खींच दूँ...'' सरदार जी फिर से थोड़ा चिल्लाकर बोले...

''फसादी है...साला...'' एक कोने से आवाज़ उठी, ''फसादी का कोई धर्म नहीं होता...''

जब बर्दाश्त से बाहर हो गया तो वह उठ खड़ा हुआ, ''हियर यू आर...आई विल शो यू...'' वह अपने कमर का पट्टा धीरे-धीरे खोलने लगा। लोग डरकर पीछे हटने लगे...मानव-बम...जैसा ख़याल डिब्बे के दरवाज़े खोलकर लोग उस तरफ़ सिमट रहे थे। मोबाइल पर नम्बर डायल किये जा रहे—हलचल—दहशतगर्द चेहरे...लोग पुलिस का नम्बर भी पूछ रहे थे। मोबाइल के 'आउट-ऑफ-रीच' होने पर झुँझला भी रहे थे। जैसे-जैसे उस लड़के का लपेटवाँ रहस्य खुल रहा था लोगों की गर्मजोशी कम होती जा रही थी। औरतें अपने बच्चों को समेट रही थीं कुछ का हाथ गाड़ी रोकनेवाली जंज़ीर पर टिका हुआ था।

''हो सकता है 'गे' हो या 'लेस्बियन' शक्ल तो देखो इसकी...''

''शायद प्रेगनेंट हो।'' किसी ने ये भी कहा, ''कह नहीं सकते आजकल के मॉडर्न ज़माने में क्या कुछ नहीं हो रहा...।''

तभी उसके द्रौपदी के चीर जैसे वस्त्र से छूटकर एक लाल कपड़े में बँधी काँसे की छोटी-सी कलसी झन-झन करती हुई ज़मीन पर गिरी और साथ ही प्लास्टिक के लिफ़ाफ़े में ढेर सारे पत्र, मुड़े हुए काग़ज़, टूटी हुई गुलाब की पंखड़ियों से वहाँ बिखरने लगे। उस लड़के ने झुककर बड़ी सौम्यता से उस काँसे के पात्र को उठाकर ऐसे माथे से लगाया और फिर से छाती से चिपका लिया, वैसे ही जैसे कोई माँ अपने बिछड़े हुए बच्चे को चिपकाती है।

"क्या है यह गोल-गोल...बम है क्या? बोलता क्यों नहीं साले, बाजीगरी कर रहा है।" एक यात्री ने झुँझलाकर उसके बेहद कमज़ोर पीले चेहरे पर एक मुक्का दे मारा।

"बिहेव योर सेल्फ...वह क्या हरकत है..." वह चिल्लाया और उस गोल फुटबॉल जैसे पात्र को हाथ में उठाकर बोला, "ये मेरी माँ की एशेज़ है...उनकी डैड-बॉडी की राख...मैं उन्हें गंगा में बहाने ले जा रहा हूँ...सुना आपने..."

"झूठ कह रहा है..." एक आदमी ने कहा इसके टिकट पर तो 'एच. सिद्दीकी' लिखा है...।

"मुसलमान, और गंगा में बहाये माँ की अस्थियों को...हिम्मत तो देखो इसकी...?"

"ऐ मिस्टर जौग्रेफी मालूम है...गंगा इस तरफ़ नहीं बहती।..."

"और ये चिट्ठियाँ, ये तो उर्दू में हैं।" रूबीना के पास सरदार जी वह पत्र उठाकर ले आये थे। "पढ़िये तो बहन जी, हुणे मालुम पयेगी असलियत, खुफिया विभाग का लगता है मुझे तो...।" डिब्बे में फिर तनाव बढ़ने लगा।

"कीप क्वाइट, विल यू सरदार जी..." वह ज़ोर से चिल्लाया, "आप लोग मेरी बात सुनेंगे या अन्दाज़े लगाये जायेंगे।" वह तंग आकर सीट पर खड़ा हो गया, लाल कपड़े से लिपटा गोला अभी भी उसके पेट के साथ सटा था।

"मेरा नाम हबीब है...हबीब सिद्दीकी। मैं लन्दन से आया हूँ—मेरी माँ हिन्दू थी, मेरे अब्बा के साथ शादी हो जाने पर वह भी हिन्दू ही रही, अपना रिलीजन नहीं बदला, वह अक्सर कहती थी अलीगढ़ के पास कोई जगह है 'राजघाट' जहाँ गंगा बहती है। और वहीं उसके पुरखों की आत्माएँ आकर पानी पीती हैं।...मैं 'आल-द-वे' लन्दन से उसकी ऐशेज़ को लेकर आया हूँ...। 'राजघाट' जा रहा हूँ...ये लैटर्स मेरे अब्बा ने उसे लिखे थे, जिन्हें वह बहुत चाव से रखती थी...इन्हें भी उसके साथ बहा दूँगा...शी वांटेड इट। मेरी कमिटमेंट थी उसके साथ।"

"राख को पेट से बाँधता है कोई?"

"अपनी-अपनी सोच है।" किसी ने कहा।

"अम्मा ने भी तो मुझे पेट में रखा होगा—मेरा ये आख़िरी फिजिकल कॉन्टेक्ट है उनसे, आख़िरी रिश्ता।" वह झुककर अपने अब्बा के लव-लैटर सँभालकर प्लास्टिक के लिफ़ाफ़े में ऐसे रख रहा था जैसे कोई कीमती जवाहरात को सहेजता है।

"आख़िरी रिश्ता," उसके जज़्बात की गूँज, 'फिजिकल कॉन्टेक्ट,' ख़तों

की चरमराहट उस रेल के डिब्बे में काफ़ी देर तक पोशीदा रही तब तक, जब तक, स्टेशन नहीं आ गया। गाड़ी थमने से पहले फिर भजन का टेप बज उठा।

तू ही दाता, विश्वविधाता...
तू ही स्वामी, तू ही अन्तर्यामी,
तुझ से हैं सारे काम...

प्लेटफॉर्म पर मेरा भाई सुरेश हमें लेने आया हुआ था। हबीब अपने अजीबोग़रीब हुलिए में भीड़ को चीरता किसी को ढूँढ़ रहा था। तभी मैंने देखा लेखराज अंकल का बेटा कामता प्रसाद उसे देखकर हाथ हिलाता हुआ आगे आ रहा था। वह गले मिल रहे थे। बहुत पुरानी घटना बिजली सी मन में कौंध गयी थी, लेखराज अंकल की बड़ी ख़ूबसूरत बेटी जूही अपने कॉलेज के किसी मुलसमान प्रेमी के साथ रातों-रात भाग गयी थी। अलीगढ़ जैसे शहर में उस हादसे को लेकर कितना हंगामा खड़ा हुआ था। तो क्या तब से लेकर अब तक धर्म के रंगमंच पर कुछ भी नहीं बदला?

''चलो दीदी...रूबीना आपा, आप लोगों का वहाँ इन्तज़ार हो रहा है। शमीम आपा की मय्यत का टाइम निकला जा रहा है।''

शमीम आपा की मय्यत के पास ऐज़ाज उसकी बीवी मरियम अनीस, चुन्नीलाल जी और भी काफ़ी लोग खड़े थे। मैंने और रूबीना ने उनके शान्त चेहरे को देखा, आपा नेक ख़ातून थी, नमाज़-रोज़ा की पाबन्द, एक फरिश्ता चेहरा—ऐसे सोयी थी जैसे नाज़ुक सी कोई गौरय्या। सुरेश और अनीस मय्यत को कन्धा दे रहे थे—चुन्नीलाल, आपा का पुराना मुंशी था। वहाँ उसका बेटा भी साथ था। परन्तु ऐज़ाज दूर ही खड़ा रहा, न तो आगे आया, ना ही उसने अपनी अम्मी के जिस्म को हाथ लगाया—वह आपा का इकलौता, बेहद लाड़ला बेटा था...या है। जो भी हो उसने अपनी माँ को मिट्टी नहीं दी।

शमीम आपा के जिस्म को ज़मीन में खुदी क़ब्र में उतारा जा चुका था। सभी मर्द उन पर मिट्टी डाल रहे थे। मौलवी साहब कुछ आयतें पढ़ रहे थे। फूलों का एक चदरा चुन्नीलाल जी ने जब चढ़ाया तो फूट-फूटकर रो रहे थे।

कब कार में बैठे, कब चल पड़े पता ही नहीं चला, हाँ रूबीना का रोना एकाएक मुझे धरातल पर ले आया था। सुरेश-रंजीता उसे तसल्ली दे रहे थे और मैंने पाया उसका हाथ मेरी मुट्ठी में अब भी उतना ही पसीजा हुआ था जितना ट्रेन में।

चौराहे की लालबत्ती के निकट कार के रुकने पर बाहर सड़क पर नज़र डाली तो मैंने देखा एक गाड़ी में कामताप्रसाद जी के साथ वही ट्रेन वाला अजीबोग़रीब लड़का, हबीब बैठा हुआ था। मैंने रूबीना को हिलाकर दिखाया।

उसके पेट के साथ लाल कपड़े में लिपटा कलश वैसे ही निर्विकार बड़ी सहजता से चिपका हुआ था जैसे वह उस लड़के के जिस्म का ही एक हिस्सा हो। हरी बत्ती होने पर उसकी कार तेज़ी से उस मोड़ पर मुड़ गयी जहाँ से वह सड़क, वह रास्ता, 'डिबाई' होकर 'राजघाट' को जाता था, वह 'राजघाट' जहाँ, गंगा बहती है। जहाँ हमारे पुरखों की आत्माएँ आकर पानी पीती हैं। जहाँ खुले आसमान के नीचे गौरय्या के झुंड आज भी चहचहाते हैं।

वह आया था

उस समय आकाश गहरा नीला था, हवा बर्फ़ीली और चीड़ के पत्तों की कमज़ोर महक से रुँधी हुई थी। हिमाच्छादित उस ऊँचे शिखर पर जहाँ तक दृष्टि जाती थी, बस एक सफ़ेद बर्फ़ की परत के अतिरिक्त कुछ भी दिखाई नहीं पड़ता था, न कोई पेड़, न कोई हरी-भरी झाड़ी कुछ भी नहीं। हाँ कहीं-कहीं कोई गठीली, पथरायी-सी चट्टान बर्फ़ की चादर के बाहर सिर उठाये अवश्य दीख जाती थी। उस दिन तो सूरज भी जैसे वहाँ आने से कतरा रहा था तभी तो एक धुन्ध भरा मद्धम प्रकाश जैसे-तैसे उस स्थान को रोशन करने में जुटा था। उस वातावरण से बेख़बर बर्फ़ के एक टीले पर वह आलथी-पालथी मारकर बैठा हुआ था। उसके हाथ में लकड़ी का एक नुकीला सा टुकड़ा था जिससे वह बर्फ़ की गहरी पर्त को कुरेदने के प्रयास में लगा हुआ था। उसका लकड़ी का वह टुकड़ा उस कार्य के लिए पर्याप्त नहीं था, फिर भी वह जी-जान से अपनी खुदाई में व्यस्त था। उस तेज़ हवा की ठिठुरन, गहरी ठंड, रूई की नर्म फुनगियों सी गिरती बर्फ़ सभी से अनछुआ वह, अकेला ही तत्परता से अपनी खोज में तल्लीन-परिश्रमरत था। कभी-कभी उस लकड़ी के प्रहार की कमज़ोर सी ध्वनि, वहाँ की थमी हुई हवाओं में छपछपाने लगती थी, ऐसे जैसे कोई उथले पानी में पैर रखता चला जा रहा हो।

"अरे...कौन हो तुम...क्या कर रहे हो यहाँ?"

जाने कहाँ से सन्नाटे को तोड़ती एक आवाज़ हवाओं में तैरती उसके पास आकर ठहर गयी।

उसने सिर उठाया, तो चेहरे पर एक पथराया सा भाव था, वैसा जैसा तपस्या भंग होने पर किसी समाधिस्थ संन्यासी का होता है...निर्विकार, शुष्क और शून्यत्व में घुला हुआ।

"मैं...अपनी सेना का एक जवान..."

"क्या कर रहे हो यहाँ, इतनी ऊँचाई पर, इतनी गहरी बर्फ़ में...अकेले?"

"तुम...तुम कौन हो यहाँ कैसे पहुँच गये?"

"मैं, मैं पहाड़ के उस दूसरे किनारे की तरफ़ से आया हूँ...वहाँ से जहाँ लोहे की कँटीली बाड़ सिर ताने खड़ी है..."

वह भी तो सिर ताने खड़ा था, पहले ने देखा, उसकी सेनानी वर्दी भी जगह-जगह से फटी हुई थी और जिस पर कहीं-कहीं ख़ून के चकत्ते सूखकर काले पड़ चुके थे। चेहरा भी कैसा, जैसे राख मली गयी हो, सलेटी, जिस पर पथरायी-सी आँखें थीं, परन्तु उन आँखों में जुगनू-सा एक जलता-बुझता स्थायी भाव थमा सा रह गया था...क्या...पता नहीं क्या?

आगन्तुक ने भी पहले जवान को ध्यान ने देखा। उसका कोट भी ढेर सारे सूराखों से भरा था, कुछ वैसे सूराख जो गोलियों के आर-पार हो जाने से बन जाते हैं उसका चेहरा भी तो जीवन्त नहीं लग रहा था, उस पर भी जैसे किसी ने कूची से गहरा पीला रंग पोत दिया था जो बड़ा असंगत सा था। परन्तु उसकी आँखों में भी एक न बुझनेवाली चमक थी जो उसके सारे अस्तित्व को एक रहस्यात्मक गर्माहट से भर रही थी।

पहले वाला मुड़कर फिर से अपनी खुदाई में लग गया 'खच्च-खच्च' उसकी लकड़ी का बेकार किनारा अपनी नाकाम कोशिश में कार्यरत था। दूसरे वाले ने पहाड़ी के एक किनारे पर बर्फ़ के लम्बोतर टीले के पास बैठकर हाथों से थपथपाकर कुछ टटोला और फिर वहीं एक किनारे पर सिर झुकाकर बैठ गया। उसके हाथ में लोहे का एक बड़ा-सा कीला था, जो खुदाई के काम में आ सकता था, पहले वाले की तरह वह भी उस बर्फ़ की पर्त तले कुछ पाने की तलाश में खुदाई करने लगा। कुछ समय उन दोनों की खोदा-खादी में बीत गया, एक-दूसरे से बेख़बर वह अपने-अपने अनुसन्धान में व्यस्त रहे फिर अचानक ही वह दोनों एक साथ उठे और एकाएक आमने-सामने खड़े हो गये–

"तुम क्या तलाश रहे हो यहाँ?" दूसरे ने पूछा।

"मेरा कुछ है यहाँ जो दबा रह गया है," पहले ने कहा।

"अच्छा...मेरा भी...पर अब तुम यहाँ कैसे?" दूसरे ने फिर पूछा।

"जानते तो होंगे तुम, यह कारगिल का वही पहाड़ी इलाका है जहाँ कुछ महीने पहले लड़ाई हुई थी।"

"हाँ, जानता हूँ, मैं भी तो शामिल था उसमें।"

"अच्छा तो तुम भी क्या मेरी तरह शहीद...?"

"चलो अपना काम ख़त्म कर लें, वापस लौटना है मुझे, किसी की नेकनामी का सवाल है।" दूसरा उसकी बात काटकर मुड़ गया था।

''अगर तुम्हारा काम ख़त्म हो जाये तो अपनी लोहे की कुदाली मुझे दोगे, मेरी लकड़ी तो काफ़ी बेकार हो चुकी है...''

''ठीक है'' दूसरे वाला मुड़कर फिर से अपने काम में व्यस्त हो गया।

कुछ समय और निकल गया, पहले वाले की लकड़ी तब तक टूटकर दो टुकड़े हो चुकी थी, परन्तु उसकी खोज थी जो अभी तक पूरी गहराई में नहीं उतर पायी थी। वह उठकर खड़ा हुआ और लड़खड़ाते क़दमों से चलता दूसरे के पास पहुँचा तो भौचक्का रह गया। दूसरे वाले ने बर्फ़ से तराश कर जिसे निकाला था वह एक मृत सैनिक का जिस्म था, दूसरा आश्चर्य यह था कि उसका चेहरा, क़द, सभी कुछ हू-ब-हू वैसा ही था जैसा वह खुद था। वैसे ही फटे तार-तार कपड़े, चेहरा राख-राख जिस पर वैसी ही मेल खाती मुर्दनी छायी हुई थी।

''कौन है ये तुम्हारा, जुड़वाँ भाई?'' कितनी सामान्यता है इसकी तुम्हारे साथ और कपड़े भी तो...?

दूसरा कुछ नहीं बोला, उसने मुड़कर अपनी लोहे की कुदाली उसे पकड़ा दी।

''यही चाहिए था ना तुम्हें...लो अपना काम ख़त्म कर डालो।'' उसकी आँखों के जुगनू तब भी चमचम कर रहे थे...कुछ पूछने की गुंज़ाइश नहीं थी।

''हाँ,'' पहले वाला कुदाल उठाकर अपने छोड़े हुए स्थान पर चला गया, इस बार खुदाई आसानी से मुकम्मल हो गयी और वह जल्दी ही अपनी वांछित वस्तु पाने में सफल हो गया था। उसने बर्फ़ की परत से खींचकर एक दोनाली बन्दूक को बाहर निकाल लिया था और जेब से रूमाल निकालकर बड़े प्यार से उसे पोंछ रहा था। दूसरा जवान तब तक उसके बहुत निकट आ खड़ा हुआ था जाने कब से खड़ा था, ताज्जुब न तो उसे उसकी साँसों की गर्माहट महसूस हुई थी, ना ही उसकी परछाईं ने उसे छुआ था। वैसे भी सूरज का ढलना, उसके प्रकाश का होना न होना उन दोनों के लिए अर्थवान था ही नहीं।

''कब से खड़े हो तुम?'' पहले ने अपनी बन्दूक उठायी और पहाड़ की ढलान की तरफ़ चलने लगा।

''बस अभी ही तो आया था'' दूसरे ने भी उसके साथ क़दम मिलाये और वह दोनों पहाड़ के ढलान पर साथ-साथ उतरने लगे। पहले ने देखा, दूसरे के गले में एक लम्बी सुनहरी चेन थी जिस पर स्वर्णिम अक्षरों में 'ओ३म्' लिखा हुआ था और जो चमक भी रहा था।

''तुम्हें हासिल हो गया, जो तुम्हें चाहिए था?''

''हाँ।''

"और तुम्हें?"

"मुझे भी..." उसने अपनी गले में पड़ी चेन को बड़े स्नेह से छुआ और 'ओ३म्' को उँगलियों में उठाकर आँखों से छुलाया...

"ओ३म्, पर विश्वास है तुम्हारा?"

"मैं नहीं जानता क्योंकि मैं हिन्दू नहीं हूँ..."

"क्या..." वह लड़खड़ाया, पैरों में कुछ फँस सा गया था।

"सँभलकर" दूसरे ने उसे बाँहों से थाम लिया था। "पैर बचाकर चलो पता नहीं मेरे जैसे कितने जवान यहाँ अभी भी दफन हैं..."

"नहीं भाई, लड़ाई में शहीद हुए सभी जवान तिरंगे में लपेटकर ताबूतों में ले जाये जा चुके हैं ताकि उन्हें अपनी वीरता के लिए 'परमवीर चक्र' आदि से सम्मानित किया जा सके..."

"झूठ कह रहे हो तुम, मैं तो तब से यहीं हूँ...तुमने देखा तो था मुझे...मेरे मुल्क के लोग कहाँ ले गये हमें। इतनी मार-काट के बाद कौन-सा इन्कलाब आया? किसके हालात बदले—तुम्हारे मुल्क के या मेरे...?"

"चलो दिल बहलाने के लिए कोई और बात करें...मेरे कान बन्दूकों की आवाज़ें सुनते-सुनते फट चुके हैं, मेरी आँखें गोला-बारूद के धुएँ से अन्धी हो चुकी हैं, जिस्म भी छलनी-छलनी हो चुका है...पर दिल में से एक ख़्वाब की मासूमियत अभी तक रुखसत नहीं हुई...बस, वही ज़िन्दा है..."

"सँभलो...वीर जवान ठोकर नहीं खाते..." पहले ने कसकर दूसरे का हाथ पकड़ लिया...एक गहरी सर्द छुअन जो छुअन भी नहीं थी।

"हाँ लड़खड़ाना कोई शहीदी फितरत नहीं है।"

"तुम्हें लगता है सैनिक सही क़दम उठाते हैं?"

"उन्हें तो ऊपर से आये हुक्मरानों के ऐलान या ऑर्डर को मानना पड़ता है—अंजाम के बारे में सोचना उनका काम नहीं होता, हमारे लिए उस वक़्त जंग एक जुनून होती है, बस और कुछ नहीं..."

"तुम्हें नहीं लगता सारी साजिशें बाहरी होती हैं...नहीं तो क्या अन्तर है मुझमें तुममें अपनापन भाषा भी तो कितनी एक जैसी है, फिर क्यों हैं यह लड़ाइयाँ, मार-काट क्यों?"

"पता नहीं, क्यों, सियासत दूसरी कौमों को मुर्दा समझने लगती है और फिर हमारा मुल्क तो खासतौर पर एक मज़हबी मरज़ का शिकार है। शायद इसलिए ये लड़ाइयाँ ख़त्म होती हैं फिर शुरू हो जाती हैं।"

"हमारे लिए इन बातों का अब क्या फायदा..."

“हाँ, कोरे ख़यालात तो मुर्दों को ज़िन्दा नहीं कर सकते—ख़ैर, तुम बताओ, तुम्हारी यह बन्दूक बहुत पुरानी मालूम पड़ती है?”

“हाँ, मेरे दादाजी की है, उन्होंने मेरे पिता को दी थी और, मेरे पिता के शहीद हो जाने पर मेरी माँ ने यह बन्दूक मुझे सौंप दी, लड़ाई के दौरान वहीं बर्फ़ में छूट गयी थी, इसे ही तो वहाँ से लाने गया था, उतनी ऊँचाई पर... तीन पुश्तों का शहीदी दस्तावेज़ है—यह मेरी दोनाली बन्दूक।” उसने बेहद प्यार से बन्दूक को छाती से लगा लिया...“और तुम दोस्त कित्ता खस्ताहाल हो, छलनी-छलनी और मज़े से चले जा रहे हो” पहले ने उसके हाथ को नर्मी से अपने हाथ में दबाते हुए कहा।

“मुझे, उस तक जाना है, देखते नहीं यह सुनहरी चेन, मैं भी तो उतनी ऊँचाई पर इसे ही लेने गया था जाने कैसे मेरे गले में पड़ी रह गयी, शायद इसलिए कि उसने अपने हाथों से पहनायी थी...” उसके व्यक्तित्व में कुछ था जो थम गया था, फिर वह मुस्कराया तो चेहरा, वैसा कुछ, जैसे पत्थरों में दरार पड़ जाती है।

अब तक वह दोनों ढलान से उतर आये थे। चीड़ और साल के वृक्ष अपनी शाखों पर पड़ी नरम बर्फ़ के फाहे उठाये उनके साथ-साथ चल रहे थे, थोड़ी दूर पर बस्ती के इक्का-दुक्का घर भी नज़र आने लगे थे, जहाँ उनके रसे-बसे होने का जीवन्त होने का प्रतीक थीं कुछ मद्धम-सी टिमटिमाती बत्तियाँ।

“क्या हम उसके बारे में बात कर सकते हैं?” पहले ने कहा।

“हाँ क्यों नहीं?” दूसरे ने हसरत से कहा, “वह जो गाँव दिख रहा है न, वहाँ मैं अपनी ट्रेनिंग के दौरान चला जाता था, कभी खाना या ज़रूरत की चीज़ें ख़रीदने, कभी रात को गश्त लगाने। मैंने तो उसे नहीं देखा था, पर उसने मुझे वहाँ छुपते-छुपाते देख लिया था। बस फिर गाँव के उस कोने की एक अकेली कोठरी मेरे छुपने और उससे मिलने के ख़्वाबगाह बन गयी। वह पाक औरत थी, दोस्त, पर उसे अपना हुस्न छुपाना नहीं आता था...वह खुद मुहब्बत की ख़ातिर मेरे सामने बेनकाब हुई थी और मैं उसके ख़ूबसूरत जिस्म को देखकर पागल हो गया था—उसने अपने घरवालों को कुछ नहीं बताया था, लेकिन मेरा वजूद, सरहद के उस पार मेरा मुल्क, मेरा मज़हब सभी कुछ हमारे रिश्ते को कुबूल नहीं कर सकता था और उसके बाद जैसे ही लड़ाई का ऐलान हुआ मुझे भी अपनी फ़ौज के साथ कारगिल की उन ऊँची चोटियों पर जाना पड़ा। सिपाही तो ज़ालिम दौड़ में शामिल होते ही हैं दोस्त, प्रेम-मोहब्बत उनका नसीब नहीं होती,” वह फिर ठहरकर अपनी जुगनू भरी आँखों से उस अपनी ख़्वाबगाह को तलाश रहा था जो उनके प्रेम की गवाह थी।

"चलो मेरी बात छोड़ो, अब अपनी कहो, तुम कैसे पहुँच गये यहाँ..." दूसरे ने ठहरकर उसके हाथ से अपने हाथ छुड़ाते हुए कहा...

"मैं जब छोटा था न तब से घर की दीवारों पर अपने पुरखों की काली-सफ़ेद तस्वीरें देखकर बड़ा हुआ था। मेरी माँ बताती थी कि हमारा परिवार देश के स्वतन्त्रता-संग्राम में बलिदान होता आया है—घर के पुरुष—मेरे दादा, फिर मेरे पिता, वह सभी तो वीरगति को प्राप्त हुए जिसकी गवाही देते घर में बहुत से इनामी सर्टिफिकेट और सम्मान-पत्र शीशे के फ्रेम में मढ़े रखे थे। पहले दादी ने मेरे पिता को, फिर मेरी माँ ने मुझे अकेले ही पाल-पोसकर बड़ा किया। सारी उम्र तकलीफ़ों और धनाभाव को सहकर भी वह मुझे देश के प्रति समर्पित होने का बहादुरी का पाठ पढ़ाती रहीं। बस, विरासत के रूप में बुज़ुर्गों की वीरता की दास्तानें और यह बन्दूक मुझे सौंप दी थी मेरी माँ ने, और अब जब कारगिल के इस युद्ध में इसे लेकर उतरा तो मेरे वीरगति पा जाने के बाद यह यहीं पड़ी रह गयी। मेरे शरीर को तो उठा ले गये युद्ध से बचे हुए लोग अपने कौमी झंडे में लपेटकर ताकि मेरी माँ मेरी मृत्यु पर गर्व कर सके।"

"तो यह बन्दूक इसीलिए लिए जा रहे हो कि तुम्हारा बेटा तुम्हारे बाद से कन्धे पर उठायेगा..." दूसरे ने हमदर्दी से कहा।

"मेरी तो अभी तक शादी भी नहीं हुई।"

"जो जायेगी, इंशाअल्लाह, बेटा भी होगा...एक क्यों...तुम दो या चार पैदा करना..."

पहले वाला हँसा...चेहरे के पीलेपन में कुछ और गहराया, गहरी शून्यता तक जाता एक टूटता सा भाव।

"हौसला मत छोड़ो दोस्त...ख़्वाब देखना, ख़्वाब को मुकम्मल करना बड़ा ज़रूरी होता है...ख़्वाब ही तो है जो इनसान को काँटेदार दीवार फलाँगकर इतनी दूर ले आता है...उतनी ऊँचाई तक पहुँचा देता है..." उसने मुड़कर पीछे खड़े पहाड़ की ओर इशारा करते हुए कहा।

"जब आदमी मर जाता है तो...तो सपने भी तो मर जाते हैं दोस्त।"

"हाँ...मैं तो भूल ही गया था कि हम दोनों ही ज़िन्दा नहीं हैं...सॉरी दोस्त।" वह दोनों एक-दूसरे के गले लग गये, और फिर से हाथ पकड़कर चलने लगे।

तब तक वह दोनों बस्ती के निकट पहुँच गये थे। 'दूसरा', बस्ती के किनारे वाली छोटी-सी कोठरी की तरफ़ बड़ी फुर्ती से क़दम बढ़ा रहा था, 'पहले' वाला भी अपनी बन्दूक उठाये उसके पीछे-पीछे चला जा रहा था...

कोठरी की खिड़की खुली थी, और उसमें से एक औरत के चीखने-चिल्लाने

की दर्दीली आवाज़ आ रही थी शायद इसलिए कि वह प्रसव-वेदना से कराह रही थी। उन दोनों ने खिड़की से झाँककर देखा, कमरे में दो औरतें थीं और जो लालटेन की मद्धम रोशनी में भी काफ़ी क्रूर लग रही थी, उन्होंने झम्मकझोल फिरन पहन रखे थे उनके चेहरे पर झुर्रियों के अलावा माँग का सिन्दूर और माथे की बिन्दी जीवन्त थी। बस वह घर जिस धर्म को मानता था यह जताने के लिए उस कोठरी का वह परिवेश पर्याप्त था। आले में जलता हुआ दिया। दीवार पर पुराना सीता और राम-लक्ष्मण कलेंडर फड़फड़ा रहा था। तभी चन्द्रमा की रौशनी ने खिड़की से उतरकर कराहती नवयौवना को नरमाई से छुआ और कोठरी के कच्चे फ़र्श पर बड़ी कोमलता से फैल गयी...कांगड़ी के बुझते कोयले भी एकाएक भक्क से जलकर चमक उठे...और बच्चे के रोने की आवाज़ कोठरी में गूँजने लगी।

"क्या कोई ऐसी तजवीज़, कानून नहीं है जो हमें इन हुक्मरानों से निजात दिला सके, दुश्मनी का लड़ाइयों से बाहर निकल आने का रास्ता समझा सके और मैं उसे उठाकर अपने मुल्क ले जा सकूँ..."

"शायद तुम भूल गये दोस्त तुम और मैं उस तजीवज़ और कानून की गिरफ्त से बाहर हैं।"

"ओह हाँ मैं भूल ही गया था...उसके चेहरे को देखकर हमेशा की तरह सब कुछ भूल गया था...फिर...वह देखो...मेरा बेटा...मेरा चाँद सा बेटा, काश मैं उसे गोदी में उठा सकता..."

"कोठरी में मोटी औरत जंग लगी कैंची से बच्चे की नाड़ काट रही थी...।"

"ठहरो...दाई माँ, कैंची तो साफ़ लेकर आती, बच्चे की कोई बीमारी लगी तो, कितनी पुरानी और जंग खाई है, तुम्हारी कैंची।"

"कहाँ से लाती साफ़ कैंची, गाँव का सारा लोहा तो तोपें, बन्दूकें बनाने के काम आ चुका है...और फिर यह हराम की औलाद, ब्राह्मण की बेटी मुसलमान आतंकवादी का बच्चा...क्या करेगी इसे जिलाकर, होती है तो होने दो बीमारी।" वह क्रूरता से बोली।

"माँ...मैंने उससे शादी की थी..." तड़पकर नवयौवना माँ का हाथ पकड़ कर...सिसकने लगी।

"चुप..." माँ ने उसके मुँह पर हाथ रख दिया, "नाम मत ले उसका, जाने कहाँ से आया था, हमारे मुँह पर कालिख पोत गया नामुराद...।"

जैसे ही घर की धड़कन सामान्य हुई, 'दूसरा' चुपचाप भीतर गया...अपनी सोने की चेन बच्चे के गले में पहनायी...आँखें मूँदे पड़ी उस नवयौवना के माथे

पर बड़ी हसरत से हाथ फेरा तो साहस करके 'पहले' वाला भी उसके पीछे-पीछे भीतर गया...और अपनी बन्दूक बच्चे के कुलबुलाते शरीर के पास धरती पर टिका दी और एक फौजी सलामी के बाद वह दोनों कोठरी से बाहर निकल आये।

"माँ...माँ, देखो वह आया था..." नवयौवना ने जैसे कुछ महसूस किया था।

"चुप।" माँ ने हाथ का काम छोड़कर फिर से डाँटा उसे...

"नहीं देखो माँ...यह सोने की चेन...मैंने ही तो उसके गली में डाली थी... वह आया था अपने बेटे को चेन पहना गया है...मैं जानती थी वह आयेगा... वायदा था उसका।"

"पगला गयी है, अख़बार में मरनेवालों की सूची में पढ़ा था मैंने उसका नाम।"

"झूठ कहती हो माँ, उस मुल्क का अख़बार हमारे यहाँ तो पहुँचता ही नहीं..."

"तू चुप नहीं रहेगी, मैं बाहर देखती हूँ कौन आया था यहाँ, आया था तो मुझे पता क्यों नहीं चला?" इस बार माँ हैरान भी थी, सोने की चेन बच्चे के गले में चमक रही थी...और पास में रखी थी एक दोनाली बन्दूक भी। माँ के थके श्रमसाध्य चेहरे पर परेशानी और सामंजस्य का पसीना बह रहा था। उसने काँपते हुए हाथों से कोठरी का दरवाज़ा खोला। बाहर रात गहरा गयी थी, आसपास के घरों और पेड़ों पर अँधेरा एक गहरी दमसाध चुप्पी लिए अपनी रहस्यात्मकता छुपाये पसर रहा था। जंगल सूने और पंछीविहीन थे, अपने को बेसहारा और बेचैन महसूस करते हुए वह सारे के सारे पंछी जाने कहाँ उड़ गये थे, कँटीली तारों की बाड़ के इस पार या उस पार, पता नहीं।

हैरान परेशान माँ ने अपनी मिचमिचाती आँखों से उसे ढूँढ़ने की कोशिश की... अँधेरे में दूर तक सन्नाटे के अतिरिक्त किसी के आने-जाने की कोई आहट नहीं थी। अचानक उसने देखा कोठरी की दीवार से सटे हुए आदमकद राख की उस ढेरी को जो चेहराविहीन, फिर भी कुछ सम्प्रेषित करती हुई एक आकार विशेष में सिमटी हुई थी और उनके आसपास एक बेहद दुर्बल सा जुगनू जैसा जलता-बुझता प्रकाश जीवन्त था...नवयौवना भी लड़खड़ाती क़दमों से बाहर आ गयी थी..."वह आया था न माँ? मैं जानती थी वह अपना वायदा निभायेगा..." बेहोश होती बेटी को सँभालती माँ...देख रही थी कि राख का ढेर तेज़ हवा में विलीन होता जा रहा था। खुशबूदार वह राख उनके चेहरे को छूकर उड़े जा रही थी परन्तु, हाँ खाली दीवार पर अब भी कुछ था जो वहाँ थमा रह गया था, एक अनुभवगम्य, सुच्चा अनछुआ, एहसास...प्रेम या प्रकाश...जिसका कोई धर्म नहीं होता और जिसे काँटेदार तारों की कोई बाड़ या जीवन-मृत्यु का कोई नियम अवरुद्ध नहीं कर पाता।

बस एक क्रास

ईवा ने कार की ब्रेक लगायी—सामने बारात का लम्बा-सा ताँता समाप्त होने में नहीं आता था। सँकरी सड़क, ऊपर से बेसुरे बैंड की तान 'मेरे हाथों में नौ-नौ चूड़ियाँ' जैसी किसी फूहड़ की बेशऊर हँसी। भड़कीले कपड़ों में चमचमाती औरतें, घिसटते हुए बच्चे, ऊबे हुए बुजुर्ग और बेकार में कूदते हुड़दंगनुमा झगड़ा डालते नौजवान लड़के खुशी में कम शराब के नशे में ज़्यादा झूमते अपने आप में व्यस्त थे। बेदिला बेचारगी और ऊब से तना बैठा दूल्हा बार-बार अपने चेहरे पर पड़े सेहरे को हटाकर कुछ न कुछ बुदबुदा रहा था। उसकी बुदबुदाहट उस शोर के सैलाब में यों खो रही थी जैसे नन्ही-सी लहर समुद्र के विशाल विस्तार में पता नहीं कहाँ डूब जाती है।

"कितनी बेकार होती हैं ये बारातें भी—इस बैंड के भोंडेपन से कौन-सा संगीत फूट रहा है? और ये सड़कों पर तमाशा बने लोग..." किरन ने कहा।

"तुझे केवल ये ही तमाशा लग रहा है, मुझे तो ये पूरा सिस्टम, ये शादी-ब्याह सारी की सारी व्यवस्था तमाशा लगती है। एक नौटंकी जिसकी सज-धज इतनी ऊपरी होती है कि शरीर से दूर खड़ी रह जाती है। शादी करनेवाली हर औरत ने दुल्हन बनकर जैसे अपने को, अपने अस्तित्व को एक परिहास में बदल डाला हो। हम-तुम खुद कुछ भी नहीं रहते, ईवा, किरन या संजीता, मिसेज़ 'सो एंड सो' हो जाते हैं। ख़ैर, तू उतरकर पढ़ न, कहीं लिखा होगा 'चित्र-वीथी'।"

किरन उतरकर एक मटमैले से बोर्ड के सामने खड़ी हो गयी उस पर धूमिल होते शब्दों में लिखा था—'चाहे ईसा हज़ार बार बैथलहम में जन्म ले। पर यदि उसने तेरे अन्दर जन्म नहीं लिया, तो तेरी आत्मा अब भी भटकती हुई है। गलगोथा पर खड़ा क्रास तेरी आत्मा की रक्षा कभी ना करेगा। तेरे अपने हृदय में खड़ा क्रास ही तुझे पूर्ण बना सकेगा।'

"कितनी ठीक लिखी हैं...ईवा ये तो तेरे पसन्द की पंक्तियाँ हैं...ख़ैर, यहाँ

तो रंजीता की आर्ट गैलरी नहीं हो सकता—पता नहीं, इन लोगों को इन पुराने गली-कूचों में आर्ट गैलरियाँ खोलने की क्यों सूझी?'' किरन ने कहा।

''तुझे पसन्द नहीं आयी यह जगह...मुझे तो बड़ा दिलचस्प लगता है यहाँ आना, शहर से दूर एक ऊँघता-सा गाँव शहर के नेगलेक्ट को भोग रहा था कि अचानक ये बुटीक, आर्ट गैलरियाँ, हथकरघे, कॉटेज इंडस्ट्री को बढ़ावा देती दुकानें कितना अच्छा प्रयोग है अपने आप में...मुझे तो यह बोर्ड भी किसी पुराने गिरजाघर से उतारा हुआ लगता है।''

''तू इसे अपनी पुरानी चीज़ों के कलेक्शन में शामिल करेगी ईवा?''

''नहीं, इसमें से मौत की बू आ रही है...चल रंजीता की चित्र-वीथी ढूँढ़ लेते हैं...''

''अच्छा-खासा एडवेन्चर है...दिल्ली वाले काफ़ी ऑरिजिनल आइडियाज निकाल लेते हैं, तभी तो पर्यटकों को बार-बार यहाँ आना अच्छा लगता है।'' किरन ने कहा। ईवा कार लॉक करके उसके साथ पैदल चल पड़ी। दोपहर की बारिश के बाद अचानक ही अँधेरा हो गया था और सड़क की बत्तियाँ अभी जली नहीं थीं। गलीनुमा उस बाज़ार में रोशनी कम थी और पता ही नहीं चल रहा था कहाँ मुड़ें और कौन-सा रास्ता लें। ख़ैर किसी तरह वह 'चित्र-वीथी' मिल पायी तो रात हो गयी थी, कलात्मक पुराने दरवाज़े पर ताला पड़ा था।

''लो इतनी मुश्किल से पहुँचे भी तो रंजीता से मिलना हो नहीं पाया।''

''और मुझे कल लौटना है'' किरन ने कहा—ईवा बोली, ''देअर इज़ आलवेज ए नेक्स्ट टाइम—अगली बार आयेगी तो मिल लेना अब जगह तो देख ही ली है।''

''चलो ठीक है, तसल्ली हुई मुझे, रंजीता इतने साल बाद कुछ करने तो लगी है—डाइवोर्स ने उसे कितना निचोड़कर रख दिया था जैसे उसका सारा आत्मविश्वास, उसकी जीवन के प्रति आस्था सभी कुछ सूख गया हो।'' किरन के चेहरे पर तसल्ली तैर आयी थी।

''अब ठीक है रंजीता...काफ़ी नार्मल, पेंटिंग भी करती रहती है—'' ईवा ने कहा।

''याद है तुझे, जब उसकी शादी हुई थी तो हम सब कैसी ईर्ष्या में जल उठे थे—कैसा स्मार्ट परिवार था उसका, ससुर की पर्सनैलिटी तो बस देखते बनती थी, ख़ूबसूरत ननदें, हैंडसम पति, सजा-सँवरा घर, क्या कुछ नहीं था... और फिर दो-तीन साल बाद ही अचानक रंजीता लौट आयी। कितनी मुर्झायी और गुमसुम। कुछ साल तेरे घर की बरसाती में ही तो रही। किसी को कुछ नहीं बताया, ना ही माँ-बाप के पास लौटकर गयी...''

“हाँ सच उन दिनों उसे सहेजना बड़ा कठिन था—जबर्दस्ती खिलाना-पिलाना होता था—मैं चाहकर भी बहुत देख-भाल नहीं कर पायी। मिन्ना के प्रसव के बाद सीढ़ियाँ चढ़ना मना हो गया था न। एक बार ऑपरेशन फिर दुबारा ऑपरेशन जैसे शरीर नहीं रबड़ का फटा हुआ टायर हो जिसे ज़िन्दगी बार-बार सीकर गुजारे लायक बना देती हो...”

“हाँ...बड़ा कष्ट सहा तूने भी, बच्चे क्या जने नये जन्म लिए...ख़ैर तुझे तो कुछ बताया होगा रंजीता ने, डाइवोर्स का कारण क्या था?”

“हाँ, मिन्ना शाम को बहुत रोती थी...उसे कौलिक-पेन उठता था—आया उसे रंजीता के कमरे में ले जाती तो अक्सर उसे लिए रंजीता जब सीढ़ियाँ उतरती तो नार्मल होती थी...कुछ न कुछ कहती थी तब। उसी बुदबुदाहट में पता चला कि उसका ससुर उससे नाजायज सम्बन्ध रखना चाहता था...वह जब तक बच सकती थी, बचती रही। ससुर के हाथों रेप होकर भाग आयी...तब से यहाँ है... उसे सान्त्वना भी क्या दे?”

“आई डोंट बिलीव इट ईवा। संस्कारी लगने वाले वो लोग ऐसे निकले... अरे रुक तो ईवा...” किरन चिल्लायी। कार के सामने एक औरत आते-आते बची...औरत बेतहाशा चीख-चिल्ला रही थी। उसके पीछे आता आदमी उसे बेरहमी से मार रहा था। उसकी चोटी, उसके बाल जो भी हाथ में आता खींच रहा था—और उन दोनों के पीछे थी तमाशबीनों की भीड़।

“क्यों मार रहे हो उसे...” ईवा कार से उतर आयी।

“तुम्हें क्या, रास्ता नापो अपना—दूसरे के फटे में अपना पाँव क्यों फँसा रही हो—जाओ यहाँ से...” कुछ ठीक मुद्रा में वह आदमी बोला।

“नहीं जाते।” ईवा ने कहा।

“आप जाने दो मेमसाब...मार लेने दो कमबख्त को, जान ही ले लेगा ना, ले-ले...एक बारी क़िस्सा ख़त्म रोज़-रोज़ की भुगतान से तो...” औरत ने कहा।

“अच्छा तो बर्राने लगी है साली...ज़ुबान खींच लूँगा तेरी।”

“और कर भी क्या सके है” वह चिल्लायी, “और आता भी क्या है तुझे, हर वक़्त मारना, धमकाना, पीना। मरद है ना ये ही तो मरदानगी है—औरत पर हाथ उठा लो और साहबों की खीज उतार दो, बेगार वो कराते हैं पैसे वो नहीं देते हैं और अपनी बेबसी मुझ पर उतारता है तू, अरे असल मरद है तो उनको मार, उन पर हाथ उठा—उनके हाथ-पैर तोड़।”

“उन्हीं के तो नहीं तोड़ पाता।” आदमी की बेचारगी मजबूरी में बदल रही थी।

"रोज़ का झगड़ा है, लड़ते हैं, मरते हैं फिर एक हो जाते हैं..." किसी एक आवाज़ ने कहा।

"अब नहीं एक होने के, अब नहीं रहूँगी इसके साथ...क्या कहते हैं उसे तल्लाक लूँगी...तल्लाक..." "चलो-चलो..." भीड़ सरकने लगी–किसी ने कहा, "चलो...तमाशा ख़त्म समझो..."

"गरीबी तमाशा लगती है तुम्हें...साले...हरामखोर..." आदमी गुर्राया।

"आप ही कुछ कीजिए ना मेमसाहब...क्या करें हम लोग–ये मेरा मरद जहाँ काम करता है...राक्षस हैं वो लोग...दिन-रात मेहनत पर पैसा नहीं देते। इतना भी नहीं कि बस पेट भर जाये...ऊपर से इतना थकाते हैं परेशान करते हैं कि उनका जुल्म मुझे सहना पड़ता है।"

"तो छोड़ दो नौकरी...कोई दूसरी पकड़ लो..."

"कहाँ मिलती है नौकरी...कितने धक्के खाये तो ये हासिल हुआ..."

"क्या हासिल हुआ...नौकरी के नाम पर थकावट, जिल्लत और भुखमरी..." वह रोने लगी।

"ईवा चल ना...हम क्या कर सकते हैं..." किरन उकता रही थी।

"नहीं किरन...ठहर एक मिनट, सुधाकर जी से कहूँगी एक्शन लेंगे। नाम बताओ अपनी कम्पनी का..." ईवा ने पर्स में से पेन और डायरी निकाली। आदमी ने कम्पनी का नाम बताया और सन्न रहने की बारी ईवा की थी...वह तो उनकी इंडस्ट्री की ही एक ब्रांच है...

"बहुत मेहरबानी होगी...कुछ कर सकें तो...नहीं तो रह नहीं सकूँगी इसके साथ कहीं और बैठ जाऊँगी...रोज़-रोज़ की मार मेरी हड्डियाँ कहाँ तक झेल पायेंगी?"

"हाँ...तलाक लेगी...साली तल्लाक...नये ज़माने की सारी हवा इसी को लगी है मेमसाहब..."

ईवा सोच रही थी ज़िन्दगी का ज़हर इस रिश्ते के नाम ही क्यों लिख गया है–पत्नी बनना अगर इतना बड़ा गुनाह है तो पति होना ही किस गुनाह से खाली है।

"अरे क्या हुआ, ये आवाज़ कैसी है?" किरन ने ईवा की विचार शृंखला को कच्चे शीशे की तरह तोड़ डाला।

"लगता है कार में कुछ गड़बड़ी है..." ईवा ने कहा।

"अजीब है तू ईवा! इतनी देर से गाड़ी आवाज़ कर रही है और तू जाने कहाँ गुम है। बस तेरा शरीर भर यहाँ है, तुझे कुछ सुनाई नहीं देता ना..."

"हाँ, सुना नहीं...आई एम सॉरी किरन..." कार एक-दो धचके खाकर रुक गयी—बहुत कोशिशों के बावजूद भी चली नहीं—ईवा ने अपनी तरह से सुधारने की कोशिश की, पर जब कुछ नहीं हुआ तो किरन ने कहा—

"रात हो गयी है ईवा...घर कैसे पहुँचेंगे...यहाँ तो कोई टैक्सी भी नहीं है...मैं लिफ्ट माँगूँ किसी से..."

"हाँ और चारा भी क्या है..." ईवा ने कहा, "ज़िन्दगी हर मोड़ पर नये अनुभव पकड़ाती है। आज ये भी सही—टीन एजर की तरह अँगूठा दिखा ना..."

एक एम्बेसेडर रुकी—चालक महिला ही थी—किरन ने उससे बात की और ईवा को पुकारा। ईवा कार लॉक करके चालक महिला के पास बैठ गयी और किरन पीछे...एक ही साँस में किरन परिचय दे चुकी थी—ईवा...दिल्ली के एक जाने-माने परिवार की सबसे बड़ी बहू है...सुधाकर उसके पति हैं—दिल्ली के सम्मानित व्यक्ति। ईवा के बैठते ही वह महिला बोल उठी।

"आइये मिसेज़ सुधाकर...मेरा नाम प्रिया है। एक बात कहूँ, बहुत दिनों से आपसे मिलना चाहती थी।"

"मुझसे, क्यों?" ईवा को आश्चर्य हुआ।

"सुधाकर जी से तो मिली हूँ एक बार...मेरे पति इंडस्ट्रियल बोर्ड में हैं ना..."

"ओह तो कोई कामकाजी प्रॉब्लम होगी—" ईवा ने राहत की साँस ली।

"नहीं मिसेज़ सुधाकर पर्सनल प्रॉब्लम है। मेरी नहीं गलत मत समझियेगा... मेरी एक कजिन है, मोनिका।"

"तो?"

"आपके बिजनेस ग्रुप में ऊँची पोस्ट पर है..."

"हाँ उसकी तो तारीफ़ काफ़ी है...शी इज़ एंटरप्राइजिंग। क्या हुआ उसे...?"

"हुआ कुछ नहीं...आपकी ऑर्गेनाइजेशन में उसने इतनी तरक्की की है कि उसमें एक अजीब-सा आत्मविश्वास ही नहीं सभी कुछ जैसे लहरा-सा गया है। परन्तु उस उपलब्धि के फलस्वरूप पता है क्या हुआ है, अब अपने मिडिल क्लास क्लर्क पति में उसे कोई वर्तमान या भविष्य नज़र नहीं आता..."

"कार बचाइये मैडम..." किरन पीछे की सीट से चिल्लायी..."आप गाड़ी ठीक से नहीं चला पा रही हैं।"

"आज जाने क्यों ऐसा हो रहा है, कार में बैठने का महूरत ही शायद ढील है—कभी कुछ होता है, कभी कुछ—मैं यहाँ की सड़कों की आदी नहीं हूँ।

दिल्ली में कम रहती हूँ ना, बनारस में पोस्टेड हैं हम लोग—मेरा बेटा उधर के बोर्डिंग स्कूल में है। उसे ही मिलकर लौट रही थी तो आप लोग मिल गये...''

''ख़ैर ऐनी वे, आप अपनी कजिन की बात कर रही थीं...''

''हाँ बड़ी अच्छी, संस्कारी लड़की थी वह, पर अब जैसे-जैसे वह कामकाजी तौर पर तरक्की करती गयी है। बदलती गयी है, उसमें इतना परिवर्तन आया है कि पहले वाले लोग उसे पहचान भी नहीं पाते और वो तो किसी को पहचानना ही नहीं चाहती। उसका दिमाग़ सातवें आसमान की बातें करता है...!''

''तो मैं क्या मदद कर सकती हूँ...''

''आपकी ऑर्गेनाइजेशन ने उसे कार दी है और अब सुना है फ्लैट भी मिल रहा है उसे...मोनिका फ्लैट में अकेले शिफ्ट होना चाहती है—ऐसे तो परिवार ज़रूर टूट जायेगा। एक छोटी-सी बेटी है उसका क्या होगा...आप सुधाकर जी से कहकर वह फ्लैट रुकवा दीजिए...आगे की तरक्की रुकवा दीजिए, हो सकता है उससे एक टूटता परिवार जुड़ जाये। एक ज़िम्मेदार व्यक्तित्व होने के नाते, मिसेज़ सुधाकर होने के नाते आपका कर्तव्य है...''

''मेरा कर्तव्य है? मिसेज़ सुधाकर का कर्तव्य है...क्या?'' ईवा बुदबुदाई, ''क्या होता है यह कर्तव्य? कार्य जो सिर्फ़ मुझे ही करना चाहिए—ये ठीक है मेरे संस्कारों ने मुझे उसकी एक परिभाषा पकड़ाई है...अच्छाई की ओर ले जाते शुभ कर्म हमारा कर्तव्य हैं—जो कर्म पतन की ओर अग्रसरित करते हैं वह हमारा कर्तव्य नहीं हो सकते, लड़ाई के मैदान में शत्रु को मृत्युदंड देना वीरता का कर्तव्य है, पर वो सड़क चलते का या मेरा कर्तव्य नहीं हो सकता, मोनिका अगर उन्नति कर रही है, उसकी उपलब्धियों पर उसका पूरा हक जायज है—वह उसका देय है—उसे रोककर बाधाएँ डालना मेरा, मिसेज़ सुधाकर का कर्तव्य नहीं हो सकता।''

''उससे तो एक घर की दीवारें लड़खड़ा रही हैं...टूट जाये किसी दिन...'' प्रिया ने कहा।

''अपने किसी दफ़्तर के कर्मचारी को उसका अर्जित सम्मान ना देना भी तो ऑर्गेनाइजेशन के नियम को तोड़ना है—अकर्तव्य होगा यह तो...''

''उसका घर टूटने के और भी तो कारण हो सकते हैं प्रिया जी, ऑफिस के अलावा पर्सनल...'' किरन ने सुझाया।

''परिवार के लोगों को तो पता है कि पैसा ही उसके दिमाग़ ख़राब हो जाने का कारण है...''

''हो सकता है कुछ और हो—जीते जाने के कितने ही तो कारण होते हैं।

देखो तो हमारा आज का अनुभव कैसा है? औरत को कितना परिस्थितियों में देखा—सभी स्थितियों में सतायी वही गयी। कहीं अय्याश ससुर का दुर्व्यवहार, कहीं मार-पीट, पैसे की कमी, फ्रस्ट्रेशन घुटन के कितने ही कारण, अब तुम मोनिका की बात कर रही हो। हो सकता है उसकी मजबूरी भी ऐसी ही कुछ हो...'' किरन की दलील थी।

''इतनी फिलॉसफ़ी तो मैं जानती नहीं...'' पर अगर मोनिका घर ना बदले तो...'' प्रिया ने कहा, ''मोनिका अगर घर बदलती भी है तो उससे क्या होगा? दीवारों से भागकर कोई कभी आज़ाद हुआ है? ये दीवारें अपने अन्दर होती है, प्रिया कहीं बाहर नहीं, जितना भी जंज़ीरें तुड़ा कर कोई भागे स्वतन्त्रता नहीं मिलता...मुझे लगता है मोनिका ने स्वतन्त्र होने की क्षमता जुटा ली है...हमारे इस सामाजिक ढाँचे में अगर ऐसा कोई कर पाया है तो बुरा क्या है...'' ईवा अब भी तटस्थ थी।

''बिना जाने उसे किसी पैडस्टल पर मत बिठा ईवा...क्या पता सच क्या हो...''

''हाँ मैं भी तो यही कह रही हूँ।'' प्रिया ने कहा, ''आप एक बार अपने पति से बात करें उसके बारे में, हो सकता है कोई रास्ता निकल आये।''

''गाड़ी सँभालिए प्रिया जी...'' किरन पीछे से चिल्लायी—पर जब तक प्रिया रोकती पीछे से आती एक मारुति गाड़ी उससे टकरा गयी—प्रिया की गाड़ी का तो कुछ नहीं बिगड़ा पर मारुति में थोड़ी-सी खरोंच आयी—मारुति में थे दो चपरासी टाइप लड़के और कम उम्र का एक ड्राइवर। वे उतरकर लड़ने लगे—मुझे पहले ही डर था। किरन बुड़बुड़ायी—''प्रिया जी आपको कार चलानी नहीं आती।''

''अन्धी है, देखकर कार नहीं चलाती...गाड़ी का सत्यानाश कर दिया ले के...'' एक छोकरा चिल्लाया।

''तमीज़ से बात नहीं करते...गाड़ी में कुछ हुआ भी है जो चिल्ला रहे हो...'' किरन लड़ने के मूड में आ गयी।

''पता है ये शहर के सबसे बड़े इंडस्ट्रियलिस्ट की पत्नी हैं—मिसेज़ सुधाकर...'' प्रिया ने उन पर रौब डालना चाहा।

''हमको क्या...'' एक ने कहा।

''बड़े आदमी की औरत है तो ऐसी छकड़ा गाड़ी में क्यों घूम रही है... इनकी मर्सिडीज़ कहाँ गयी...''

''क्या ज़रूरत थी अपना पता बताने की? चलो यहाँ से, इनके मुँह नहीं लगते,'' ईवा ने कहा। ''चलो रास्ता नापो...हमें जाने दो...'' किरन ने कहा।

''हर्जाना दीजिए ना...ऐसे कैसे जा सकती हैं आप लोग, बड़े-बड़े नाम बताकर बेकार की धौंस जता रही हैं...'' वे दोनों अकड़ गये।

''आप ही हेल्प करें मिसेज़ सुधाकर...मैं तो यहाँ रहती नहीं।'' प्रिया ने कहा।

''चलो अपना पता नोट करा दो, ऑफिस से आदमी भेजेंगे आपका भुगतान कर देगा, जो भी कहोगे...'' ईवा ने डायरी का वही पेज निकाला जिस पर मार खाती औरत ने अपना पता लिखवाया था—लिख लेने के बाद ईवा ने कहा, ''तुझे याद है किरन, एक बार पढ़ा था हम लोगों ने आइंस्टीन के बारे में, उसने कहा था कि अगर मुझे दुबारा जन्म मिले तो मैं प्लम्बर बनकर रहना पसन्द करूँगा, लेकिन दुबारा आइंस्टीन होने की इच्छा नहीं है क्योंकि मुझे पता नहीं था कि मेरे आइंस्टीन होने से एटॉमिक इनर्जी जैसे विनाश के सूत्र को जन्म मिलेगा।''

''अच्छा प्रिया जी, धन्यवाद आप चले...ईवा का घर उधर ही है, हम लोग पैदल ही चले जाएँगे...थैंक्स...आपसे मिलकर अच्छा लगा...''

''ओ.के. मिसेज़ सुधाकर...कुछ कीजिएगा मोनिका के लिए...'' एक झटके से गलत गीयर में कार स्टार्ट करके प्रिया चली गयी—मारुति वाले वो दोनों लड़के भी फ़ैसले की शर्त मानकर कुछ न कुछ बुड़बुड़ाते हुए चले गये। ईवा और किरन धीरे-धीरे पैदल चलने लगीं—तभी उसी चौराहे पर एक मर्सिडीज़ रुकी। ईवा किरन दोनों ने देखा उसमें एक स्त्री और पुरुष थे अपने में खोये हुए! ग़ज़ल का कोई टेप चल रहा था...लालबत्ती के बाद नारंगी बत्ती जली, बुझी और फर्राटे से निकल गयी वह मर्सिडीज़, क्या यह मोनिका है? किरन ने ईवा को और ईवा ने किरन को देखा। किरन ने कहा, ''यह तो सुधाकर जी थे...और...साथ में ईवा के हाथ में पते लिखे काग़ज़ फड़फड़ा रहे थे—निःशब्द।'' किरन ने ईवा का हाथ कसकर पकड़ लिया था। ईवा एक पल के लिए पथरा गयी थी—उसकी उँगलियाँ हाथ के काग़ज़ को मरोड़ रही थीं।

''ईवा'' किरन ने कहा।

''मिसेज़ सुधाकर क्यों नहीं कहा तूने...मिसेज़ सुधाकर कह न, बड़े इंडस्ट्रियलिस्ट की पत्नी—अनेक फैक्टरियों और ऑर्गेनाइजेशंस की मालिक।'' ईवा ज़ोर से हँसी—डायरी के काग़ज़ के टुकड़े हवा में उड़ रहे थे, बेतरतीब... बिखरते हुए।

वर्तुल

स्टेशन पर गाड़ी लग गयी थी। मैं और समीना अपना सुरक्षित स्थान ढूँढ़कर जल्दी-जल्दी ऐसे बैठीं जैसे सीट पर नहीं सपने के रंगीन अवगुंठन में लिपट रहे हों। सपनीली आँखों में भीड़ की जगह रोमांच का धुँधलाता जाला आ फँसा था। समझ में नहीं आ रहा था, ऐसा क्यों हो रहा है? मैं सोचे जा रही थी, वह कौन-सी अद्‌भुत स्मृति थी, सुसाध्य अभिव्यक्ति थी, कौन-सा अनुग्रह जो अतीत के विद्यार्थी जीवन से लेकर आज तक मेरे भीतर जीवन्त रहा। दादाजी के स्टडी-रूम की दीवार पर टँगा आदमक़द तैल-चित्र, भव्य पुरुष का भव्य सफ़ेद लम्बा चोगा, लम्बे बाल और लम्बी सफ़ेद दाढ़ी से आच्छादित सौम्य व्यक्तित्व, इस पल जैसे सजीव हो मेरे साथ-साथ चलने लगा था। दादाजी के कमरे की पूरी दीवार पर वह इस तरह जड़ा हुआ था जैसे किसी भी पल उस फ्रेम से पैर निकालकर बाहर आ जायेगा। हम साहस बटोर कर जब भी उसे देखते, उन आँखों में झाँकने का प्रयास करते तो देख कहाँ पाते थे। हमें लगता था कि वह आँखें काग़ज़ पर खिंची हुई रेखाओं में बँधी रहनेवाली आँखें नहीं हैं। बाहर तक आती जीवन्त उन आँखों की दृष्टि हमारे शरीर को स्पर्श ही नहीं करती थी, हमारे भीतर कहीं गहराई तक उतरती चली जाती थी।

समय, अनगिनत रेलगाड़ियों के सफ़र जैसा भागता समय, गतिमान, उम्र के साथ चलता गया। हम बड़े होते गये। कॉलेज पास करके अपनी गृहस्थियों में चले आये। याद ही नहीं आता, कौन-सी उम्र ने हमें महाकवि टैगोर की पुस्तकें हाथ में पकड़ा दी थीं। कभी हिन्दी, कभी अंग्रेज़ी अनुवाद। बिना ये जाने कि हम इतने बड़े कवि को पढ़ रहे हैं, पढ़ते चले गये, तब तक जब हमारी सेंसिटीविटी के चारों ओर वह रचनाएँ एक ताना-बाना बुनकर हमें चमत्कृत नहीं कर गयीं। गीतांजलि, अन्य कविताएँ, उपन्यास, कॉलेजी सेमिनार फिर चलचित्र, कितने माध्यम थे जो उस महान रचनाकार को विभिन्न रूपों में प्रदर्शित ही नहीं करते थे, हमारी चेतना पर एक सुनहरा तन्तुजाल बुनते थे। हमें आभास भी नहीं

हुआ, एक बदलाव दबे पाँव हमारी चेतना पर पसरता चला गया। हमारी पीढ़ी या कम-से-कम मैं तो उस प्रभाव से मुक्त कभी नहीं हुई, तभी तो आकाश में उमड़ती-घुमड़ती बदली, अस्त होता हुआ सूरज, अलविदा कहे बिना या हमें छुए बिना कभी अस्त नहीं हुआ। पुराना, अतीत में जिया उस महान साहित्य का सुवासित रोमांच आज भी धमनियों में जैसे धीरे-धीरे बह रहा था। शायद इसलिए भी कि महाकवि टैगोर ने प्रकृति की रमणीयता का वर्णन निःश्रेयस रूप से किया था। शायद वही कारण थे हमारी रुचियों के मार्जित होने के पीछे। हमारे आनन्द, हमारे सुख-विचार ज़िन्होंने हमें हमारे भीतर प्रतिष्ठित किया था। महाकवि के ही कुछ शब्द थे, जो फुसफुसाकर हमारे कानों में 'प्रेम' का गीत गुनगुना गये और जो हमें अलग से व्यक्तित्व में जाने-अनजाने ढालते चले गये। परिणामस्वरूप हम भीड़ का एक अंश हो जाने से बाल-बाल बच गये।

काया का कालाकल्प तो नहीं हुआ, हाँ, परिवेश को अलग-अलग भावनाओं और सपनों के शेड्स में देखने का एक दृष्टिकोण अवश्य हाथ लग गया। मुझे याद है, हमारी पीढ़ी अभी अपने मध्यवर्गीय रूढ़िवाद और रीतिवाद से उभरी भी नहीं थी कि महाकवि टैगोर ने अकेले ही, 'एकला चलो रे', विश्व के साहित्यिक फलक पर बंगाली साहित्य को ऐसी मान्यता प्रदान की, कि सब आश्चर्यचकित रह गये।

कुमकुम स्टेशन पर लेने आयी हुई थी। वह कुछ सलों से यहाँ के विश्वविद्यालय में फिज़िक्स पढ़ा रही थी। हम लोग लम्बे समय के अन्तराल के बाद मिल रहे थे, इसीलिए समीना सवाल पर सवाल पूछ रही थी और मैं पता नहीं क्यों बोलपुर की उस धरती पर पैर रखते ही अजनबी, एक भय से प्रेरित हो रही थी। शायद इसलिए कि वास्तविकता और भीतर की सोच में भिन्नता होती ही है। मैंने देखा, प्लेटफॉर्म की एक मुख्य दीवार पर श्री रवीन्द्रनाथ टैगोर का एक मामूली-सा चित्र लगा था। यह चित्र मेरी स्मृति-चित्र जैसा प्रभावशाली नहीं था...मुझे लगा, माध्यम और समय बदलता है, विषय-वस्तु वैसी पुरअसर कैसे रह सकती है। मैं कुमकुम से कुछ पूछती, वह आगे निकल गयी थी और मैं सिर नवाये कुछ औरतों की भीड़ में धक्के खाती झोला-अटैची सँभालती एक ओर खड़ी हो गयी थी। कुमकुम अपनी छोटी-सी गाड़ी ले आयी, उसके साथ उड़कर लाल मिट्टी की एक परत हमारे कन्धों पर बैठ गयी थी। धूल-पसीना पोंछती समीना कह रही थी, "काफ़ी भीड़ है यहाँ भी, हमने सोचा था...।"

"क्या?" मुझे लगा मेरी तरह समीना भी अपनी सोच में गुम है...।

"आई एम सो हैप्पी टु हैव यू..., इतने साल बीत गये मुझे यहाँ आये, तुम

लोग हर पत्र में प्रॉमिस करती रहीं पर आती नहीं थीं...।''

''मुझे तो अभी भी यकीन नहीं हो रहा कि हम यहाँ पहुँच गये हैं, एक ख्वाब जैसा लग रहा है...,'' समीना ने कहा।

''कुछ शहर बनते ही हैं ख़्वाब बुनने के लिए!'' मैंने सोचा।

''अच्छा बता क्या प्रोग्राम बनाया है, हमारे पास कुल दो दिन हैं...!''

''तुम लोग होटल पहुँचकर फ्रेश हो लो, फिर खाना खाकर निकल चलेंगे... छोटी-सी जगह है शान्तिनिकेतन, शाम तक पूरा देख लोगी।''

हमारी कार मेन बाज़ार के बीच से गुज़र रही थी। आम सा बाज़ार था, कपड़े-खिलौने, दवाइयाँ, प्लास्टिक के बर्तन, शैम्पू-साबुन, मिठाइयाँ, अंकल चिप्स—सब कुछ था।

''यह बाज़ार?'' मैं पता नहीं क्यों कह रही थी।

''यह बोलपुर का मेन बाज़ार है, कुछ सालों से यहाँ सब कुछ मिलने लगा है। किसी चीज़ की कोई दिक्कत नहीं होती,'' कुमकुम समीना को बता रही थी, ''यहाँ बहुत बढ़िया कांथा साड़ियाँ और बाटिक के काम के दुपट्टे मिलते हैं, वह ज़रूर ख़रीदना।''

परन्तु मुझे जैसे कुछ था जो असहज कर रहा था, शायद बोलपुर का आम शहरों जैसा होना...पर अगर शहर नहीं होता तो क्या होता? वह विकल्प मेरे पास नहीं था और जो था वह मेरी कल्पना से मेल नहीं खा रहा था। कल्पना के बबूले पर निर्मित होते ये रंग-बिरंगे किरण-जाल मुझे कठिनाई में डाल रहे थे। कुछ देर बाद भीड़ वाली उस आबादी के कुछ मोड़ मुड़कर हम एक खुली सी सड़क पर आ गये थे, जिसके दोनों ओर खुले मैदान जैसे थे जो न बग़ीचा था, न खेत। दूसरे छोर पर हमारा होटल था। साफ़-सुथरा छोटा-सा लॉन जिसके चारों ओर फूलों की क्यारियों ने होटल को घेरे रखा था। सामान कमरे में टिकाकर हम खाने की मेज़ पर पहुँचे तो परिचित सी खाने की महक, दिल्ली के स्टाइल का खाना—पनीर, माश की दाल, तन्दूरी रोटियाँ, जिनका परिवेश और शहर से मेल नहीं बैठ रहा था। शायद इसीलिए कुछ था जो अतृप्त रह गया था। न चाहते हुए भी एक झुँझलाई सी कुढ़ी हुई प्रवृत्ति साथ चल पड़ी थी।

कुमकुम के साथ समीना आगे बैठी थी। वह उचक-उचककर परिवार की, घर की, दिल्ली के अपने व्यवसाय की बातों में लगी थी। पूछ रही थी, कुमकुम को दिल्ली से आकर इस छोटे कस्बाई शहर में रहना कैसा लगता है? कला और संस्कृत साहित्य में साँस लेते इस शहर के विद्यार्थी कैसे रिएक्ट करते हैं उसकी फिज़िक्स?

कुमकुम ने कहा, ''समय के साथ सब बदलता है, सब लोग प्रैक्टिकल हो गये हैं। शान्तिनिकेतन सिर्फ़ आर्ट-कल्चर का केन्द्र नहीं रहा है, प्रॉपर यूनिवर्सिटी हो गया है। यहाँ अब सारे विषय पढ़ाये जाते हैं...।''

''पर यहाँ क्यों?''

''यहाँ क्यों नहीं...यह भी तो विश्वविद्यालय है...।''

परन्तु टैगोर का सपना! उसका क्या हुआ? मेरे गले में सवाल घुट रहे थे। तभी वृक्षों से आच्छादित जिन इमारतों तक हम पहुँचे थे, कुमकुम बता रही थी, ''यही है वर्ल्ड फेमस 'विश्व-भारती'...।''

''तो फिर गाड़ी रोकना...,'' मैं शायद अपनी संवेदना में ज़्यादा अधीर हो उठी थी।

''रोकती हूँ...पार्किंग तक तो पहुँच लें।''

गाड़ी से उतरकर मैंने खुलकर साँस ली, अतीत की खूँटी से बाँधा हुआ लम्बा सपनीला तार झनझनाकर मेरे समूचे व्यक्तित्व को अभिभूत कर रहा था। मैं उस परिवेश को साँसों में पी लेना चाहती थी। जमीन पर गिरे सूखे पत्ते को उठाकर मिट्टी का स्पर्श मुझे आनन्द दे रहा था। पता नहीं क्यों मुझे लग रहा था, आवश्यक है समय का, परिवेश का, स्थान का यह स्पर्श। समीना फोटो खींच रही थी और कुमकुम हमें घुमा-घुमाकर बता रही थी, ''यह काली बिल्डिंग 'कला-भवन' है, फैकल्टी ऑफ आर्ट्स...,'' उसकी काली दीवारों पर सफ़ेद चित्र उकेरे गये थे, ''ये सारे चित्र नन्दलाल बोस के हैं...ये 'थियेटर-प्रॉमिसिस' है,'' परन्तु वहाँ कोई नहीं था। स्टेज पर सूनापन सरसरा रहा था, उस सूनेपन से मेरी उदासी बढ़ रही थी, पता नहीं क्यों? एक ओर कुछ विदेशी पर्यटक हमारी तरह चित्र खींचने में लगे थे। 'फैकल्टी ऑफ साइंस' तक पहुँचे तो देखा दीवार के साथ पेड़ के एक गोलाकार तने को काटकर टिकाकर रखा है। ''यह रिसर्च के लिए है,'' कुमकुम ने बताया, ''तने के अन्दर बनी ये गोलाकार लकीरें 'वर्तुल' इन पेड़ों की उम्र को बता रही हैं। ये पेड़ लगभग पाँच सौ साल पुराना है। प्रकृति का नियम है, सूरज की किरणों से जो 'रेडियो एक्टिविटी' पैदा होती है उससे बचाव के लिए पेड़ अपने चारों ओर एक रिंग निर्मित कर लेते हैं। हर साल पेड़ के तने पर ये गोलाकार रिंग बनता है, इन्हें गिनकर इनकी उम्र जानी जा सकती है।''

''मैं गिनती हूँ,'' समीना गिनने का प्रयास करने लगी।

मैं सोच रही थी, 'कितने संवेदनशील हैं ये वृक्ष, सूर्य के प्रभाव से इनमें घटना घटती है, वर्तुल निर्मित होता है, वृक्षों का चित्त उसे रिकार्ड कर लेता है,

सँजोकर रखता है अपनी उम्र के साथ। पर जो यहाँ था, वह यहाँ की संस्कृति विशेष–उसे?' कुमकुम मुझे झकझोरकर कह रही थी, "कहाँ खो जाती है तू... चल जल्दी से महाकवि का घर देख लेते हैं...उसे अब म्यूज़ियम बना दिया गया है...," टैगोर के जीवन की घटनाओं के स्मृति-चिह्न उनकी मोटर कार से लेकर उनके वस्त्र, उनके तैलचित्र, तस्वीरें, उनके देश-विदेश के फोटोग्राफ़, अख़बार में छपी उनकी समाचार कटिंग्स। उनके हाथ से लिखे पत्र, पांडुलिपियाँ और फिर उनका विश्वविख्यात 'नोबेल-पुरस्कार' चमकीले सुनहरे अक्षरों से नीले फलक पर लिखा हुआ जैसे आकाश पर सूर्य की किरणों का वर्तुल, "चलो ज़िन्दगी में 'नोबेल प्राइज़' को देख तो लिया हमने।" समीना ख़ुश थी भव्यता के भंडार में, उन स्मृति-चिह्नों से जैसे एक ग्राहकता सम्प्रेषित हो रही थी। चिन्तन का एक अतीत सपने में डूबा बैठा था। दादाजी की दीवार पर लगा टैगोर का वह चित्र यहाँ जैसे सृष्टि, जीवन, मृत्यु के फलक पर अनुभव किया जा सकता था।

उस परिदृश्य से निकलकर हम फिर से एक खुले मैदान तक आ गये थे। यहाँ मेला जैसा जुड़ रहा था। कुमकुम बता रही थी उसे 'पौष-मेला' कहते हैं। हर साल होता है–लकड़ी की छोटी-बड़ी दुकानें सजायी जा रही थीं। समीना और वह भीतर जा रही थीं, मुझे मेला तो कम-से-कम नहीं देखना था। परन्तु समीना का मन था, कुछ लोग वर्तुलाकार चलते हैं, मीलों चलें तो भी बाहर नहीं निकलते।

एक आदमी कन्धे पर बाँस के दो छोरों पर बँधी दो टोकरियाँ उठाये पास आ खड़ा हुआ। छोटे-छोटे मिट्टी के कुल्हड़ों में 'मिष्टी-दही' मैंने झटपट तीन कुल्हड़ ख़रीद लिये। आराम से बैठकर अभी खा ही रही थी कि दूसरे ठेले वाले ने मिट्टी की मूर्ति हाथ में उठाकर कहा, 'टैगोर-बाबा' कत्थई लाल रंग की वह प्रतिमा जैसी थी, मैंने ख़रीद ली। इस धरती का कच्चा सच था या शायद यहाँ का कलात्मक मुहावरा, मिट्टी में आँका गया वह रूप।

समीना कांथा साड़ी पसन्द कर आयी थी, तीन हज़ार की एक साड़ी। वह बजट बना रही थी, "दो साड़ियाँ रखवाकर आयी हूँ, एक तू ले लेना एक मैं। इतना बढ़िया काम मैंने तो पहले कभी नहीं देखा..." साड़ी उसका पैशन बन गयी थी। मेरी ख़रीद पर वह हँस चुकी थी।

होटल पहुँचकर वह दोनों आराम से पलँग पर आलथी-पालथी मारकर चाय पी रही थीं। सिगरेट के धुएँ और गप्पबाज़ी के बीच टेलीविज़न में 'ज़ीटी.वी.' की छूटती फुलझड़ियाँ मेरे सन्तुलन को गड़बड़ा रही थीं...शान्तिनिकेतन की यह एकमात्र शाम और यह टी.वी. ...जब जीवन ही विरोधों से भरा है। अपने

ही अस्तित्व में जब सारी असंगतियाँ साँस ले रही हैं तो फिर? ख़ैर...मैं बाहर निकल आयी। शाम अँधेरे को ओढ़ रही थी और मेरे पैर शान्तिनिकेतन की उस धरती पर बेसाख़्ता चलते चले जा रहे थे। जहाँ मैं पहुँची वहाँ कँटीली तार के दायरे में बँधी एक कच्चे घरों की बस्ती थी। फटे-पुराने कपड़ों वाला मैला-सा वातावरण, वे लोग मुझे घूरने लगे। एक चबूतरे पर कुछ लोग जमा थे—अधेड़ बूढ़े, चिलम फूँकते बतियाते। किसी ने बंगाली में कुछ कहा बस, मेरी समझ में एक शब्द अटक गया, 'बाउल-गीत'। तब तक मुझे ढूँढ़ती कुमकुम और समीना भी आ पहुँचीं। कुमकुम को आगे करके मैंने कहा, "क्या कह रहे हैं ये लोग...बताना...?"

"ये लोग वैष्णव हैं...बाउल गीत गाते हैं, बस, मैं मचल गयी।"

"बहुत पैसे लेते हैं...और फिर इनकी भाषा ठेठ बंगाली, वह तेरी समझ कहाँ आयेगी।"

"कोई बात नहीं," मैं बिना सोचे-समझे उन्हें इशारों से बुलाकर होटल का नाम समझा रही थी।

कुमकुम ने फिर कहा, "गले पड़ जायेंगे ये लोग, विदेशी पर्यटकों ने इनकी आदतें बिगाड़ दी हैं।"

समीना ने भी टोका, "कांथा साड़ी...।"

पर मुझे ज़िद सवार थी, वह भी अपनी कँटीली बाड़ फलाँगकर उस घेरे से बाहर निकल आये। होटल के खुले आँगन में अपने साज़, ढोलक, सारंगी, डफली सँभालकर वह बैठ गये। पाँचों मर्द थे, औरत कोई नहीं। जबकि शरत के उपन्यासों में वैष्णवी का भी ज़िक्र आता था। ख़ैर, उनमें से एक ने पैरों में घुंघरू बाँध लिए—गीत शुरू हुआ, मंजीरे बजे, ढोलक की थाप गूँजने लगी। मैं मंत्रमुग्ध बैठी नहीं रही, शरत के उपन्यासों में प्रवेश कर गयी। उस स्थिति में हो आने की पुलक को शब्दों की आवश्यकता नहीं थी। कुछ अनुभव अपने आप में पर्याप्त होते हैं। संगीत के स्वर मेरे चारों ओर एक तिलिस्म रच रहे थे। चाहे मेरी समझ में कुछ नहीं आ रहा था परन्तु वह समध्वनियाँ मुझे एक पैटर्न में बाँध रही थीं। यह भी सच था कि कुछ गीतों के साथ उन पुरुषों का हाव-भाव ठुमककर घुंघरू की ताल पर उछल-कूदकर नाचना मुझे हलकी-सी कुंठा से भी भर रहा था। होटल के अन्य अतिथि आसपास जमा हो चुके थे। मुझे लगा, इन बाउल गीतकारों को यहाँ आने की आदत थी—जैसे-जैसे भीड़ बढ़ती उनके हाव-भाव फूहड़ होते जा रहे थे। एक नौटंकी जैसी स्थिति, अश्लीलता तक पहुँचती हुई।

"होटल के अधिकारी ने मुझसे पन्द्रह सौ रुपये वसूल किये, रेट तय था, अतः कुछ कहना बेकार था।" कुसुम नाराज़ थी, "ये लोग असली बाउल परम्परा के नहीं हैं, पैसे कमाने के लिए तैयार की हुई शो बाज़ी है...पर तूने मेरी बात सुनी नहीं।"

समीना ने गुस्से में कहा, "कैसे ख़रीदेगी कांथा साड़ी, ख़ाली हाथ जाना होगा... ।"

बहुत बार तर्कसंगत होने का जी नहीं चाहता। अपने उस अनुभव से मैं अप्रसन्न भी कहाँ थी, पर नाराज़ कुमकुम घर चली गयी।

रात को कमरे में गर्मी बहुत थी। मुझे नींद नहीं आ रही थी। समीना दो-चार सिगरेट फूँककर सो चुकी थी। मैं चुपचाप कमरे से बाहर चली आयी। बाहर की हवा में ठंडक थी। हलकी चाँदनी में बगीचे के फूल अच्छे लग रहे थे। नंगे पैर घास पर चली तो तलवों पर ओस का सहलाता स्पर्श सुखद लग रहा था। अचानक देखा, बेंच पर कोई बैठा है, श्वेत धवल वस्त्र, लम्बा क़द, घुँघराले सफ़ेद लम्बे बाल, उतनी ही लम्बी सफ़ेद लहराती हुई दाढ़ी–चाँदनी में नहाते, चाँदनी के रंग में मिश्र होते उस दूधिया आकार ने मुझे बाँध लिया। मैं सिहरकर खड़ी हो गयी। उसने मुड़कर देखा–चिर-परिचित दो नेत्र, गहरे भीतर तक धँसते चले गये। मैं जब तक नमस्कार के लिए झुकती सरसराते कपड़ों की वह आवाज़, धवल रजनीगन्धा-सी वह सुगन्ध दूर निकल गयी। मैं पत्थर की उस बेंच पर बैठ गयी, मेरे गले में कुछ फँस आया, घुटन, झुँझलाहट या पता नहीं। कितनी देर बाद समीना भागती हुई आयी, "यहाँ क्यों बैठी है, रो क्यों रही है...?"

"पता नहीं," मेरे हाथ टटोल रहे थे...बेंच का वह कोना, ओस पुँछा हलका-सा गर्म था। वह स्पर्श वहाँ अभी मौजूद था...कैसी उपलब्धि थी वह? मेरे हाथों को भरती हुई।

सुबह 'पौष-मेला' की ब्रह्म-उपासना सभा में जब पहुँचे तो द्वार पर किसी ने एक पुस्तिका थमा दी–रवीन्द्रनाथ के पिता ने उस विशेष दिन दीक्षा ली थी, यह एक सौ इक्यावनवाँ वर्ष था।

भीड़ अधिक नहीं थी। मंच के निकट बैठने का स्थान मिल गया। मंच पर कुछ विद्यार्थियों का समूह अपने-अपने वाद्यों सहित तैयार बैठा था। कुर्सियों पर गुरुजन या मुख्य अतिथि 'ब्रह्म-उपासना' के मंत्र 'गुरुर ब्रह्मा...गुरुर विष्णु...गुरुर देवो महेश्वरः...' से उठकर वाल्मीकि रामायण से होते हुए संस्कृत से बंगला में प्रवेश कर गये। अर्थ न जान पाने की बेचैनी में, मैंने अपने पास बैठे एक

सज्जन से वार्तालाप आरम्भ किया। दिल्ली से आयी हूँ, जानकर वह कभी कुछ बताता, कभी मेरी पुस्तिका पर अंग्रेज़ी में कुछ लिख देता। पुस्तिका के काव्य को भी अनूदित करने में व्यस्त हो गया। मैं रवीन्द्र-संगीत की तरंगिनी में बहती, विश्वभारती के नवोदित सूर्य के प्रकाश में मंत्रमुग्ध बैठी थी। मैंने उन सज्जन का परिचय पूछा। मुझे लगा, वह अवश्य ही यहाँ प्राध्यापक होगा। पुस्तिका के कोने में उसने लिखा, 'अमलेन्दु मजुमदार, टेलीफ़ोन एक्सचेंज कर्मचारी।' 'है ना पैराडाक्स' समीना ने कहा, "है क्या, लगता क्या है?" समीना हँसती हुई कुमकुम के साथ अपनी साड़ी ख़रीदने चली गयी। और मैं चुपचाप अमलेन्दु के साथ प्रार्थना सभा से बाहर निकल आयी। अमलेन्दु लगातार बोल रहा था, "मैटाफरीकली, यह बोलपुर पृथ्वी पर अलग एक स्थान है...इसका अपना एक शाश्वत रूप हो गया है। इस नगरी का अपना एक व्यक्तित्व पनप गया है, यहाँ बहुत लोग आये—गाँधी, नेहरू, रोमां रोलां, देशी-विदेशी लेखक जो भी चाह से आया, इस नगरी ने उसे आत्मसात् कर लिया।"

मैंने सोचा, 'संवेदना के वर्तुल वृक्षों के चित्र पर ही नहीं, शहर की चरित्रवत्ता पर भी अंकित होते हैं, परन्तु उन्हें देख पाना या अनुभव करना, सबके बस की बात नहीं होती।' अमलेन्दु कहे जा रहा था, "अगर श्रद्धा या निष्ठा से इस शहर में प्रवेश करो तो आप अवश्य ही महाकवि को इस लाल मिट्टी पर चलता हुआ देखोगे...सशरीर।"

तुम्हारे मोहरे

मैं उसे, बिल्कुल नहीं पहचानती थी, शायद इसलिए भी कि उद्योगपतियों और बैंक अधिकारियों की पार्टी में उसका उपस्थित होना मेरी समझ से बाहर था, परन्तु वह थी, थी ही नहीं एक ऐंठदार लचीली मज़बूती से पूरी पार्टी पर छायी हुई थी। किसी ने बताया उस होटल में होस्टेस का काम करती है, यहाँ के अतिथियों, उनकी कम्पनी की पार्टियों को सँभालना, देखभाल करना ही उसका काम है। उसकी मुक्त हँसी, खिलखिलाहट इस बात की प्रतीक थी कि वह अपने जीवन की शीत, अँधेरी घाटियों से उबर आयी थी और मैं पता नहीं क्यों अपनी खोजपूर्ण दृष्टि से उन घाटियों को ढूँढ़ रही थी, जहाँ मानवता रहती है—परन्तु बेला वहाँ नहीं थी, थी तो एक परछाईं अजनबी-सी। बेला सुबह-सवेरे होटल के 'हेल्थ क्लब' में मिली थी, मेकअपविहीन चेहरे पर इस समय अजनबीपन के स्थान पर पहचान अपने हस्ताक्षर कर रही थी। इससे पहले कि बेला और मैं अपनी बात आरम्भ करते, बीच में आ खड़ी हुई वह परछाईं—किसी पुरुष की, जिसे मैं पहचानने का प्रयास कर रही थी।

ऐ इक्कीसवीं सदी के महापुरुष, तुम मेरी तरफ़ ऐसे क्यों देख रहे हो? मैं तुम्हारे बराबर नहीं तुमसे कहीं आगे खड़ी हूँ, हाँ मेरा नाम रूबी है, क्या 'रुक्मणी?' नहीं बाबा नहीं, इट इज़ आउट डेटेड, तुम्हें नहीं लगता रुक्मणी से इतिहास की गन्ध आती है, और मैं? मेरा वजूद, गन्धहीन है। तो क्या हुआ अगर मेरा पिता पंजाबी और माँ महाराष्ट्रियन है। 'गनपति बप्पा मोरिया' मेरे पापा किसी मलेरकोटला, भटिंडा या पता नहीं किस गाँव, शहर के हैं। नहीं, अपने दादा-परदादा कुछ भी जानने की मुझे कोई दिलचस्पी नहीं है। पीछे मुड़कर क्यों देखा जाये...जबकि सामने नया संसार है...मेरी मातृभाषा? मेरी मातृभाषा तो अंग्रेज़ी है, माँ और पिता ही क्या? स्कूल में भी हिन्दी बोलने पर पनिशमेंट मिलता था। घर में आया, वाचमैन सभी तो अंग्रेज़ी बोलते हैं। आया ने 'बेबी योर नेम इज़ रूबी' सिखाकर बड़ा किया है। घर, हाँ हमारी बिल्डिंग के चारों

तरफ़ बड़ी-बड़ी ऊँची इमारतें आसमान तक हाथ उठाये खड़ी थीं, शायद इसीलिए सुबह के उदित होते और शाम को डूबते सूरज को मैंने कभी अपनी आँखों से नहीं देखा थ। घर के अन्दर एक जैसा मौसम था, एक जैसी वातानुकूलित ठंडी कंट्रोल्ड टैम्परेचर वाली हवा। बड़ा सजा-धजा फ्लैट था हमारा, जिसकी दीवारों पर बड़ी-बड़ी सिने-अभिनेत्रियों तथा आकारविहीन 'एब्सट्रेक्ट' आदि की तस्वीरें टँगी थीं; जिनमें कोई आकार नहीं बनता था। बस कुछ बेतरतीब फैले हुए रंग-बदरंग जैसे थे। मेरी समझ में वह चित्र तब भी उतने ही अजनबी, जितने आज हैं, पापा बड़ी शान से अपने आने-जानेवाले मेहमानों को उनसे परिचित कराते हुए बताते थे कि वह महान कलाकारों की तूलिका का करिश्मा ही नहीं बेशकीमती भी हैं। हमारे घर में किताबें बहुत कम थीं, मैं कॉमिक्स पढ़ती थी, बाद में इनिड ब्लायटन से चलकर सिडनी शेल्डन तक पहुँच गयी थी। साहित्य, लिटरेचर कॉलेज की कुछ लड़कियाँ या लड़के थे—एक बार शेक्सपियर का थियेटर देखा था, 'रोमियो-जूलियट' परन्तु मैं उसके साथ बिल्कुल भी सहमत नहीं थी—समझ में भी कहाँ आया था और फिर तुम्हारी तरह, मुझे भी लगता है ज़िन्दगी में आउट डेट्स रोमांस को कोई जगह नहीं होती। नहीं, मेरा किसी से कोई चक्कर नहीं था। बसों, कॉलेज के गलियारों में लड़के-लड़कियों की इस रेलमपेल धक्का-मुक्की में, जन्मदिन पार्टीज़ या वैसे भी, न तो कोई दोस्ती पनपती थी न प्रेम। शर्म जैसा भी कुछ नहीं था। उन ईडियट लड़कों से क्या शर्माना, जिनमें कोई भी तो खासियत नहीं थीं।

हम सब लड़कियाँ अपना भविष्य बनाने में जुटी थीं, क्लास में टॉप करते, पास होते हम लोगों ने निश्चय कर लिया था ज़िन्दगी की दौड़ में सबसे आगे जाना है। पढ़ने और इम्तिहान पास करने की आपाधापी में इमोशंस...इच्छाओं के बारे में पता ही नहीं चला वह किस चिड़िया का नाम है? आई एम वैरी प्रैक्टिकल, माँ, पापा वह क्या कह सकते थे, उनकी शादी कौन-सी आइडियल मैरिज? माँ-पापा की बकझक और लड़ाई-झगड़ों वाली शादी...सुबह-सवेरे माँ के चेहरे पर पड़े हुए बड़े-बड़े चकत्तेदार नील—पापा का रात-भर शराब पीकर, बॉलकनी में उल्टियाँ करना, फिर सुबह देर तक सोये रहना है, हैंगओवर में। क्या ऐसी होती हैं शादियाँ...? ना बाबा ना...मैं तो ऐसे ही ठीक हूँ...अक्सर ही आया का पिटा हुआ चेहरा देखने को भी मिलता था। या फिर आया का किचिन की एक दीवार पर टँगे जीसस क्राइस्ट की 'क्रूसीफिकेशन' (सलीब पर लटके) की तस्वीर के सामने रोना...मैं आया को रोते नहीं देख पाती थी, उसी ने तो पाला था मुझे। माँ, श्रीमती जाह्नवी देवी, प्रसिद्ध क्लासिकल डांसर—फेमस

पद्मश्री। पापा ने बताया था मुझे अपना दूध भी नहीं पिला सकी थी कभी, शायद इसलिए बचपन में बहुत-सी वर्जनाएँ थीं। मेरे लिए, उसे 'माँ' कहना भी मना था, उसकी डांस परफॉरमेंस में जाना मना था, उस कमरे में जाना मना था जहाँ वह दोपहर को अपने डांस का रियाज़ करती थी। बन्द दरवाज़ों से झाँककर देखती तो माँ, रियाज़ के बाद थककर गुरुजी की गोद में सोयी होती थी, तब भी उसको देखना मना था, क्योंकि आया मुझे वहाँ से घसीटकर डाँटती हुई ले जाती थी। शाम को पापा के साथ लड़ाई? हाँ, तब खुले हुए होते थे दरवाज़े, पर जहाँ खड़े होकर मैं वह हाथापाई देखती-देखती बड़ी हो गयी थी। माँ अक्सर अपने गुरुजी के साथ देश-विदेश अपने शोज़ के लिए चली जाती थी, तब टीवी पर या अख़बारों में छपती उनकी तस्वीरों और प्रशंसाओं के साथ अगर मैं भी कभी गर्वित होती तो पापा का पीना बहुत बढ़ जाता। कभी-कभी उन्हें अस्पताल ले जाना पड़ता था—पापा के दोस्त कहते थे—'बी प्रैक्टिकल' मुझे लगता था वह तो नहीं परन्तु गुरु काफ़ी प्रैक्टिकल इनसान थे, तभी तो माँ को उम्र के उस दरवाज़े पर छोड़कर एक और जवान खिड़की में से भीतर कूदकर किसी दूसरी ख़ूबसूरत—नयी-नवेली शिष्या के उभरते जिस्म और टैलेंट को चूम लपेटकर प्रमोट करने में इतने व्यस्त हो गये थे कि माँ की तरफ़, उनके डिप्रेशन की तरफ़ देखने का उन्हें समय नहीं मिला, न ही फुर्सत।

नृत्य के करतबों के साथ, ज़िन्दगी की कलाबाज़ियाँ स्टेज से बिस्तरे तक ले जाने की गुरु-शिष्या परम्परा...शायद वही थी? माँ की बढ़ती बकझक, डाइटिंग-हैल्थक्लब, फेस लिफ्टिंग की प्रक्रिया भी समानान्तर चल रही थी। इन दिनों मुझे पता नहीं क्यों अपनी एकमात्र यात्रा और उसके अनुभवों की याद आती थी। जब मैं छोटी थी बारह या तेरह साल की। पापा और माँ के साथ आगरा गयी थी ताजमहल देखने। हम लोग उन दिनों पापा के छोटे भाई महेन्द्र चाचा के यहाँ ठहरे थे। चाचा का घर अजीब-सा था 'रियल ऐंटीक' हवेलीनुमा जो, शहर के एक खास बाज़ार की पतली, सँकरी गली के बीचोबीच बना हुआ था। पुराना-सा दरवाज़ा जिसके दोनों तरफ़ बैठने का एक थड़ा जैसा था। बेला, मैं और मुनिया लटक-लटककर उस थड़े पर गाने गाते या रबर की गेंद के साथ गिट्टे खेला करते थे। घर के भीतर घुसते ही शर्बत का रंग और इत्र मिलाये जाते थे। एक कमरे में उन्हें बोतल में डालकर उन पर काग़ज़ के लेबल चिपकाये जाते थे जिन पर लिखा होता था 'दारोगा शर्बत'। कभी कमरा खस की हरी-भरी खुशबू से महकता, कभी गुलाब की गुलाबी महक से, कभी सन्तरे की खट्टी-खट्टी स्वादिष्ट रंगत से। चाचा के ससुर जी शहर के दारोगा

थे, उन्होंने ही यह कारखाना खोला था—चाची के साथ दजेह में मिला था यह मकान और कारखाना साइड बिजनेस जानकर चाचा उसे बेदिली से चला रहे थे। मेरे लिए वह सारा परिवेश बड़ा फैस्सीनेटिंग (रहस्यात्मक) था और फिर ख़ूब सारी बारीक कुटी हुई बर्फ़ के साथ ठंडे-ठंडे शर्बत का मज़ा आज की 'कोक' या 'डाइट-कोक' से कहीं बढ़िया था।

इक्कीसवीं सदी के सुपरमैन जानते हो...शर्बत की अनगिनत बोतलों के अलावा उस घर में चाचा के सात बच्चे थे हर उम्र के। चाची बेहद कमज़ोर और झुकी हुई थी। रात-दिन रसोई में पतली दाल और तेल की छौंकी काली-सी कोई सब्ज़ी टेढ़ी-मेढ़ी थालियों में परसकर हम सबको अपने बच्चों के साथ बैठाकर खिलाती, जबकि बच्चों की थाली में सिर्फ़ दाल होती थी—खाली समय में वह चाचा के रेस्टोरेंट के लिए समोसे, गुलाब जामुन बनाती और छुपाकर बच्चों के स्कूल से आने से पहले रेस्टोरेंट में भिजवा देती। चाचा देर से उठते, झकझक करते सफ़ेद कुरते-पाजामे में पान खाते हुए शर्बत की फैक्ट्री का मुआइना करके रेस्टोरेंट चले जाते। मैं, बेला, मुनिया के स्कूल चले जाने पर बैठक के बाहर की पतली-सी बॉलकनी में कॉमिक पढ़ने बैठती तो सामने के घरों के खुले दरवाज़ों में से अजीब-अजीब चेहरों वाली औरतों को गन्दे, चीकट पेटीकोट पहने साफ़-साफ़ देख सकती थी। शाम को बेला के साथ जब उसी बॉलकनी में खेलने के लिए आती तो बड़ा आश्चर्य होता था। वह सब जैसे जादुई छड़ी से ट्रांसफॉर्म हो जाती थीं सिंड्रेला की तरह। उनके ख़ूब भड़कीले, रंगीन परियों जैसे कपड़े ऊपर से गहरा मेकअप, लगता ही नहीं था वह वहीं औरतें हैं। उनके कमरे से तबले, सारंगी और गाने-बजाने की आवाज़ आती थी, पर मुझे हैरानी होती थी, वह गाना सुनने की जगह बॉलकनी में खड़े होकर हँसती हुई नीचे देखतीं और सड़क पर आने-जानेवाले लोगों को अजीब-अजीब इशारे करती थीं। और तब सड़क के कुछ लोग इशारों की भाषा में ही कुछ कहते हुए सीढ़ियाँ चढ़कर ऊपर चले जाते थे और तब तक तिलस्मी खिड़कियाँ दरवाज़े बन्द हो जाते थे। इधर-उधर से आती चाची या पापा हमें वहाँ खड़ा देख लेते तो बहुत डाँटते और घसीटकर हमें अन्दर ले जाते और हमारे दरवाज़े भी भड़ से बन्द कर दिये जाते थे। 'व्हाई पापा व्हाई'। मैं सवाल पूछती तो पापा बात बदलकर लूडो या कोई और गेम पकड़ा देते। बेला ने ही बड़ी गम्भीर मुद्रा में समझाया था—"रज्जू बता रहा था रूबी, ये सब औरतें रंडियाँ हैं, इनके घर को 'कोठा' कहते हैं—यह इस शहर का फुलटूटी बाज़ार है ना।"

"वह क्या होता है बेला?..."

''पता नहीं।'' और बेला जानते हुए भी मुझसे कुछ छुपाती भाग जाती।

''ताजमहल''–पापा ने बताया, ''इट इज़ वन ऑफ द वंडर्स ऑफ द वर्ल्ड इसे शाहजहाँ ने बनवाया था, अपनी बेगम मुमताज महल की यादगार में...''

''यादगार क्या होती है पापा?''

''जिसे हम बहुत प्यार करते हैं, उसे भूल नहीं पाते बेटा, उसके मरने के बाद, उसकी रिमेंबरेंस में कुछ बना देते हैं...''

''आप भी बनवाओगे...माँ के लिए...''

''शिट...ही इज़न्ट नॉट लव मी...''

''अफकोर्स आई डू... तभी तो बर्दाश्त करता हूँ...तेरे उस गुरु के बच्चे को, नहीं तो कभी का निकाल के फेंक देता घर के बाहर।''

''डोंट स्टार्ट इट नहीं तो मैं भी बता सकती हूँ व्हाट यू वांट, आज जो तुम्हारा स्टेटस है उसके पीछे...तुम्हारे बॉस को खुश करने के लिए मेरा इस्तेमाल और रूबी के सामने...?''

''रूबी तरक्की के कुछ रास्ते, सिरों पर से गुज़रते हैं तो नायाब इश्क का वह सिरा घर की औरत का होता है।''

''साहब यह ताजमहल, मुगलिया तहज़ीब के अजीबोग़रीब दास्तान का एक दस्तावेज़ है...मुग़लिया शानोशौकत का नायाब नमूना है जो इस ज़मीन पर सैकड़ों साल से शान से खड़ा है।'' गाइड कह रहा था–''बरसात के दिनों में एक आँसू की बूँद मुमताज की क़ब्र पर गिरती है...'' पापा ध्यान से सुन रहे थे, माँ अपने काले चश्मे के पीछे आँखें पोंछ रही थी, परन्तु मुझे वह सफ़ेद चमकदार पैलेस बहुत मिस्टीरियल लग रहा था...किसी 'फेयरी टेल' की लव-स्टोरी...की तरह...पापा कह रहे थे वह मुग़ल बादशाह था–यह 'मुगल' क्या होता है...? यह लव स्टोरी क्या होती है...?''

माँ बुदबुदाती समझा रही थी...''लव कुछ नहीं होता, रूबी, और शादी, बस यह एक अरेंजमेंट है...एक सर्टीफिकेट टू गेट मैरिड, इनसान को प्रैक्टिकल होना पड़ता है। ये आदमी लोग की जात बड़ी सेल्फिश है, ये सब के सब औरत को राइज़ नहीं करने देना चाहते, वह नहीं चाहते औरत उनकी स्लेवरी से बाहर जाये पर हरेक को इसलिए अक्ल से काम करना होता है। अपने रास्ते पर हमें खुद चलकर जाना पड़ता है। अपने डैस्टीनेशन पर खुद पहुँचना होता है, नो बाडी हेल्प्स यू...नॉट ईवन लव...प्रेम, यह बस कहानियाँ हैं। डोंट गेट डिसइल्यूजंड माई चाइल्ड...हर ताजमहल के नीचे एक मरी हुई प्रेम कहानी दबी होती है–जिसे कोई नहीं जानता...।''

पापा बार-बार माँ का हाथ दबाकर उन्हें यह सब कहने के लिए मना कर रहे थे...“शी इज़ टू यंग...जाह्नवी... लैट हर बी...उसे दुनिया अपनी आँखों से देखने दो...मत ज़हर भरो उसकी ग्रोइंग अप में प्लीज़।”

माँ चुप होकर साथ आये गाइड से कुछ पूछने लग जाती है। हम सब फ़ोटो खिंचवाने के लिए पोज़ करते हैं। मेरी माँ और पापा के साथ एक यही इकलौता फ़ोटो है—जिसके बैकग्राउंड में चमचमाता ताजमहल अकड़कर खड़ा है। एक दिन चाची, माँ को और मुझे बाज़ार के कोने पर बने सैयद तक ले जाती है—साथ वाली दुकान से लाल रंग की गोटे की ख़ूब चमकदार चादर ख़रीदकर, माँ सैयद के अन्दर बनी क़ब्र पर चढ़ाती है—इबादत करनेवाले और लोगों को देखादेखी वह एक दिया जलाती हैं, उस मजार पर जहाँ और लोग फूलों के साथ ढेर-सी अगरबत्तियाँ जला रहे थे। मैंने तो कभी कोई पूजा-पाठ, मन्दिर नहीं देखा था, अलावा आया के जीसस के...मेरे मन में भगवान की वही एक इमेज थी।

“यह क्या है माँ?”

“दीदी कह ना...रूबी—कितनी बार समझाया है...ऐनी वे,” वह चाची को देखकर बात बदलती है...“यह किसी की ग्रेव है, क़ब्र नोबल लेडी की...”

“नहीं जाह्नवी दी...यहाँ कोई डैड बॉडी नहीं है, यह क़ब्र भी नहीं है, अतिया तो रातोंरात अपने आशिक के साथ यहाँ से, अपनी मैयत से उठकर चली गयी थी, तभी तो यहाँ मुराद माँगने से मुर्दा भी ज़िन्दा हो जाता है...आप भी बेटे की दुआ माँग लो...ज़रूर कबूल होगी...”

“शिट...” माँ हाथ पकड़कर जल्दी-जल्दी बाहर निकल आयी थी, “मुझे नहीं चाहिए और बच्चा...।”

रात को चाचा के घर की छत पर, बेला, पुनिया, तरुन, चुन्नू अपने सात कज़िन्स के साथ में अकेली मैं फटी हुई दरी पर सो रही थी—सबसे छोटी... बुलबुल अँगूठा चूस-चूसकर रो रही थी, उसे चुप कराती पुनिया बुड़बुड़ा रही थी, “अम्मा पैदा किये जा रही है, ठीक से पाला तो जाता नहीं, पेट तो भरा जाता नहीं, हम सबका, पड़ी होगी बापू के पलँग पर...” हम सबसे उम्र में कुछ बड़ी मुनिया बुलबुल को पानी पिलाकर सुलाने के लिए थपकती थी।

“मैं बुला लाऊँ अम्मा को।” बेला कहती।

“चोप्प उधर जाने की ज़रूरत नहीं है...जायेगी भी तो दूध कहाँ है, जो पिलायेगी?”

तो क्या दूध नहीं है इनके पास? फटी दरी पर क्या किसी को भी नींद नहीं आती? कमरे में एअरकंडीशनर लगाकर क्यों नहीं सोते थे लोग? अपने

सवालों का उत्तर पाये बिना ही मैं आगरा से आ गयी थी। बाद में पापा ही कभी-कभी जाते थे, कभी मुनिया की शादी में या कभी ज़मीन-जायदाद की लिखा-पढ़ी के लिए। मैं जी-जान से अपनी एम.बी.ए. की पढ़ाई करने में लगी रही थी। मैंने फिर से पूरे विश्वविद्यालय में सबसे अधिक अंक पाये थे, मैरिट पर पास कर लेने पर कुछ बैंकों से नौकरी के ऑफर घर बैठे ही आ गये थे, फ़ैसला मुझे लेना था।

पापा को बिजनेस के सिलसिले में यात्राएँ व्यस्त रखती थीं और माँ अपने डिप्रेशन से दूर रहने के लिए किसी इंस्टीट्यूट में भरतनाट्यम सिखाने चली जाती थीं। एक बार चाचा आये थे—उनके पकड़े झकझक सफ़ेद नहीं थे; चाची तेरहवें बच्चे को जन्म देती स्वर्ग सिधार गयी थीं, 'दारोगा शर्बत' अब कोई नहीं पीता था, इक्कीसवीं सदी में और बहुत कुछ था पीने के लिए—रेस्टोरेंट के साथ शर्बत का कारखाना बन्द हो गया था, बुलबुल गली के किसी मनचले के साथ भाग गयी थी—बहुत-सी समस्याएँ—इतने बच्चों का भविष्य? फिर पापा के साथ ज़मीन-जायदाद का झगड़ा। घर का सामान, बिकने-बिकाने की प्रक्रिया में टूटते बेटे-बहुओं के रिश्ते, भटकन, गरीबी पर गरीबी, मैला होता कपड़ों का सफ़ेदपन। तुम भी तो कह रहे थे इक्कीसवीं सदी में रिलेशनशिप की कोई कीमत नहीं होती—और फिर उन रिश्तेदारों को, कमज़ोर झुकी चाची, दरी पर सोती पुनिया, बेला...छाती पर क्रास बनाती आया, क्यों हैं यह सब लोग? पापा का कोर्ट-कचहरी भुगतान, चाचा को गालियाँ देना, बॉलकनी में बेतहाशा पीना क्या होते हैं ये सम्बन्धों में बँधे लोग? एक महान रहस्योद्घाटन—जिसके लिए मेरे पास तो समय नहीं है। मेरा ध्येय, मेरा मिशन तो आसमान है, मुझे अपने बैंक के 'जॉब' के लिए दिल्ली आना है, दूर, कुतुबमीनार की ऊँचाई पर खड़े होकर संसार देखना है। नहीं, इस समय मेरे हृदय में कोई भी भावनाएँ, इमोशंस, संवेदनाओं यानी फैमिली टाइम जैसा कुछ नहीं है। क्या होती है कौंशसनैस? किसने कहा दिल धड़कता है? हाँ, पापा के दिल की हार्ट-बीट्स मैंने उनके कार्डियोग्राम में देखी है, क्या अहमियत है उन लकीरों की? क्या?

आया, दिल्ली जाने से पहले मुझे ईसा मसीह की तस्वीर के आगे ले जाकर माथे और दिल पर क्रास बनाकर कुछ लकीरें खींचती है, गले में एक पतली-सी चेन पहनाती है, जिस पर नन्हा-सा क्रास टँगा है। मेरे लिए पहला तोहफा है यह, मुझे तो कभी किसी ने कुछ नहीं दिया। माँ को पता नहीं क्या हुआ है? वह भी मुझे ढेर सारी सीढ़ियाँ चढ़ाती, बाबुलनाथ ले जाती है...देवता के सामने क्या कहना है उन्हें नहीं आता, हम दोनों औरों की तरह माथा झुकाते हैं। अजीब

हैं यह भगवान लोग भी, कैसी-कैसी मुश्किल जगहों में रहते हैं, हर बार नये मास्क लगाये, कैसा होता होगा उनका असली चेहरा? फिर एक जगह टिककर रहते भी नहीं हैं भगवान, कभी चाची के 'सैयद' में, कभी आया की दीवार पर, अब यहाँ। माँ के नृत्य में कृष्ण भगवान का रास मुझे याद है, कितनी गोपियों से किया था रोमांस कृष्ण जी ने। उनके चरित्र को तो बुरा किसी ने नहीं कहा, उनके लिए कुछ भी तो फारबिडन नहीं था और राधा-गोविन्द...वाले भवन में मुझे बताया था माँ ने कि राधा उनकी शादी की हुई वाइफ नहीं थी, तो फिर यह जुड़ा नाम? मैं तो किसी धर्म को नहीं मानती, पर देख रही हूँ इन दिनों माँ कुछ किताबें पढ़ती रहती है, 'थियरी ऑफ़ कर्मा' पर कुछ कह रही थी, और उसकी सहेलियाँ सुन भी रही थीं—कुछ शब्द काफ़ी पोइटिक लगे थे मुझे—मैंने पूछा तो बता रही थी 'टू बी रिलीजिस, धर्म पर बात करना फैशन है। हम सब आजकल गीता, रामायण या इंडियन फिलॉसफ़ी पर बात करते हैं।' मुझे लगा भगवान की तरह माँ के भी कई मुखौटे हैं, जो बदलते हैं। डांसर का...बीवी होने का, या फिर अब धार्मिक हो जाने का...तो असली मुखाकृति क्या होती है? कमरे में बजते भजनों के रिकार्ड जिनकी सभी धुनें फ़िल्मी गानों पर बनायी गयी हैं। 'फिलिप टॉप' वाले नम्बर्स। ऐ इक्कीसवीं सदी के सुपरमैन क्या तुम जानते हो भगवान के निकट पहुँचने के संगीत को 'अनहद-नाद' कहते हैं, तुमने उसे कभी सुना है? चलो छोड़ो उन दकियानूसी आवाज़ों को, मेरे क़दमों की आवाज़ इस समय सबसे महत्त्वपूर्ण है—उसे ही कान खोलकर सुनो, मेरी पदचाप में आत्मविश्वास का बल है और मेरे हाथ में एम.बी.ए. की डिग्री...दिमाग़ में ढेर सारी इंटेलीजेंस, मैं सधे क़दमों से चल रही हूँ।

मैं अपने दफ़्तर के सब लोगों को बेवकूफ़ समझती हूँ—नहीं, मेरे रास्ते पर खड़े होकर हँसने की ज़रूरत नहीं है। मैं हर तरह का चैलेंज लेने को तैयार हूँ, तुम कितना भी कारीगरी का कचरा डालो, पुल नहीं बना पाओगे, तुम अपने मानने से अद्वितीय नहीं ठहराये जाओगे, तुम्हें भी प्रूव करना है, मुझे भी वैसे भी अब तक दफ़्तर में सभी जान गये हैं कि सारी डील्स, प्रेजेंटेशन मुझसे बेहतर और कोई नहीं कर पाता, मैं अपने काम के प्रति सौ प्रतिशत ईमानदार हूँ और बहुत लगन से, सीरियसली निभाती हूँ, अपनी सारी की सारी दफ़्तरी ज़िम्मेदारियाँ। अपनी कुर्सी, अपनी पोज़ीशन, अपनी स्थिति के लिए पूरी तरह कमिटेड हूँ—शायद ही मेरी शक्ति मेरा आकर्षण है जो मेरे क्लाइंट्स को खींच लाता है। वह अब मुझसे खुश है। मेरे पैरों की पदचाप अब दफ़्तर के सब लोगों के दिलों में धड़कती हैं, जानती हूँ...परन्तु मैं दिलों पर नहीं, सिर पर पैर

रखकर चलना जानती हूँ क्योंकि मेरी दृष्टि, मेरी आँखें केवल ऊपर की तरफ़ देखती हैं—आसमान मेरी महत्त्वाकांक्षा है। मैं 'बॉस' को देख रही हूँ, तो क्या? अगर वह शादी-शुदा है? मैरिड मैन के साथ अफेयर तो और भी एक्साइटिंग होता है। फिर इस दुनिया में ही सब कुछ होता है सुपरमैन, सब कुछ। हालात को वस्तु में नहीं बदला जा सकता, परन्तु अगर तुम बेहतर मकान बनाना चाहते हो तो पुराने वाले को तोड़ना तो पड़ेगा ही। निर्माण करनेवाला विध्वंसक भी होता है। माँ के गुरुजी भी तो एक घर की पुरानी खिड़की से दूसरी नयी-नवेली हवेली में प्रवेश कर जाते थे। अब अगर 'बॉस' का बसा-बसाया घर टूटता है तो मुझे क्या? 'बॉस' को भी औरों की तरह हक है कि ताज़ी हवा में साँस ले सके, मेरे व्यक्तित्व की आँधी से बच पाना उसके लिए मुश्किल हो रहा है...मेरी नयी कार, नया फ्लैट, वह सीढ़ियाँ चढ़ रहा है, और फिर मैं भी तो उसके लिए पूरी कायनात लेकर खड़ी हूँ। जबकि उसकी अपनी बीवी पागल जैसी, मनोविश्लेषकों के यहाँ इलाज के लिए जाती थी। मैंने तो 'बॉस' की घरेलू ज़िन्दगी में झाँककर कभी देखा। उसकी पत्नी, उसकी प्रॉब्लम थी। मेरी नहीं, मुझे किसी की बीमारी से कुछ लेना-देना नहीं था, तभी तो कभी कुछ पूछा भी नहीं था। नहीं, तुम मुझे इमोशनली ब्लैकमेल मत करो ऐ इक्कीसवीं सदी के महापुरुष, मैं किसी की मौत का ज़िम्मेदार नहीं हूँ। बॉस की बीवी तो बिल्कुल नहीं। बस यहाँ अस्पताल में इनसानियत के नाते आयी हूँ—नौकरशाही अपने दफ़्तरी लोगों के साथ।

अस्पताल की पार्किंग में, गाड़ी में बैठने से पहले एक चेहरा बड़ा परिचित-सा लगा, अरे ये तो बेला है, चाची जैसी कमज़ोर झुकी हुई, जिस आवाज़ में उसने मुझे पूछा—"तू रूबी है ना?" वह आवाज़ इतनी अजनबी, इतनी ठंडी थी कि मुझे सिहरन-सी महसूस हुई...

"तू?...बेला, यहाँ कैसे?"

"मेरा हसबैंड डॉक्टर है, मृत शवों का पोस्टमार्टम करता है..."

"ओह!"

"और तू यहाँ कैसे?" मुझे लगा वह अपने पथराये खोल से थोड़ा-सा बाहर खिसक आयी थी।

"मैं तो यहाँ काम करती हूँ, बैंक की वाइस प्रेसीडेंट हूँ...मेरे 'बॉस' की बीवी ने की है आत्महत्या...शायद तेरे डॉक्टर ने उसी की पोस्टमार्टम रिपोर्ट तैयार की हो...क्या नाम बताया?"

"डॉक्टर...शंकर..." डॉक्टर का नाम लेते ही वह फिर से अपने ही भीतर जैसे सिकुड़ने लगी।

"ऐनी वे, मुझे मिलना बेला, ये रहा मेरा कार्ड" मैंने अपना कार्ड थमाकर गाड़ी स्टार्ट कर ली, पता नहीं क्यों मुझे लग रहा था मेरा उससे मिलना आवश्यक-सा है, हाँ, अपने को रिश्तों में लपेटने की बात जाने क्यों अच्छी लग रही थी, वह मेरी इकलौती रिश्तेदार थी...नहीं तुम हँसो मत, मैं प्रैक्टिकल अभी भी हूँ, कुछ है जो मुझे उस तक ले जा रहा है। मैं सोचने लगी हूँ, अपने बारे में, 'बॉस' के साथ जिये रिश्ते के बारे में, उसकी दम तोड़ती पत्नी के बारे में, क्योंकि मुझे लग रहा है कि एक रिश्ता मुझमे ढल रहा है, मैं फँस-सी गयी हूँ, बच्चे का जन्म और वह भी बिना शादी किये?

मुझे बेला में एक डॉक्टरी सलाह का रास्ता दिखाई देने लगा था, तभी तो उसका फ़ोन आते ही मैंने उससे मिलने के लिए अपने को तैयार ही नहीं, इच्छुक भी पाया—उसके डॉक्टर शंकर से मिलने का भी मन होने लगा। उसका छोटा-सा घर अस्पताल के अहाते में ही बना हुआ था—एक जैसी घरों की लम्बी क़तार में आख़िरी मकान था वह साफ़-सुथरा, छोटा-सा लॉन जिसे सफ़ेद मुरइया के फूलों से लदी हरी-भरी हैज और दूसरे मकानों से अलग करती थी। बेला ने दरवाज़ा खोला, साफ़-सुथरा, दूधिया सफ़ेद घर, परदे, दीवारों और फ़र्नीचर, सोफ़े आदि सब पर सफ़ेद रंग की जैसे एक शीत चादर बिछी हुई थी, क्लोरोफार्म की दबी-सी महक। इतनी सफ़ेदी देखकर एकाएक घबराहट-सी हुई, यह घर है या मौर्चुरी, शवों का विश्राम स्थल? वर्षों बाद मिल रहे थे हम, चाचा के झकझक करते कपड़े, चाची का सैयद पर ले जाना, गली में सामने के मकानों वाली वह रहस्यमयी औरतें—शर्बत...उनसे उबरकर बेला बता रही थी, सब ख़त्म हो गया, वह सारा अतीत, शर्बत, फटी दरियाँ, गली के मुँह पर बना थड़ा, शर्बतों के कड़ाहे—सब कुछ बिक चुके थे। यहाँ तक कि बेला अपने डॉक्टर शंकर से तलाक लेना चाहती है...कारण पूछने पर वह मेरा हाथ कसकर पड़कती हुई घर से बाहर ले आयी, हम दोनों उन सीढ़ियों पर बैठ गये, जहाँ बिल्कुल सिर पर तेज़ सूरज चमक रहा था, क्लोरोफार्म की महक और घर के भीतर की दुधिया ठंडक से छुटकारा-सा मिल गया था, परन्तु जो सच बेला मुझे बता रही थी, वह धूप की तीव्र प्रखरता के बावजूद मुझे कँपकँपा रहा था। शंकर मेडिकल की पढ़ाई के समय मृत शरीरों के साथ सम्भोग करता था। शायद यही कारण था बेला के विवाहित जीवन में मौत की सिहरन गहराई तक समा गयी थी। जिस रात शंकर में इच्छा जागती वह बेला के शरीर को बाथरूम के टब के बर्फ़ीले पानी में नहलाकर बिस्तरे तक लाता था—विरोध करने पर मारता था। बेला के एक-एक शब्द की अजीब-सी डरावनी गहराई थी, जिसे सुनकर बर्फ़

की मनों सिल्लियाँ मेरी चेतना, मेरी नसों में पसर गयी थीं। सन्नाटे के बोझिल पलों में जाने कब तक हम दोनों चुपचाप पथराये-से बैठे रहे थे। ज़िन्दगी थी या अस्पताली पोस्टमार्टम—जिसे जीने की क्या मजबूरी थी बेला की? चाचा की बीमारी, बेला ने बताया। शंकर के कारण इसी अस्पताल में सालों चलता उनका इलाज दंड-बैठक लगाती अकेली बेला उनकी देखभाल करती रही थी। किसी ने भी साथ नहीं दिया था, न भाइयों ने, न ही मुनिया ने। अब चाचा की मौत के बाद जैसे अपने खोल में दुबारा लौट रही थी, बता रही थी कचहरी में तलाक के काग़ज़ भेज दिये हैं उसने। बचपन में बात-बात पर ठुनकती बेला उस पूरे वार्तालाप के बीच बिल्कुल नहीं रोयी थी, हाँ, एक स्फटिक स्वच्छ धुन्ध जैसी थी जो उसकी आँखों में जमी हुई थी, जिसमें जमा हुआ दर्द मुझसे भुलाये नहीं भूलता था।

ऐ इक्कीसवीं सदी के महामानव, मैं नहीं जानती, वह अमानवीय बीमारियाँ तुम्हारे समय की देन हैं या पुरानी हैं? मैं, शायद ज़िन्दगी में पहली बार घबराई हूँ। सुनो मैं तुम्हारी इस मल्टीनेशनल, सुपर इम्पोज्ड, ग्लोबल दुनिया में कैसे जीऊँ? तुम्हीं बताओ, कौन-सी ज़िद के सहारे? क्योंकि मुझे तुम्हारी ज़िद का पूर्वाभास है ना। और फिर कहीं भी, किसी भी समुद्री किनारे का पानी अंजुली में उठाकर होंठों से लगाती हूँ खारा ही होता है। अजीब सी बात है आया ने लिखा है, अपने पत्र में कि कलकत्ता में उसकी आंटी के घर जीसस क्राइस्ट की तस्वीर पर लगातार ख़ून बह रहा है...लाल, आदिम रक्त। अख़बार में मैंने भी पढ़ा था, क्या वास्तव में ईसा अपने को घायल महसूस कर रहे हैं या यह इस इक्कीसवीं सदी का कमाल है, या आया की आंटी जैसे अनछुई नन के जीसस क्राइस्ट का सच? या जुलाई के गर्म महीने में कचहरी के उमस भरे कारीडोर में पथराई खड़ी बेला के तलाक के केस की हियरिंग का सच? या बड़ी आहिस्तगी से मेरे भीतर साँस लेते एक नन्हे शिशु का सच, जिसका कोई नाम तय नहीं है?

न तो समय कभी रुका है, और नहीं जीवन, निश्चित ऊँचाइयाँ पा लेने के बाद हमें ही फिर से सामान्य होने में बहुत-सा समय लग जाता है। अँधेरी सर्द घाटियों से मुक्त होकर बेला यह शहर छोड़कर चली गयी। मेरा शिशु धरती पर आ गया है—जिसे मैं अपने नाम के साथ पाल रही हूँ। 'बॉस' ने भी विदेश का तबादला करवा लिया है, प्रायः सभी के शहर बदल गये हैं, मैं मुड़कर कभी नहीं देखती, जीवन की अनुभूति अकेले होने के सौन्दर्य और वरदान में बदल गयी है। तुम्हें नहीं लगता इक्कीसवीं सदी के सुपरमैन ही हमारा अन्तिम पड़ाव है, शायद इसलिए कि सारे सम्बन्ध जहाँ तक ले जाते हैं वहाँ दुर्गति और विषाद के

अतिरिक्त और कुछ नहीं है–मैंने तो केवल एक रिश्तेदारी को छुआ था...ख़ैर, हर व्यक्ति को अपने निर्णय खुद लेने पड़ते हैं–पापा की मृत्यु के बाद माँ का डांस इंस्टीट्यूट में व्यस्त रहने का निर्णय उनका अपना है–मेरे बेटे और मेरे निर्णय के बीच भी संसार नहीं है। मैं नहीं जानती यह मेरी अवज्ञा है या मेरा अक्खड़पन या मेरी दूरदर्शिता या शायद मेरी आर्थिक समृद्धता–मेरी नौकरी, मेरी कामयाबी, प्रसिद्धियाँ, जो मुझ निष्ठावान बना रही हैं। तभी तो आज बेला को होटल में देखकर मुझे बहुत प्रसन्नता हुई थी–उसने बर्फ़ीली घाटियों से उबरकर सूरज की उष्णता को ओढ़ लिया था जो उसके ढलके हुए जिस्म और फीके भावनाहीन चेहरे पर चमक रहा था।

सुनो तुम, सुपरमैन, परममानव, मैं जानती हूँ तुम कोई मनुष्य नहीं हो, तुम रियलिटी भी नहीं हो। तुम केवल मेरी कल्पना का एक सृजन हो, जिसे मैंने अपनी चेतना में स्थापित हो जाने दिया था, शायद इसलिए कि मुझे तुम्हारा चैलेंज, तुम्हारी चुनौतियाँ, तुम्हारी शर्तें नामंजूर थीं। कल्पना के आनन्दमय द्वीप में, मैं तुम्हारे मोहरे को परास्त करने में लगी रही थी। तुम्हारा अस्तित्व मेरे लिए दूध पीते हुए गनपति की तरह था, एक तसव्वुर एक गिमिक्स जैसा, तभी तो, बेला भी चेहरे पर ढेर सारा मेकअप, मास्क की तरह पोतकर चली गयी है। जीने के लिए मेकअप तो चेहरों पर लगाना पड़ता है, परन्तु मैं तौलिए से शरीर पोंछती डर रही थी। मेरी धुँधली स्मृति में कुछ उभर रहा था, आगरा की वह गली, फुलट्टी का परिवेश, ऐन्द्रिय व्यापार में जुटी संकेतों की भाषा जीती वह सब वेश्याएँ, सस्तापन, वह सीढ़ियाँ चढ़ते लोग...तो क्या बेला ने उसी सीढ़ी का प्रयोग किया है, त्याग नहीं ऐन्द्रिय सुख ही क्या हमारा रास्ता है या मजबूरी, पता नहीं? शायद वह हमारी दिशा है मंज़िल तक जाने की। पानी पर चलने के लिए नावें तो होती ही हैं, नाव में बैठा जा सकता है तो फिर तैरकर, डूबकर नदी पार करने का परिश्रम क्यों किया जाये...मुझे तुम्हारी मसीहाई से कुछ लेना-देना नहीं है...ऐ इक्कीसवीं सदी के महामानव...मेरा बोधिसत्व मैं खुद हूँ, तुम्हारे मोहरे नहीं, सुना तुमने।

पानी का रंग

बहुत दूर छूट जाने पर भी वह छोटा-सा पहाड़ी इलाका, गुल के घर के तृप्त खुम्बा के फूलों का जामुनी रंग, उनका अहसास, गुल के घर की वह अजीब-सी खट्‌टी गन्ध मेरे साथ-साथ चल ही नहीं रही थी, पूरी तरह हावी थी मुझ पर। पता नहीं शहर था या गुल, या बस की ये झटकेदार यात्रा जो उस लहरदार पहाड़ी सड़क पर सर्पीली गति से जैसे हम सब यात्रियों को जबर्दस्ती घसीट-सी रही थी। ठीक वैसे ही जैसे मैं और गुल एक-दूसरे को घसीटकर घंटों बातें किया करते या कभी एक ही कमरे में आमने-सामने बैठे इतना चुप रह जाते कि एक-दूसरे का अस्तित्व हमारे लिए खो-सा जाता था। मेरे आसपास के सभी लोग मेरा परिवार उसकी मेरी मित्रता को मिचमिची आँखों से देखते थे। गुल ही थी ऐसी। बिना इहाई देह, ढीले बेसुरे कपड़े, मैली-कुचैली—कुछ ही लोग होते हैं जो अपने शरीर को प्यार नहीं करते, बहुत कम! या शायद उनके जीवन में काम इतंना अधिक होता है कि शरीर उसकी अहमियत किसी अँधेरी शून्यता में विलीन रह जाता है। जब मुझसे बर्दाश्त नहीं होता था, खासकर उसके बिवाइयों फटे पैर, मैं उसे जबर्दस्ती 'पार्लर' ले जाती, उसका हलिया सुधारने की प्रक्रिया में लगातार वह मुझे गालियाँ देती और पार्लर की रोज़ी दुगने पैसे लेती हुई बड़बड़ाती—"कहाँ से पकड़ लाती हैं आप इन्हें...आपकी दोस्त हैं वरना मैं तो इन्हें छूती भी नहीं...बाबा रे, कितनी गन्दी है?"

"रोज़ी वह बहुत अच्छी पेंटर है...कोई मामूली शख्सियत नहीं।" रोज़ी की मुखमुद्रा में तो कोई अन्तर नहीं आता था परन्तु गुल अवश्य ही ट्रांसफार्म सी होकर उस कगार पर पहुँच जाती थी जहाँ बहुत वर्ष पहले समीर के प्रेम में डूबकर बड़ी फ़िल्मी अदा से शिमला के 'स्कैंडल पोइंट' से भाग गयी थो। आज कौन कह सकता है कि कभी गुल सुन्दर रही होगी—अमीर बाप की लाड़ली बेटी गुल? समीर के मध्यवर्गीय परिवार और एक के बाद एक तीन बच्चों को जन्म...तब से आज तक बस काम ही काम, अन्तहीन व्यस्तता कभी बच्चों का

महँगा स्कूल, कभी मकान की किश्तें—कितना कुछ था जो उसके व्यक्तित्व को तराश रहा था, कुरेद रहा था। कभी ब्रुश पकड़े पेंट करती, कभी सस्ते-सस्ते काम, पोस्टर या पत्रकारिता, पैसे के लिए कुछ भी करती। गले में पैंडल-सा झूलता चश्मा और दफ़्तरी काग़ज़ जैसे उसके अस्तित्व का एक हिस्सा बन गये थे—उसका घर भी तो कैसा था? पहली बार गयी थी तो उसके कमरे में सीली हुई हुमस थी, अजीब सी तुर्श खट्टी, फरमेंटेड सी महक और घर के उस पसरे हुए सन्नाटे में गुल की दबी-दबी सिसकियों की सरसराहट भी तो तो थी जो सारे वातावरण में धुएँ-सी घुटी हुई थी। कमरे के बाहर वरांडे में लाल-लाल आँखों से घूरता समीर अकड़ा बैठा था, खाने की मेज़ पर बेतरतीब बड़ी बोतलों में एक सुनहरा-सा पेय भरा हुआ था जिसे वह आराम से पी रहा था। परन्तु गुल के माथे पर लम्बी-सी चोट का निशान कुछ कहना चाह रहा था पर जिसे मुन्नू जी सहला रहे थे। वह तब भी हँस रही थी और तब तक फुर्तीले हाथों से बीयर के साथ-साथ ब्रेड भी बना चुकी थी बिल्कुल वैसे ही जैसे चित्रों के साथ पत्रकारिता के काम निबटाती थी। मैंने उससे कुछ नहीं पूछा था, न उसने ही कुछ बताया था—सवालों और जवाबों के दरमियान कभी कुछ नहीं होता।

बस के शीशे में एक छोटी-सी पहाड़ी झील का प्रतिबिम्ब उभर रहा था। मैंने खिड़की से बाहर देखा झील के पानी में स्वच्छता का नामोनिशान नहीं था, वहाँ केवल काई जमी हुई थी—गहरी हरी काई—वैसा ही मैलापन...जिसमें मैले शॉल में लिपटी गुल अपने उस पहाड़ी बगीचे के छोटे से मकान में घुटी रह गयी थी। हमारी इस मुलाकात ने ठहरे हुए जल से काई हटाकर अच्छा किया या बुरा, पता नहीं? बस दो ही दिन तो गुजारे थे मैंने गुल के साथ। वहाँ वह भी थी, घर भी था, उस परिचित खट्टी गन्ध से रचा-बसा। था तो वह पहाड़ी इलाका पर जैसे, मरुस्थल जैसा वीरान था, बगीचा भी तो सूख गया था—कहीं कुछ नहीं उगा था। शायद इसलिए कि वह वहाँ रह रही थी और पता नहीं जी रही थी या केवल चित्र पेंट कर रही थी। शायद इसलिए भी कि ज़िन्दगी का बयान चल रहा था और फैसला अभी बाकी था—वह थी। परन्तु दरवाज़ा खोले खड़ी औरत वह नहीं थी, बेतहाशा बोलती गुल, वह यह तो नहीं थी इतनी चुप? किन्तु गन्दगी के बावजूद कमरे में कुछ था, सृजनात्मकता की चमक से भरपूर, दीवार पर लगे दो-तीन चित्र उनकी कलात्मकता, वही था शयद, जो इस घर में जीवन्त था—नहीं तो क्या था वह अदृश्य? उम्र? बीता हुआ जीवन, या समय? जो चेहरे पर इतने सारे पदचिह्न छोड़ जाता है? कि जादुई आँखें फीकी सी हो जाती हैं और चेहरा चेहरा न रहकर बीते हुए वर्षों का कटा-फटा अंकगणित।

शायद इसीलिए मुझे देखकर उसके चेहरे पर कोई भाव नहीं उभरा था, ''तू आ गयी'' कहकर उसने मुझे भीतर आने का इशारा-सा किया—जैसे मेरा आना तय था—मैं कभी उसे कभी उसके नये चित्रों को देख रही थी—सिक्के के दो रूप। उसके चित्र सचमुच सुन्दर थे। किसी में काले सलेटी रंगों में घुलता नरकंकाल-सा बना था, किसी में पहाड़ी ढलान पर ढेर से जामुनी रंग पास की बोतल में भरे फूलों से मिल रहा था—कुछ चित्रित या कुछ जीवन्त परन्तु अभी गीले थे उसके चित्र। ''आ चल बैठ...'' वह तब तक पानी ले आयी थी, मुझे पानी पीना ही था, गन्दे से गिलास का मटमैला पानी मुझे पीना ही था क्योंकि मेरी उसकी मित्रता का बिन्दु पता नहीं क्या था? न शरीर, न घर की स्वच्छता, न खाना, न पीना, न ही उसका पेंटर होना—पता नहीं क्या?

''कपड़े बदल आ...तब तक चाय बन जायेगी।'' हाँ मुझे लगा, अपने साफ़-सुथरे कपड़ों के साथ मैं उसके वातावरण में अजीब-सी या आउट ऑफ प्लेस लग रही थी। भीतर कमरे में चली गयी तो कुर्सी पर एक शॉल पड़ा देखा...अपना कुछ वैसा ही शॉल निकालते याद आया, मेरी ननद का ऐसा ही शाल, किसी पार्टी में खो गया था, मुझे याद है उस पार्टी से गुल अचानक ही मुझे बिना बताए जल्दी चली गयी। अकसर पर्स से गुम हो जाते कुछ नोट शंकातुर तो करते थे फिर मैं उसकी चोरी की आदत से वाकिफ हो गयी थी। अभी भी तो मैं अपना पर्स बाहर कुर्सी पर पड़ा छोड़ आयी थी। चोरी या शक को बेवक्त की उदासी की तरह उतारकर मैं अपने काले का काफ्तान पर शॉल लपेटती बाहर आ गयी थी—साथ लाई किताबों और नमकीन के पैकेट उसके सामने रखती मैं उसके वातावरण में घुलने लगी थी...वह चाय का मग पकड़ाती कह रही थी—''इतना सारा लिख डाला तूने...सच बड़ी ऊर्जा है तुझमें...मैं तो बहुत काम नहीं कर पाती...जब से यहाँ आयी हूँ...या, जब से मुन्नू जी गये हैं...कितने वर्ष हो गये...सच कुछ याद ही नहीं रहता विन्नी...आई हैव लॉस्ट ट्रैक ऑफ टाइम—यह पहाड़ी इलाका ही ऐसा है...गुमसुम—चुपचाप...सब कुछ भूला जा सकता है यहाँ, समय भी तो यहाँ अर्थहीन है।''

''तू भूल गयी है क्या सब कुछ, सारे अर्थ, गुल...?'' लम्बी-सी चुप्पी के बीच खिड़की पर लटका एक लम्बा-सा काग़ज़ जिसके दोनों ओर लम्बी घंटियाँ बाँधी थीं, मीठी-मीठी आवाज़ में बज रहा था—जैसे कुछ कह रहा हो...पता नहीं क्या?

''कैसे हैं मुन्नू जी!'' मुझे वह दिन याद आ गया, बहुत वर्षों पहले, जब हम दोस्ती के साथ घरों में आने-जाने लगे थे, मेरी बेहद सफाई पसन्द आदत, मेरा भगवान पर तटस्थ विश्वास, पूजा-व्रत, नियम, पर हर समय हँसी-मज़ाक़

करनेवाली गुल अचानक ही सुबह-सुबह गुरुद्वारे जाकर माथा टेकने लग गयी थी। पता चला 'चालिया' कर रही थी, पूछने पर बता रही थी चालीस दिन रोज़ ''सुखमनी साहिब का पाठ और गुरुद्वारे में माथा टेकने से मन की मुरादें पूरी होती हैं।'' बड़ी श्रद्धा से वहाँ के जल से मुन्नू के सूखते जिस्म की मालिश भी करती थी। अठारह-उन्नीस साल का मुन्नू पता नहीं किस बीमारी से ग्रस्त लाचार दिखता था। उसी की चिन्ता में घुलती गुल अपनी कुलीग जुबैदा के साथ किसी फकीर की दरगाह पर फूलों का चदरा भी चढ़ा आयी थी। मुझसे भी वह 'महामृत्युंजय' का मन्त्र लिखवाकर ले गयी थी, जो वह हर सुबह मुन्नू के माथे पर रखकर बड़ी श्रद्धा से पढ़ती थी और उस दिन गुल और मुन्नू दोनों अस्पताल में थे। इतने बड़े ऑपरेशन के समय कोई उसके पास नहीं था, न उसकी एकमात्र बहन–न बड़ा बेटा, बस समीर और काँपती टाँगों से कभी उठती, कभी बैठती मैं। 'किडनी-ट्रांसप्लांट' कोई मामूली बात नहीं थी, वह दे रही थी; मुन्नू ग्रहण कर रहा था, माँ थी ना, माँ तो कुछ भी दे सकती है, अपने बेटे को। और शायद उसी की किडनी थी जो मुन्नू में प्राण बनकर समा गयी, वह धीरे-धीरे ठीक होने लगा–घर पर भी वातावरण 'इंफैक्शन फ्री' रखने के लिए, अपने ऑपरेशन, अपनी दुर्बलता सभी को नकारकर गुल घर का सारा काम अपने हाथों से करती–न कोई आ सकता था, न जा सकता था–तिस पर पानी की तरह बहता पैसा, समीर की बढ़ती हुई खुन्दक, लड़ाई-झगड़े...मार-पीट जो दरवाज़ों के भीतर उठते सिगरेट के धुएँ से शुरू होकर बीयर के भभके में समाप्त हो जाती थी।

मुन्नू ठीक होकर किसी स्कॉलरशिप पर विदेश चला गया। इतने वर्षों में शायद एक या दो बार आया था, परन्तु अभी तक उसकी सभी महँगी, सस्ती दवाइयाँ गुल ही भेजती थी, विदेश में उसकी यह दवाइयाँ? मैं पूछती तो कहती, ''मुन्नू कहा है, मुझे यही तो फायदा पहुँचा रही हैं।'' समीर तब तक अवकाश प्राप्त कर चुका था, पैसों की तंगी में गुल सब उलटे-सीधे काम कर डालती, पोस्टर पेंट करने से लेकर पत्रकारिता तक, दफ़्तर की नौकरी, अनुवाद का काम, यहाँ-वहाँ भागकर काम उठाना, पहुँचाना। कितने साल से चक्की के पाटों में पिस रही थी गुल। जिस्म बेचारा क्या करता, काम से थके हाथ...और फटे बिवाइयों भरे पैर–यही नहीं बड़ी किसी सामूहिक जगह से पर्सों में पैसे चुरा लेना...क्या होता जा रहा था गुल को? फिर अचानक शहर छोड़कर यहाँ आ गयी, यहाँ किसी ज़माने में उसके पिता का सेब का बगीचा था, देखभाल करनेवाले मैनेजर के लिए बना छोटा-सा घर, जिसकी काफ़ी खस्ता हालत थी,

उसमें यों अकेले रहना, मैं जैसे अपने को समझा रही थी—पहाड़ों में तिलस्मी ताकतें होती हैं—पहाड़ों में बसी शान्ति या शुद्धता किसी को भी सहलाकर, अपने आप में लौटा लाती है, तभी तो तपस्वी-संन्यासी अपना तप करने पहाड़ों पर चले जाते थे। गुल पता नहीं कौन-सा मसान साधती है? कैसी हो गयी है कि पहचानना कठिन है।

"मुन्नू की चिट्ठी आती है कभी?"

"बहुत दिनों से नहीं आयी, मैं ही बूथ पर जाकर कभी-कभी फ़ोन कर आती हूँ। वह ठीक है, खुश है, एक अच्छी-सी अमरीकन लड़की से शादी कर ली है—दोनों पी-एच.डी. कर रहे हैं...पढ़ना उसका ध्येय था ना!"

"शादी?" मैंने प्रश्नचिह्न लगाया।

"हाँ, डॉक्टर ने अलाउ कर दिया था...मैंने यहाँ भी पूछा था।" वह रोयी नहीं थी, पर जहाँ तक मुझे याद है अस्पताल से डिस्चार्ज के समय डॉक्टर ने बताया था 'ट्रांसप्लांट' के बाद ज़िन्दगी कुछ ही वर्ष आगे सरकती है...उसके बाद? एक दहशत की अदृश्य तलवार, कच्चे से उम्मीद के धागे से बँधी जैसे गुल के सिर पर झूल रही थी। वह उठकर भीतर वाले कमरे में चली गयी, दरवाज़ा बन्द हो गया, सवालों पर जैसे दरवाज़ा भेड़ दिया था परन्तु जवाब... दरवाज़े पर एक पुराना बदरंग मॉसक लगा था—भयानक राक्षसी चेहरे का लकड़ी का वह मॉस्क ही जैसे मेरे प्रश्न का उत्तर था, तभी तो ज़ोर-ज़ोर से हँसा था। परन्तु इस बार, दरवाज़ा खोलकर जो गुल बाहर आयी, वह जाने कैसे मॉस्क की कठोरता से घुलती कोई और स्त्री थी, रबड़ की सी, यन्त्रचालित-सी आत्मविहीन, मिस्त्र की ममी जैसी, जो कुर्सी पर ऐसे बैठ गयी थी, जैसे उस तरह उसका बैठ जाना, उसकी वह मुद्रा तयशुदा थी, आकृतियों की दुनिया में जीने के लिए वह इतनी विवश क्यों थी? उसे किसी तरह उस खोल से मुक्त करने के लिए, उसे अक्स की प्रतिबिम्बता से वास्तविकता में लाने के लिए मैंने कुछ भी नहीं किया, लगातार बोलती रही, पानी पिलाया, चाय पिलायी। उसे पढ़ना पसन्द था, कुछ पढ़ा भी पर वह थी कि अपनी उस समाधित्व, आकृति रिक्त स्थिति से बाहर नहीं आयी। निराश होकर मैंने खिड़की से बाहर देखा डूबती हुई शाम रात में घुल रही थी, शहर की बत्तियाँ दूर कहीं टिमटिमा रही थीं, अतः मैंने उस ट्रांसफार्म्ड गुल को कुर्सी से उठाया, वह ढहती, लड़खड़ाती मेरे साथ घिसटकर बिस्तरे तक आ गयी, बदसूरत पैरों की चप्पल उतारकर उसे लेटा दिया, फटा-मैला कम्बल उढ़ाते मेरे भीतर दर्द टीस मारने लगा। कैसे हाल में रह रही थी गुल? बड़े बाप की बिगड़ी हुई बेटी, कहाँ गया माँ की वसीयत

का इतना पैसा? समीर दिल्ली में रहना पसन्द करता है, नयी गाड़ी में कभी-कभी आता है—नया 'शो-रूम'...और गुल? कैसी फकीरी, कैसी फाकामस्ती? गुल सुबह उठ गयी थी, वैसे ही जैसे कोई भी साधारणतः अपने घर में उठता है—चाय पीते हुए दिल्ली में उसके न रहने की बात पर...गुल ही बताने लगी थी, "मेरी हड्डियों में मार खाने लायक दम अब कहाँ बचा है जो दिल्ली में रहूँ...और फिर मेरे समीर के बीच कभी पुल बँधा ही नहीं, अकेला एकतरफा प्रेम पैरों की तरह दिल को भी लहूलुहान कर देता है, विन्नी मैं हूँ ना तेरे सामने?"

"तू मुझे हमेशा पागल लगी थी, गुल, बिना आगा-पीछे सोचे, समीर के प्यार में इतना डूब गयी कि शिमला के 'स्कैंडल पाइंट' से बिना माँ-बाप के बताए भाग गयी—तेरे माँ-बाप कितना विरोध करते रहे पर तुझ पर तो किसी फ़िल्मी मुहब्बत जैसा जुनून सवार था, समीर क्या था, क्या है? तेरे मुकाबले में...आज भी क्या है? कुछ बन पाया क्या?"

"प्रेम में आदमी पागल न हो तो वह प्रेम कैसा? विन्नी मैं तो जो भी करती हूँ दिल के कहने पर ही करती हूँ, फिर मुझे हिसाब आता ही कहाँ है जो समीर की हैसियत के जोड़-तोड़ निकालती...कन्वैंशनल शादी मेरे बस की बात नहीं थी जो हेमा की तरह मैं भी पापा के ढूँढ़े किसी अमीरजादे से सिर झुकाकर स्वीकार कर लेती।"

"हेमा कैसी है?"

"ठीक है, माँ की छोड़ी कोठी में अड्डा जमाये बैठी है...समीर ने उस पर कोर्ट केस किया है...मैं भी तो बराबर की हकदार हूँ, वह कहता है। हेमा यहाँ आती है—बगीचा और यह टूटा-फूटा घर भी हथियाना चाहती है...उसे भी लगता है मुन्नू जी? साल बीत रहे हैं ना।"

"चल छोड़" मैं उसे डिप्रेशन से उस बिन्दु से वापिस ले जाना चाहती थी। दरवाज़े के निकट छोटी-सी उस बगीची में बहुत से फूल लगे थे, खासतौर पर जामुनी रंग के...बात बदलने के लिए ही कहा—

"अरे बड़े सुन्दर फूल हैं, क्या नाम है इनका?"

"अंग्रेज़ी में इन्हें 'आइरिस' कहते हैं। तुझे पता है ये फूल कब्रिस्तान में क़ब्रों के निकट लगाये जाते हैं...?"

"तो तूने क्यों लगाया इन्हें?"

"अरे, ये तो हमेशा-हमेशा से यहाँ थे, 'सीमेट्री ज्यादा दूर नहीं है ना यहाँ से, वह देख झील के उस किनारे पर...और फिर मुझे क्या फर्क पड़ता है—खैर, तू घबरा मत, मैंने उनका नाम बदल दिया है। मार्कण्डेय पुराण में नर्क के

कगार के फूलों का वर्णन आया था कि वह सभी फूल जामुनी रंग के होते हैं और उनका नाम है—'तप्तखुम्बा', अकेले निर्जन प्रदेश के फूल या शायद लावारिस-फूल।'' अपने ही में खोयी हुई गुल कह रही थी, ''अपनी इस ज़िन्दगी में किसी भी चीज से मुझे लगाव नहीं हुआ विन्नी। कभी किसी चीज ने मुझे आकर्षित नहीं किया। माँ के घर कितना कुछ था, बेशकीमती सामान, जेवर, कपड़े-फर्नीचर मैंने कभी कुछ नहीं उठाया, कुछ नहीं बाँधता मुझे...मैं शायद किसी भी नॉस्टेल्जिया में जी ही नहीं सकती।''

तभी खिड़की में टँगी वह अजीब लम्बोतरी घंटी हवा में हिलने लगी। 'हल्लो मुन्नू जी' वह मुड़कर बोली—''इसे मुन्नू जी ने भेजा है, जापानी गुडलक का चिह्न बना है उस काग़ज़ पर, पिछले साल उन्हें अपनी थीमिस पर एक हजार डॉलर का पुरस्कार मिला था—उसी खुशी में भेजा। ये घंटियाँ जब भी बजती हैं विन्नी मुझे लगता है मुन्नू जी मेरे पास हैं, मुसकरा रहे हैं...वह ठीक हैं इतना मान-सम्मान है उनका, उनके शरीर में मेरी किडनी ठीक से काम कर रही है...'' और गुल अपने सपने में ही चलती भीतर के कमरे में गायब हो गयी। जब बाहर आयी तो शायद मेरे कारण ही साफ़ कपड़े पहनकर नहा-धो आयी थी। ''चल खाना रेस्तराँ में चलकर खाते हैं विन्नी मेरे पास कुछ ख़ास नहीं है तुझे खिलाने लायक।''

''ठीक है।'' मैं खड़ी हुई, मैं भी बाहर जाना चाहती थी, कल से कुछ खाया नहीं था—ना उसने ना मैंने। ''कल रात तू...अच्छा जाने दे ये बता कि तू क्या खाती है, ब्रेड बदबू मारती या खाना कभी बनाती ही नहीं? और समीर...वह क्यों नहीं देखता तेरी ज़रूरतें?''

''तू ही तो है विन्नी, जो ठीक से जानती है...मेरी ज़रूरतें क्या हैं? और फिर समीर वह तो मेरे साथ कभी भी नहीं था...मेरे लिए प्रेम का रास्ता काँटों और उलझनों का था बस, और शादी का घोषणा-पत्र, कैसी अजीब सत्यता का?'' पहली बार कहा था गुल ने—वह, जो मैं मानती थी।

हमारा रेस्तराँ आ गया था, बीते हुए वर्ष गवाह थे कि किसी भी रेस्तराँ में बैठकर हमने कितना कुछ जिया था साथ-साथ, बेहिसाब बातें की थीं। हमारे चुपचाप बैठे पलों का भी लम्बा इतिहास थे ये रेस्तराँ। वहाँ के पेपर नैपकिनों पर रखी हुई हमारी रचनाओं की नींव, कहानियों, उपन्यासों के अलावा उसकी चित्र प्रदर्शनियों के थीम, मेरे शोध-कार्य का काम सभी कुछ जीवन्त हो उठा था। मुझे याद है ऐसे ही एक बार हम रेस्तराँ में कॉफ़ी पी रहे थे...समीर आँधी-तूफान सा आया और गुल को घसीटता हुआ ले गया—उसे शक था कि

गुल अपने गुरु समान इन्दर से प्रेम करने लग गयी है, उस दिन पहली बार मुझ पर समीर के व्यवहार का राज खुला था, मुन्नू जी के फ़ोन करने पर जब गुल को देखने गयी थी तो—समीर की मारपीट, मुन्नू की बीमारी, घर की हालत सभी कुछ...तब से जैसे गुल मेरे ज़िम्मे आ गयी थी डॉक्टर, दवाइयाँ, उनके बिल...?

तब गुल ने इतना भर कहा था, ''गलत पैर रख देने से सभी कुछ गलत हो जाता है ना, बच्चे हो जाते हैं, आप किसी की मिल्कियत हो जाते हो...जिसका वजूद बैडरूम के डबल बैड से ज्यादा कुछ भी नहीं होता...इन्दर से प्रेम...वह हँसी थी, शरीर क्या फिर शरीर होता है क्या? विन्नी तुझे पता है कभी-कभी मौत भी अपने पीछे मृत लाश नहीं छोड़ जाती...।''

छोटे से उस रेस्तराँ के कोने में एक गिलहरी मरा हुआ तिलचट्टा खा रही थी। मैंने बहुत दिन बाद गिलहरी देखी थी, ''ओह...गिलहरी कैसे मजे से खा रही है अपने कमज़ोर शिकार को।''

''सरवाइवल ऑफ फिटेस्ट...'' गुल ने कहा। उसकी पीली आँखों में अजीब सी पिलाई तैर आयी थी...मैं सोच रही थी उसकी ये पिलाई हमेशा की तरह किसी रोशनी की किरण से क्यों नहीं मिलती...इतनी बुझती हुई क्यों है?

रेस्तराँ का छोकरा दो प्लेटों में खाना रख गया था, और उस दिन का अख़बार भी...। ''जब भी बाहरी दुनिया की याद आती है विन्नी मैं यहाँ आ जाती हूँ...यहाँ 'त्रिवेणी जैसे पराँठे मिलते हैं, बस खाने के साथ अख़बार भी पढ़ लेती हूँ...चलो देखें इस बार कौन-सा मिसाइल छूटा, किसने छू लिया चाँद को?'' वह अख़बार मेज़ पर फैला लेती है—एक पृष्ठ पर भुवनेश्वर के निर्वस्त्र साधु का चित्र छपा था जो 'विशुभ-संक्रान्ति' के अवसर पर नंगे पैरों जलते हुए अंगारों पर चल रहा था—परन्तु पैर नहीं जले थे उसके।

''अजीब है न यह हठयोगी, आग भी अजीब है अपना कर्म नहीं निभाया, कैसे खड़ा है...निर्विकार...'' मैंने कहा—''घड़ी दो घड़ी आग पर चलता तो तमाशा होता है, कुछ लोग तो उम्र भर आग पर चलते हैं...और चर्चा नहीं होता।'' वह तेज जलती हुई कॉफ़ी का कप उठाकर गटागट पी गयी...एक ही घूँट में, एक ही साँस में।

घर पहुँचे तो कमरे में कुर्सी पर एक बड़ी सजी-धजी महिला बैठी थी—एक ठंडी-सी 'हैल्लो' कहकर गुल भीतर चली गयी। मैं वहीं बैठ गयी, वह गुल से कुछ बड़ी लग रही थी—ख़ूबसूरत साड़ी, कटे हुए बाल, गहरा मेकअप, बड़ा-सा पर्स जिसके साथ ही मेज़ पर उसकी लायी एक पत्रिका पड़ी थी 'द ट्र मर्डर स्टोरीज़' काली पृष्ठभूमि पर कुछ चेहरे बने थे और अधनंगी विदेशिनी के जिस्म से गिरता

ख़ून, दर्द का चेहरा, या फिर बड़ी प्रभावशाली आँखों और लम्बे सफ़ेद घुंघराले बालों वाले न्यायाधीश का चेहरा, कानून का चेहरा, आतंक का चेहरा। एकाएक हवा के झोंके से मुन्नू जी की भेजी पतली नन्हीं-सी घंटियाँ टुनटुनाने लगीं...

"ये कब ख़रीदा तूने...ख़रीदा या चोरी किया?"

"छिः हेमा...ये तो मुन्नू जी ने भेजा है जापान से, उनको अवार्ड मिला न उसी खुशी में...।"

"कमाऊ बेटे कुछ भेजते हैं तुझे? या बस घंटियाँ ही बजाते हैं...कितना पैसा बहाया उसके इलाज पर कुछ तो लौटाया..."

"हेमा पैसा ही तेरे लिए सब कुछ है...तू इतना सब तो ले चुकी मुझसे... और फिर तुझे पता ही है...कितना पैसा विन्नी, ने दिया अस्पताल में, मिली ना विन्नी से..." फिर मेरी तरफ़ देखकर बोली..."विन्नी ये है मेरी बहन हेमा..."

"ओह" वह उठ खड़ी हुई...झटपट गुल की पेंटिंग, उसके बनाये चित्र अख़बार के काग़ज़ों में लपेटने लग गयी...बस चार महीने में इतना ही बनाया, यो ये तेरी विन्नी ले जाती है तेरी तस्वीरें...ये कब से आने लगी है यहाँ?"

अपमान से जलती मैं देखती रही। गुल बीयर का जग ले आयी थी—चाय की केतली के साथ हेमा के लिए सैंडविच। हाँफती हुई बोली..."हेमा, विन्नी यहाँ पहली बार आयी है...उसे क्या लेना-देना है...मेरी पेंटिंग्स से।" यह ज़ोर-ज़ोर से साँस ले रही थी और एकाएक उसकी आँखों में पीला रंग हल्दी हो रहा था। मैंने ही कहा, "हेमाजी अच्छा हुआ आप गा गयीं, इसको इलाज की ज़रूरत है—देख तो रही हैं कैसी हो गयी है...आप इसे शहर ले जायें...इसे नशे की अँधेरे खाइयों से बचा लिजिए। कितनी बीयर पीने लगी है ये...?"

"पहले ये बताओ तुम्हारा क्या इंटरेस्ट है यहाँ, क्यों आयी हो—किसलिए खर्च करती हो गुल पर, क्यों इतने रुपये बहाये इसके और मुन्नू जी के ऑपरेशन पर?" मैं स्तब्ध उसको, गुल की एकमात्र बहन को फटी-फटी आँखों से देखती रही—मेरे पास जवाब भी क्या था? वही क्रूरता से बड़बड़ाए जा रही थी—"तभी मैं सोचती थी इसकी पेंटिंगें जाती कहाँ हैं? कीमत बढ़ गयी है ना इनकी, समीर का शोरूम इन्हीं की बदौलत चल रहा है...लोग तभी तो पता पूछते हैं इसका।"

गुल बीयर के गिलासों में डूबती जा रही थी, पहली शाम जैसी तन्द्रा टूटे हुए बादल-सी...उस पर फिर मँडराने लगी थी। मैं उठ खड़ी हुई पर्स में टटोलकर देखा वापसी का टिकट था, परन्तु रुपये-पैसे नदारद थे—एकमात्र मुड़ा सौ का नोट, कोने में फँसा रह गया था—काफ़ी था सफ़र के लिए, सोचकर चल पड़ी

टुनटुनाती घंटी का डूबता स्वर और मॉस्क लगा वह दरवाज़ा मेरी पीठ पीछे बन्द हो गया था।

अब तक बस किसी कच्चे रास्ते पर उतर आयी थी, काई लगी झील 'पितलायी आँखों' से ओझल हो चुकी थी। एकाएक पहाड़ी शाम और गहरे ढलान से नीचे जाती बस...दिल जैसे बैठा जा रहा था। मैंने आसपास देखा, सभी दशहत में थे—एक तरफ़ जानलेवा खायी दूसरी तरफ़ यह गहरा ढलान... मैंने डिप्रेशन में डूबते अपने दिल से सवाल किया, या शायद बहुत पहले पुराने सवाल का जवाब माँगा, "गुल! मेरा क्या इंटरेस्ट है इसमें? क्या?" परन्तु कुछ आत्माएँ जवाब नहीं देतीं, या कुछ उत्तर अपने आप में समाविष्ट होते हैं उन्हें माना जाता है...कहा नहीं जाता...।

तभी एक लम्बी-सी रुलाई चीख में बदलती हुई...बस की छुटपुट आवाज़ों में खट्ट की आवाज़ से किसी चीज का गिरना, चीख में सम्मिलित होती कुछ और चीखें, बहुत से स्वर, चिल्लाहटें, 'ठहरो', 'रुको' जैसी दशहत धुन्ध के साथ बस की खिड़कियों में अँधेरे-सी भरने लगीं।

रिफ्लेक्स ऐक्शन, सभी ने मुड़कर देखा, एक बूढ़ी औरत ज़ोर-ज़ोर से दहाड़ें मारकर रो रही थी, हत्प्रभ-सी एक जवान लड़की बेहोश जैसी स्थिति में उसके साथ बैठी थी। बूढ़ी औरत का जो स्वर समझ आया था, "हाय मेरा बेटा...हाय मेरे लाल इलाज तो होने देता, तू तो पहले ही चल बसा।"

बस झटके से रुक गयी थी, लोग अपने-अपने मशवरे दे रहे थे, "उतारो इसे", "दिल का मरीज था, बुढ़िया इलाज के लिए शहर जा रही थी, रास्ते में ही दम निकल गया बेचारे का।" "छोटी-सी नवब्याहता बहू..." बस ड्राइवर और कंडक्टर यात्रियों से पूछताछ करने लगे...बूढ़ी माँ का सफ़ेद बालों से घिरा कमज़ोर चेहरा जाने क्या-क्या कह रहा था...हाथ जोड़ रहा था, पैर छू रहा था, पर दर्द से बड़ा है कानून? "माई हम क्या करें, कानून है लाश बस में नहीं ले जाई जाती...तुझे उतरना पड़ेगा माई, यहीं इसी वक्त।" सभी सहयात्री हाँ में हाँ मिला रहे थे, 'उतारो', 'उतारो'। "मैं कहाँ जाऊँगी...यहाँ जंगल है...मेरा बेटा...मेरे बच्चे के साथ ये सलूक...मेरे पास पैसे तक नहीं हैं...भाई के आसरे शहर जा रही थी, इलाज करवाना था।"

दयावान यात्रियों ने चन्दा इकट्ठा किया—मेरा एकमात्र मुड़ा तुड़ा नोट-पैसे पास न होने का अफसोस गम...मौन को समझ न पाने की अपनी दुर्बलता—क्या कर सकता था कोई? जवाब फिर जहाँ खामोश हो जाते हैं। वहीं शब्दों की दलाली में घुला भीड़ का विकल्प उस निर्जीव शरीर को जमीन पर उतार रहा

था—एक बूढ़ी, एक जवान औरत...आसपास बस्ती का कोई नामोनिशान नहीं। यात्री जिद्दी आँखों से पता नहीं क्या देख रहे थे—बस चल पड़ी थी, परन्तु मैं उस गति में शामिल नहीं थी, एक मुर्दा हुए इतिहास में कुछ खोजना चाह रही थी, कानून का हृदयहीन चेहरा। चाह रही थी कानून के स्टेल पुराने दकियानूसी चेहर पर से सफ़ेद बालों का झूठा, नकली विग उतारकर फेंक दूँ—कुछ तो देखे कानून, कुछ तो? मैं क्यों इतनी ज़ोर से चिल्ला-चिल्लाकर रोने लग गयी थी, पता नहीं, लोग मुझे घेर रहे थे—''आपकी रिश्तेदार थी क्या?'' ''इतनी फकीर सी, इस मेमसाहब की रिश्तेदार कैसे हो सकती है...'' ''बताइए तो क्या सम्बन्ध है आपका उसका...?'' सारा संसार सिर्फ़ रिश्ते तलाशने में लगा है, स्वार्थ से बड़ी कोई दूसरी भावना नहीं है क्या? लगा मेरे भीतर कुछ टूटकर बह गया था, कुछ...जिसे मैं बहुत साहस से अब तक रोके हुए थी—रुका हुआ बाँध प्रपात हो गया था—आँसू का पानी किसी भी आँख से बहे, क्या केवल पानी होता है आँसू नहीं? पानी का रंग इतना अहम होता है क्या?

ई मुर्दन का गाँव

टेलीविजन पर उसके जीवन का वृत्तचित्र दिखा रहे थे। फैशन-शो के कितने आयाम जिन्हें वह 'सुपर-स्ट्रक्चरलिज़्म' कहकर पेश कर रहा था। फैशन मॉडल्स आधुनिकतम वस्त्र पहने रैंप पर खास सलीके से चल रहे थे। कपड़े अपने साथ-साथ जिस्म को भी उभार रहे थे, प्रदर्शित कर रहे थे। आधुनिकता का यह अजीब पैराडॉक्स है, एक ओर वह पाश्चात्य सभ्यता को कन्धे से नहीं उतारती, उसकी नग्न नुमाइश को भी साथ रखती है। दूसरी ओर भारतीय कपड़ों पर पुरानी बुनाई, कामदानी, ज़री-तिल्ले का काम अपनी बेशकीमती सजावट के साथ प्रधानता पा रहा था। भारतीय रेशम शरीरों से फिसलकर मन के भीतरी कोने को भी गुदगुदा रहा था, एक दस्तक देता रहा। पार्श्व में भारतीय शास्त्रीय संगीत के तीव्र स्वर जल-प्रपात से बह रहे थे। अलग-अगल क्लासिकल विधाएँ मिलकर नये संयुक्त संसार की संरचना कर रही थीं। मेरे विचार से वह उतना भव्य नहीं बन पाया था, जैसे उसे होना चाहिए था। कुछ था जो छूटा रह गया था, कुछ था जो दुर्बल पड़ गया था, कुछ था जो कभी-कभी एक विकृति-सा कौंध जाता था। फैशन-सो के साथ-साथ जब वह उसके चेहरे को कभी-कभी दिखाते तो मुझे लगता—ये चेहरा अपरचित नहीं है, उसका कुछ है जिसे मैं जानता हूँ। पार्श्व ध्वनि ने उसका परिचय देते हुए बताया, "उनकी रूट्स तो इंडिया में हैं...तभी इतने साल बाद पेरिस से लौटकर...ये भव्य शो दिल्ली में आर्गेनाइज़ किया है—ही इज़ वेरी शाई...वह अपने बचपन के बारे में कुछ नहीं बताना चाहते, बस ये स्विम-सूट उनके बचपन की किसी याद के तहत उन्होंने डिज़ाइन किये हैं...मिलिए बिली से, मिस्टर बिली वर्मा से...द ग्रेट डिज़ाइनर।" तालियों की गड़गड़ाहट और शोर के मध्य वह हाथ जोड़ता मुस्कुराता चेहरा—लम्बे-लम्बे बालों से ढँका चेहरा। बहुत आधुनिक मखमली काले सूट में ढँका वह व्यक्ति, उनकी पार्टनर-हैल्पर उसकी 'आंट' का चेहरा मुझे यादों की एक दहलीज़ पर खड़ा कर रहा था।

"तुझे पता है सिद्धार्थ, ये पेरिस का डिज़ाइनर बिली वर्मा...जिसे ये लोग बड़ा शाई और क्वाइट कहकर पेश कर रहे हैं...और कुछ नहीं साला 'गे' है।"

"बाहर जाकर जाने क्या हो जाता है इन्हें। अक्सर ये औरतों के कपड़े डिजाइन करनेवाले डिज़ाइनर, ख़ूबसूरत मॉडल्स के साथ काम करते-करते विपरीयता की ओर मुड़ते हैं, 'गे' हो जाते हैं।"

मेरे दोस्त बोले जा रहे थे, परन्तु मैं बिली की उन यादों को टटोल रहा था जो मेरे बचपन का दरवाज़ा खटखटा रही थीं, बलदेव...बीलू...वही तो है वो।

मुझे याद है बचपन का वह हौदीनुमा छोटा-सा स्विमिंग पूल, जिसमें हम सब बच्चे नहाया करते थे। खासतौर पर मैं, नीलिमा और हमारे चाचा का बेटा बीलू। बीलू मेरी उम्र का था पर उसकी दोस्ती नीलिमा से अधिक थी। वह छोटी-सी नीलिमा की फ्रॉक के पीछे छुपकर कहता, 'मुझसे सिद्धार्थ भइया की तरह क्रिकेट नहीं खेली जाती, तू मुझे अपनी गुड़ियों के खेल में शामिल कर ले। मैं तेरी सहेलियों की गुड़ियों की शादी में तू-तू भी बजा दूँगा। वह अजीब तरह से उछलकर कहता या कभी रोनी आवाज़ में कहता, नीला, मुझे गाना-बजाना अच्छा लगता है, पर अम्माँ सीखने ही नहीं देतीं, कहती हैं—"गाने-बजाने का नाम लिया तो तेरी हड्डियाँ तोड़ दूँगी। मैं ज़िद करता हूँ तो मुझे कमरे में बन्द कर देती हैं...और वो मेरी विलायती आंट...मुझे वह बिल्कुल अच्छी नहीं लगतीं, हरदम अंग्रेज़ी में बात करती हैं।" एक बार बीलू ने स्कूल के ड्रामे में पार्ट लिया। लिपिस्टक, बिन्दी लगाकर साड़ी पहनकर अपनी सफल एक्टिंग और नृत्य के लिए जब इनाम लेकर आया तो चाची ने उसे ही नहीं, उसकी टीचर को भी डाँटा और फिर अपनी विलायती बहन के साथ मिलकर उसका स्कूल भी बदल दिया। बीलू की 'आंट' हमारे कस्बाई शहर, पढ़ाई की और हमारे 'इल मैनर्स' की सबसे बड़ी आलोचक थी। हर समय कोई नुक्स निकालती रहती थीं या बीलू को घेरे रहती थीं, पर बीलू उनसे नज़र बचाकर भाग आता था। मुझे भी आंट का बाँहों में लेकर लपेटना, अटपटा ही नहीं बेहूदा लगता था। एक बार तो मैंने उन्हें शीशे के सामने बैठकर सफ़ेद धागे से मूँछ-दाढ़ी के बाल उखाड़ते देख लिया था, बस, घबराकर मैं अजीब सिहरन से भरा भाग आया था।

गर्मियों की उन छुट्टियों में बुआ की डाँट खाकर नीलिमा मोटी-सी शमीज़ पहनकर ही हमारे साथ स्विमिंग पूल में नहा सकती थी। मुझे याद है, बीलू भी उसकी देखा-देखी घर की सिली मोटी बनियान पहनकर नहाने लगा परन्तु उतना ही पर्याप्त नहीं था। हम सबको लग रहा था उनके शरीरों में कोई अनजान परिवर्तन है, जो हमारी अल्हड़ता के बीच झिझक या पसर रहा था। एक दिन

हमारे बुजुर्ग सरदारजी ड्राइवर ने पूल में नहाते देख बीलू को खींचकर निकाला और घसीटता हुआ घर के भीतर ले गया। सारी प्रक्रिया बोध मात्र थी, "है जी कोई घर दा बड्डा वडेरा...?"

"कहिये क्या बात है?" चाचा घबराकर बाहर आये।

"तुआनू दिस्सदा नई...एस दा जिसम..." हम कुछ आगे सुनते, दरवाज़ा भीतर से बन्द कर लिया गया। सरदारजी के शब्द जो कान में पड़े वह इतने भर थे, "अन्दर वाड़ों भी आपणा बच्चा...कोई फड़ के लै जायेगा।"

हमें कुछ नहीं बताया गया। बीलू की मौसी ने जैसे मैदान सँभाल लिया था। वही बीलू को स्कूल छोड़ती या लाती थी। एक लँगड़ा गोरखा चौकीदार मेन गेट पर तैनात कर दिया गया था। बीलू कभी-कभी नीलिमा के साथ खेलने आता तो गुस्से से भरकर उसकी सबसे फेवरेट बाबी डॉल तोड़ डालता। दमन, जबर्दस्ती, कठोरता, आत्महिंसा नहीं तो क्या है? बहुत बार कुछ ऐसा होता है कि वह नहीं जाता, परन्तु भीतर-ही-भीतर कहीं प्रतिध्वनित होता रहता, जिसे शायद हम सुनना भी नहीं चाहते। बीलू का दूर-दूर रहना है, उसके अजीब-अजीब कपड़े, पाबन्दियाँ, चाचा के घर आते-जाते लोग, गतिविधियाँ, बदलाव, दूरियों की रचना कर रहे थे। हमारे बीच दूरियाँ पनप रही थीं।

उस दिन सुबह-सबेरे अभी दरवाज़े पर गुरखा नहीं आया था। एक रिक्शा बेझिझक भीतर घुस आया और चाचा के घर के आगे रुका। उस पर से तीन मोटी-मोटी औरतें उतरीं, मैं अपने कमरे की खिड़की से देख रहा था, वे बेहत ख़ूबसूरत थीं और उनके कपड़े भी बहुत चमकीले थे। अपने मोटे काले हाथ नचा-नचाकर वह नौकर से बात कर रही थीं। चाचा के बाहर आने पर वह इत्मीनान से बरामदे में पड़ी कुर्सियों पर बैठ गयीं, बीड़ियाँ पीती हुई बातें करने लगीं। चाचा जितना धीरे बोलते वह उतना चिल्लातीं, फिर फुसफुसाकर कुछ मंत्रणा-सीं हुई। चाचा ने भीतर से लाकर एक लिफाफा उन्हें दिया। नोटों की गड्डी को गिनकर तसल्ली करती हुई वह चली गयीं। परन्तु एक रहस्यात्मक धुआँ उनकी बीड़ियों से उगलकर वहीं थमा रह गया और जिसके रहस्य में गुम होता बीलू भी रातोंरात अपनी मौसी और चाचा के साथ लन्दन चला गया। चाची सबको बताती, 'मेरी बहन ले गयी है, अब वहीं पढ़ेगा...।' परन्तु उनके चेहर पर कोई चमक नहीं होती थी, उनका बुझापन हमें भी शून्य कर गया था। बाबूजी ने घर में बीलू की कोई भी बात करने की मनाही कर दी थी। अतः मैं और नीलिमा अपने प्रश्नों के बीच चुप खड़े रह गये थे। परन्तु हर महीने की पहली तारीख को रिक्शा पर चढ़कर आती उन औरतों का सिलसिला जारी

रहा। चाची का या आते-जाते चाचा का उन्हें नोट पकड़ाने का क्रम भी निरन्तर कुछ वर्ष चलता रहा। वर्षों के अन्तराल में बहुत समझ में आने लगा था, परन्तु मन में कौतूहल था कि ये रहस्यमय संसार के रहस्यमय मेहमान कहाँ से आते हैं, कहाँ गुम हो जाते हैं, एक बार सरदारजी ड्राइवर से पूछा तो उसने कहा, "चुप रहो बच्चों, चुप रहो, मौन में ही बीज टूटता है, वृक्ष बनता है—वृक्ष अपने आप सच को उजागर कर देगा।"

शायद इसीलिए चाची अधिकतर चुप रहतीं, पूजा-पाठ करती। आये दिन उनके यहाँ भजन-कीर्तन होता था। एक बार उनके यहाँ कलकत्ता या शायद बोलपुर शान्ति-निकेतन से आयी मंडली का कीर्तन था। पता नहीं क्यों उन्हें देखकर शरत के उपन्यासों की याद आने लगी, उन वैष्णवियों का वर्णन याद आने लगा जो गाना गाकर नायक-नायिका के गहरे मर्म समझा जाती थीं। यह मंडली 'बाउल-नृत्य-संगीत' में पारंगत थी। मिश्रित से कौतूहल में भरे हम सब सुन रहे थे। एकाएक स्तब्ध रह जाना पड़ा। मुखिया बता रहा था, "हम अपने आपको भगवान कृष्ण की गोपी मानते हैं; हमारे भीतर स्त्री-भाव प्रमुख होता है; हम प्रेमभाव से तादात्म्य जुटाते हैं। स्वामी रामकृष्ण ने सभी धर्मों की साधना की, प्रयोग किये बंगाल में और तब कृष्ण-सम्प्रदाय या राधा-सम्प्रदाय को प्रमुख माना। हम लोग उसी सम्प्रदाय के हैं, हम साधक हैं, अपने को राधा मानकर चलते हैं।" उसके बाद उनका मधुर-सा गायन हुआ जिसके मध्य उनमें से एक पैरों में घुंघरू बाँधकर नाचने लगा। बातों के दौरान पता चला, इनमें से कुछ स्त्रियों के कपड़े भी पहनते हैं और रात को भगवान कृष्ण की मूर्ति लेकर सोते हैं। बहुत बार ऐसा भी होता है कि इनमें से कुछ के शरीरों में भौतिक परिवर्तन आरम्भ हो जाता है, आवाज़ भी बदलती है और वह स्त्रियों की तरह चलने और व्यवहार करने लगते हैं। सबसे अधिक आश्चर्य की बात तो यह थी कि उनमें से कुछ को 'मासिक धर्म' आरम्भ हो जाता है। कुछ केवल 'स्त्रैण' जैसी स्थिति में रुके रह जाते हैं। बिना शल्य-चिकित्सा के, प्रेम केवल प्रेम की आकुलता, गहरायी के स्तर पर शरीर की भौतिक अवस्था को बदल देने की सामर्थ्य रखती थी। जानकर बहुत आश्चर्य हुआ, मैं स्तब्ध रह गया। "हम स्त्रैण नहीं हैं।" एक ने बताया, "अपनी उस अवस्था से, तादात्म्य से हम लौट भी आते हैं और धीरे-धीरे सात-आठ महीने बाद पुराने रूप-रंग में ढल जाते हैं।"

"वी आर डिफरेंटली एबल्ड," एक ने बताया।

मुझे लगा, बहुत सारे स्वाँग हैं इस संसार में जो मनुष्य की मनुष्यता को ही नहीं ललकारते—व्यवहारों, राजनीतिक सत्ता, यौन रवैयों और रिश्तों की प्रचलित

अवधारणाओं को भी चुनौती देते हैं। पता नहीं, ये कैसा आन्दोलन है हमारे आसपास। विक्षुब्ध नवयुवक कहाँ जा रहे हैं, हिप्पी, यीपी, बीटल्स, टेलीविजन पर कूदते-नाचते माइकल जैक्सन जैसे नचकइये, क्या हो रहा है? कौतूहल नसों में बहने लगा। सरदारजी ने वायदा किया, रिक्शा में आती उन भौंडी स्त्रियों के पास मुझे ले चलेंगे।

शहर की किसी गुमनाम गली में जिस खण्डहर होती हवेली के पास हम पहुँचे मुझे तो वह ही बहुत रहस्यात्मक लगी थी। वरांडे की दो-चार सीढ़ियाँ चढ़कर सरदारजी ने दरवाज़े पर तीन बार दस्तक दी। एक महिला ने दरवाज़ा खोला सूती साड़ी और बिना मेकअप के वह अजीब लग रही थी। मैं आ तो गया था, परन्तु अब थोड़ा-सा नर्वस होने लगा था। इससे पहले कि कुछ सोचता सरदारजी के पीछे-पीछे दहलीज़ फलाँगकर उस घर के तिलिस्म में मैं प्रवेश कर चुका था। जिस कमरे में हम खड़े थे वह काफ़ी बड़ा था परन्तु अपनी जर्जर अवस्था के बावजूद साफ़ था। एक बड़े-से दीवान पर मुँह फेरकर कोई सोया हुआ था। आसपास चार-पाँच प्लास्टिक की कुर्सियाँ पड़ी थीं, ''गुरु-गुरु वह लोग आ गये।'' हमें भीतर लानेवाली ने कहा। दीवान पर जो व्यक्ति उठकर बैठा था वह पुरुष अधिक स्त्री कम था। चेहरे पर चेचक के दाग थे, रंग भी काफ़ी साँवला था, ''ये हमारे गुरु हैं...गुरु जया...आप तो जानते हैं सरदारजी।'' मैं स्तब्ध कुर्सी पर बैठ गया। बीलू का चेहरा सामने आते ही एक भयानक सच मुझे चकराहट से भर रहा था। भीतर लानेवाली ने कहा, ''मेरा नाम सलीमा है, आपकी कोठी पर आती हूँ।'' वह हँसी उसके दाँत चमक उठे। मुझे लगा चक्कर आ जायेगा मुझे। ''आई एम एजूकेटेड, मैंने बी.ए. पढ़ा है, इफ यू वांट आई कैन स्पीक इंग्लिश...'' सलीमा ने शालीनता से कहा।

''तुम फिर इस माहौल में...?'' मुझसे प्रश्न भी नहीं किया जा रहा है। ''भाग्य की बात है, हम अब अलिंगी पैदा हुए हैं एसेक्सुअल, इसी से यहाँ रहने को मजबूर हैं।'' एक ठहरी हुई उदासी शायद उसकी आँखों का सच था।

मेरे कान ज़ोर से भन्नाये, लगा चक्कर खाकर गिर पड़ूँगा। सरदारजी ने सँभाला। ''पानी पियेंगे?'' सलीमा ने कहा। वह पानी लाने को उठी। सरदारजी ने जल्दी से जेब से कुछ नोट निकाले, ''कैम्पा दी बोतल मँगवाओ जी...तुआडे हुत्था दा पाणी किस्ताँ पी सकतेआं असी।''

बिना अपमानित हुए सलीमा ने दूसरे कमरे की चिक उठाकर आवाज़ दी, ''बद्री...ओ बद्री...जा लपककर दो बोतलें ले आ।''

''आप कैसे हैं गुरु?'' सरदारजी ने पूछा।

''बस मर रही हूँ, ये दमा मेरी जान लेकर छोड़ेगा, बीमार हूँ, मेरे सारे जिस्म में दर्द है। दाँतों में दर्द है, कुछ खाया-पिया नहीं जाता...मेरा टाइम पूरा हो गया।''

''ऐसा क्यों कहती हो।'' सलीमा ने दवाई की गोलियाँ औरे पानी का गिलास पकड़ाते हुए कहा।

''अब छुट्टी मिले...हमारी ज़िन्दगानी भी कोई ज़िन्दगानी है...बहुत झेल लिया बदनामी-बेइज्जती का ये जीवन।'' फूलते साँस को काबू करते हुए जया ने कहा।

मैं सहज हो रहा था...टूटे-फूटे वाक्यों में कहा, ''मैं आप लोगों के बारे में जानना चाहता हूँ, जयाजी।''

गुरु ने दवाइयाँ गटककर कहा, ''जन्म तो किसी के बस की बात नहीं है बेटे, पर उसे ठीक से जीने का हक तो सबको है। पुराने ज़माने में हमारे जैसे लोग 'ख़्वाजा सरा' कहलाते थे और बादशाहों के महलों, हवेलियों में रहते थे। मन्दिर-मस्जिद की पहरेदारी या जनानखानों की रखवाली के साथ-साथ हमारा काम था—इधर-उधर की गप्पबाजियों और अफवाहों को सुनकर राजा को बताना।''

''हमारा ये अड्डा पुश्तैनी है, ज़रूर किसी नवाब की हवेली रही होगी। पता नहीं, कब से हमारे जैसे किस्मत के मारे यहाँ रह रहे हैं। रह क्या रहे हैं, जून भुगत रहे हैं। हमारी समाज में न कोई जगह है, न पहचान...हम सब अछूत से भी नीच समझे जाते हैं।'' सलीमा ने कहा।

''एक और विरोधाभास है,'' जया गुरु ने अपने नकली दाँत जगह पर जमाये और पैर लटकाकर बैठते हुए कहा, ''बाँझ औरतें हमारे पास बच्चे की कामना से आतीं हैं और ताज्जुब, हमारा आशीर्वाद फलता भी है, किसी भी बच्चे का जन्म हमारे नाच-गाने के बिना पूरा नहीं होता। आशीर्वाद देते हैं तो गन्दे-गन्दे अल्फाज़ फूहड़ से गाने भी गाते हैं।'' दमे के अटैक की वजह से उसकी साँस ठीक नहीं चल पा रही थी।

ब्रदी कैम्पा की बोतल आगे करता है...उसने सलवार-कुर्ता पहना था। उसके खुले लम्बे बाल पीठ पर फैले थे। आँखें लाल और जलती हुई थीं। सलीमा बता रही थी, ''मक्का शरीफ़ में काबा जाने से पहले अगर हाजी किसी हिजड़े का हाथ चूम ले तो पुरअसर ही नहीं होता सवाब भी पहुँचता है।''

''आप लोगों का जिस्म आदमियों जैसा है फिर ठीक-ठाक कपड़े पहनकर कोई और काम क्यों नहीं कर लेते।'' मैंने अपनी सलाह दी।

बद्री ने मुड़कर अपनी लाल-लाल आँखों से घूरा, ''शरीर तो है मर्द जैसा पर दिल औरतों जैसा है बाबू, क्या काम करेंगे हम? कोई भी अधूरा आदमी क्या काम कर सकता है?''

गुरु जया ने तकिये के नीचे से मैली-सी एक तस्वीर निकाली। बदरंग उस तस्वीर की युवती काफ़ी हद तक सुन्दर थी, उसके कटे हुए बाल, विदेशी स्कर्ट-ब्लाउज़, माथे पर बिन्दी अजीब-सा विरोधाभास था, ''कौन है ये, आपकी माँ या बहन...''

''हम लोग माँ-बहन की फोटो नहीं रखते...उन्हें क्या याद करना जो खुद ही हमें इस हाल में जीने के लिए यहाँ छोड़ जाते हैं।''

''मेरी माँ तो मेरी असलियत जानने पर शॉक से मर गयी।'' बद्री की लाल आँखें और भी गहरा गयीं, ''बापू ने दूसरी शादी कर ली। अनाथालय में पढ़ना-लिखना सीखता रहा, पर बड़ा होते ही ये कमबख़्त जिस्म अपना ही दुश्मन बन गया। भद्दा होता गया। असलियत पता लगने पर मैं यहाँ पहुँच गया। तब से यही हूँ...गुरु के आश्रय में।''

''ये तस्वीर...?''

''मेरी है।'' जया गुरु ने कहा, ''मैं एक्ट्रेस बनना चाहती थी। सिनेमा में काम करने का बहुत शौक था मुझे, गयी भी थी मुम्बई पर दाल नहीं गली... यहीं लौट आयी...मुझसे पहले जो गुरु थे उन्होंने नाचना-कूदना, भौंडी हरकतें करना, अश्लील हाव-भाव और भद्दे डांस करना सिखाया। हम सबने ट्रेनिंग भी ली है। अब मैं सिखाती हूँ।''

तभी बाहर से एक कमउम्र की स्त्री दाखिल हुई। उसने कसी हुई पैंट ओर टीशर्ट पहनी हुई थी। बाल भी कटे हुए थे। चेहरे पर साधारण मेकअप था। उसने हाथ में पकड़े लिफाफे से एक काले धागे में बँधा चाँदी का ताबीज़ जया को पकड़ाया और शिष्टता से कहा, ''सूफी बाबा ने दिया है...गले में बाँध लें... ठीक हो जाएँगे आप। उन्होंने कहा है पक्की बात है...असर होगा ज़रूर।''

जया ने ताबीज़ ले लिया, उसके चाँदीपन को दाँतों से दबाया फिर सलीमा को पकड़ा दिया। सलीमा ने उसे जया के गले में पहना दिया। नये आये हमउम्र व्यक्ति से परिचय हो जाने पर मैंने पूछा, ''तुम्हारा मन नहीं करता कि तुम्हारा अपना परिवार हो, घर हो...?''

''अब तो यही परिवार है हमारा। गुरु जया हमारी सब कुछ हैं। हम सब आपस में एक-दूसरे के सुख-दुख के साथी हैं...गुरु की एक समझदार बहू की तरह सेवा करते हैं। गुरु वह खिड़की है जो बाहर के दृश्य का बोध कराती है—गुरु यानी खिड़की। जीवन पर लगी खिड़की खोलती तो होगी।''

जया की तकलीफ बढ़ रही थी। कोई पानी लाया, कोई पीठ मलने लगा। साँस ठीक होने पर हम उठने लगे, हमारे साथ ही वह भी ढोलकी उठाकर

'धन्धे' को निकलने लगे। तत्परता से सरदारजी ने पूछा, "तुआनू पता किस्तराँ चलदा है बच्चा कित्थे अम्मिआ है?"

"हस्पताल की नर्स, दाइयों, जमादारियों से हमारा कांट्रेट है बाक़ायदा, हर ख़बर के वो लोग पैसे लेते हैं," बद्री ने बताया।

अब तक सब सड़क पर आ गये थे। भीड़ के बीच एकाएक बद्री, सलीमा सभी के चेहर जैसे ट्रांसफॉर्म हो गये। वह कूद-कूदकर भद्दे मज़ाक़ और अश्लीलता में बहने लगे। मेरे चेहरे को देखकर पीछे आती पैंटवाली ने कहा, "ये सब नाटक है, मसखरापन, पैसों की खातिर रचा हुआ स्वाँग। पेट की खातिर महज़ एक धन्धा। ये वही है जो हमें सिखाता गया है...हम तो इसमें कहीं नहीं हैं।" एक कापी मुझे पकड़ाती हुई वह अपने नाचनेवालों में शामिल हो गयी...मैंने दखा उसमें कविताएँ लिखी हुई थीं...एक पृष्ठ पर कोने में कबीर की पंक्ति लिखी थी, "साधो ई मुर्दन के गाँव..."

"चल पुत्तर तेरा प्यो मारेगा मैनू, जो तूने देखा है बस देखा, जो सुना है बस सुना। कहना कुछ मत...चुप रह जाना।" शायद इसलिए पूरे रास्ते हम बेहद चुप थे। केवल सरदारजी बुदबुदाकर जाने क्या कह रहे थे और मैं वह कविताएँ उलट-पलटकर देख रहा था। मुझे लगा वह कविताएँ जैन धर्म से प्रेरित हैं। परन्तु बाबूजी डाँट रहे थे, "क्यों गये थे ऐसी जगह, शर्म नहीं आती तुम्हें, कैसे भद्दे-फूहड़े लोग हैं वह चीप, ऐसी बेहूदगी मैं सोच भी नहीं सकता...आर यू मैड...सिद्धार्थ..."

"चीप तो वह बिल्कुल नहीं थे।" हाँ, मैं सोच रहा था, "इन कविताओं में एक चुभता हुआ पागलपन अवश्य था, स्किज़ोफ्रीनिया, उसी को वरदान जैसा प्रयुक्त किया है उसने इन कविताओं में।"

"आर यू मैड सिद्धार्थ आर यू...?"

"बाबूजी, इट्स नॉट मी, वह हैं? इट्स द सरकमस्टांसेस... ।"

आज टेलीविजन पर उभरते चेहरे से लगा, हमारा बचपन एक स्पन्दन की तरह बचा रह गया है, उसके फैशन शो के किसी छोर पर टिका हुआ वह चेहरा प्रमाण था और फिर आँसू झूठ नहीं बोलते। इतने वर्षों बाद मेरी स्मृति में वह विभाजक दीवार उठ आयी थी, जिसके बनने से हमारा स्विमिंग पूल पाटा जा चुका था। चाचा की मृत्यु के बाद उनकी बहन ने हमारे मकान के बँटवारे कर दिये थे। दीवारों की परिधि में आकाश छोटा हो गया था, विभाजित हो गया था। परिधियों और हदबन्दियों के चौखट से इतिहास उभर रहा था, रहस्य का कुहासा छँट रहा था। अतीत का ही कोई भूला-बिसरा दल मुझे अपने कमरे से

उठाकर उस अड्डे तक ले आया था जहाँ मैं सरदारजी के साथ एक बार बीलू के होने के सत्य को जानने की खातिर आया था। आज वर्षों के अन्तराल के बाद देखा तो लगा, वहाँ कुछ भी नहीं है, पाताल जैसी ज़मीन खाली पड़ी थी। उस जमीन के टूटे-फूटे हाशिये पर खड़ी या खड़ा एक मैला-कुचैला भिखमंगा ज़ोर से हँस रहा था।

"साधो ई मुर्दन का गाँव...।"

परन्तु मुझे, पता नहीं क्यों, सरदारजी का जाप याद आ रहा था–

सुणिये सिध पीर नाथ। सुणिये धरति धवल आकाश।।
सुणिये दीप लोअ पाताल। सुणिये पोहि न सकै कालु।।
नानक भगता सदा विगासु। सुणिये दुख-पाप का नासु।।

"चुप रहो मेरे बच्चो, मौन में ही बीज फूटता है। मेरे बच्चो...बीज ही वृक्ष बनता है। सुनना है तो धरती को सुनो, आकाश को सुनो, पाताल जैसी ख़ाली जमीन...मुर्दन का गाँव...उसकी आवाज़ से उभरता एक जीवन्त नाम।"

बलदेव, बीलू, बिली वर्मा...डिज़ाइनर...वृक्ष की तिलमिलाहट मुझे छू रही थी, परन्तु मौन तो मुझे अभी रहना है। बेमौसम का यह मौन परिग्रह से ही निकलता है, परिग्रह के विपरीत निकलता है।

उत्क्रमण

मैं घर का एक दर्पण हूँ, एक अन्तःद्रष्टा के समान मैं किसी भी दिशा या स्थिति में बाहर-भीतर केवल देख ही नहीं पाता वरन जान भी जाता हूँ। यही नहीं 'दर्पण झूठ न बोले', इस कारण अपने भीतर झाँकनेवाले को उसकी वास्तविकता से अवगत करा देता हूँ, ज्यों का त्यों, परन्तु प्रतिबिम्ब से जानना कितने लोग चाहते हैं?

मध्यवर्गीय इस परिवार में एक माँ, बाबूजी और उनकी इकलौती बेटी अमृता रहते हैं। इनका सेवक राजेश झाड़ू बुहारी, सफाइयाँ करता, खाना बनाता, वह भी एक सदस्य है इस परिवार का। क्यों जीवन सदा नियम से विपरीत बहता है! मेरी कहानी भी माँ-बाबूजी या अमृता की नहीं है। गाँव में भयंकर भूचाल की ख़बर पाकर जब राजेश वहाँ पहुँचा तो सभी कुछ समाप्त हो चुका था। कच्चा-पक्का घर ढहकर मलबे में बदल गया था। पिता का देहान्त पहले ही हो गया था, सौतेली माँ मलबे के ढेर में दबकर दम तोड़ चुकी थी। परन्तु खण्डहरी कचरे के ढेर पर बैठी कल्याणी, राजेश की सौतेली बहन कल्याणी, उस दैवी प्रकोप से अनभिज्ञ उसे देखकर ही-ही करके बेहूदगी सी हँसती कल्याणी उसके गले से एक मुसीबत की तरह झूल गयी। राजेश उससे पन्द्रह साल बड़ा था, कल्याणी सात या आठ साल की रही होगी, बड़े होने की जिम्मेदारी निभाता राजेश उसे उँगली से पकड़कर जब डरते-डरते घर में घुसा तो माँ दालान में बिछी चरपाई पर बैठी सब्जी काट रही थी। उन्होंने आँख उठाकर देखा, राजेश के पैरों से लिपटी एक छोटी-सी लड़की और एक पन्द्रह-सोलह साल का लड़का का लड़का, बेहूदा छोकरा—"बीबीजी ये मेरी बहन है, और ये भाई, बाप तो पहले ही गुज़र गया था अब माँ भी भूकम्प के प्रकोप में चली गयी...घर ठिकाना बचा नहीं, इसी से इन्हें साथ ले आया हूँ...यूँ तो सब कहते रहे मनहूस है ये छोकरी...तेरे कौन से सगे हैं, इन्हें लावारिस बच्चों के कैम्प में छोड़ जा, पर मेरे बाप की औलाद हैं ऐसे फेक नहीं सका।"

माँ को उसकी ये मल्टीडामेंशनल ऐक्सिसटेंस पता नहीं कैसी लगी, अभी वह कुछ सोच पाती कि कल्याणी अपनी पकी हुई नाक और मकड़ा का जाला हुए बालों वाले चेहरे पर भरपूर मुस्कुराहट बिखेरती 'जय रामजी की' कहकर ज़ोर-ज़ोर से हँसने लगी...उसकी हँसी, माँ को लगा अजीब-सी है...कँपा देनेवाली, ''ओफ कितनी गन्दी है ये नहलाओ इसे'' कहकर माँ फिर अपने चाकू से सब्जी काटने में जुट गयी।

नहा-धोकर, अमृता का अपने से बड़ा फ्रॉक पहनकर कल्याणी खिली धूप सी चम-चम चमकने लगी, और किसी लहर-सी लहराती पूरे घर में घूम-घूमकर अपनी पहचान बनाने लगी। राजेश ने अपने भाई को किसी ढाबे में नौकरी दिलवा दी। वह वहीं रहने लगा। परन्तु कल्याणी इस घर के रोम-रोम में ऐसे समा गयी जैसे सदा से यहीं रहती आयी है। उसके उज्ज्वल पहाड़ी रूप के सम्मुख अमृता का शहरी रूप फीका-सा था, वह दोनों हर समय साथ रहतीं, साथ खेलतीं शाम को जब बाबूजी घर लौटते तो कल्याणी पहले भागकर उनके पैरों से 'बाबूजी' कहकर कसकर लिपट जाती, जबकि अमृता दूर खड़ी अपनी फटी-फटी आँखों से ताकती रहती, चुपचाप। कल्याणी की पकड़ में आत्मीयता होती थी और आँखों में बहता था एक तरह का स्नेह, उसी तरल स्नेह का सहारा लेकर बाबूजी ने अनौपचारिक रूप से उसे अपनी बेटी मान लिया था। उनके फैसले को और दृढ़ता दी थी उनके दोस्त जयन्त ने, ''अच्छा कर रहे हो अमरनाथ, एक गरीब लड़की, नौकर की बहन जिसका कोई फ्यूचर नहीं है, इनसान बनाना बड़ा पुण्य है, फिर तुम्हारी बेटी भी तो इतनी सुस्त-सी है...'स्लो चाइल्ड' पता नहीं ठीक भी होगी या नहीं, हो सकता है कल्याणी उसकी जगह लेकर वह कमी पूरी कर दे, देख लीजिए बड़ी होकर ख़ूबसूरत निकलेगी।''

''हाँ अमृता 'स्लो' है पर जैसे-जैसे बड़ी होगी, ठीक हो जाएगी...'' बाबूजी का विश्वास दृढ़ था।

''कोई किसी की जगह नहीं ले सकता, ये असम्भव है, हाँ कल्याणी हमारी दूसरी बेटी जैसी है।'' माँ ने कहा। कल्याणी के नाम के साथ बाबूजी का नाम जुड़ गया, उसकी एक जाति हो गयी, उसके माता-पिता हो गये, आधार हो गया और घर की सुरक्षा में मैं द्रष्टा-सा मैं, स्वीकार और अस्वीकार दोनों का अपने में तटस्थ खड़ा पाकर इस परिवार की उदारता पर बहुत गर्व करने लगा था। परम्पराओं और विरोधाभास को नकारता ये परिवार एक समस्या को इतने जीवन सत्य में बदलकर मेरी दृष्टि में और ऊपर उठ गया था। जिस घर में राजेश नौकर था, उसी घर में कल्याणी छोटी बेटी-सी आस्थावान उसी स्कूल

में पढ़ने जाने लगी जहाँ अमृता जाती थी—वह दिन पर दिन निखर रही थी। पढ़ाई में एकाएक इतनी तल्लीन होती जा रही थी कि अविश्वास होता था कि वही गँवार, पगलाई हँसी-हँसती कल्याणी है? परन्तु घर के नीचे के बुनियाद के सख्त पत्थर अभी महल का आकार ले भी न पाये थे कि अचानक बाबूजी का देहान्त हो गया। उदासी से घर में एक फुसफुसाहट की लहर तैर आयी, 'मनहूस' है। राजेश को भी घबराहट हुई, वह घबराकर अपनी छोटी-सी पत्नी और नये जन्मे शिशु को देखता रहा...क्या है कल्याणी, क्या सच है उसका? परन्तु माँ ने स्थिति सँभाल ली, बाबूजी का वाक्य उनका बन्धन बन गया था, उनकी उदारता सभी को चौंका गया—"मेरे लिए बीते हुए को देखने का कोई अर्थ नहीं है, अतीत के माध्यम से वर्तमान को नहीं परखा जा सकता, मेरे स्वर्गवासी पति ने इसे बेटा माना है—ये हमारी बेटी रहेगी..." जयन्त अंकल ने चेताया मेरे "आपने कोई कानूनी कार्यवाही भी तो नहीं की भाभी? ऐसा न हो आगे चलकर कोई परेशानी हो जाये।"

"ज़िन्दगी झूठ पर नहीं चलती ना ही ताश के पत्तों के महल होते हैं।"

पता नहीं जयन्त बाबू को कैसा लगा होगा, परन्तु मुझे उस माँ पर बहुत गर्व हुआ, बहुत और कल्याणी भी तो नित्य प्रति निखर रही थी, रूपान्तर में ढल रही थी, जो साधारण से भिन्न था। स्वर और बेस्वर एक ही वाद्य के तार से उत्पन्न होते हैं, शायद इसी से उसका छोटा वाला भाई ढाबे में चोरियाँ करता किसी जेल से गुज़रता, सुधार केन्द्र में पहुँचा दिया गया था। कल्याणी भूल से भी उसका नाम ज़ुबान पर आने नहीं देती थी, राजेश को ही 'भइया' कहती भाई दूज पर टीका करती, रक्षाबन्धन पर राखी बाँधती थी। यह भी तय था कि रोज़ सुबह राजेश के झाड़ू-पोंछा करते हाथों को अनदेखा करके ठीक वैसे ही घर से निकल जाती जैसे अमृता। पता नहीं, मस्तिष्क की यान्त्रिकता से विचार का मेल बैठता है या नहीं, लेकिन विश्वास से कल्याणी की पटरी ख़ूब बैठ रही थी, वह अपनी श्रेष्ठता पर अवश्य ही दम्भ करने लगी थी, शायद इस कारण भी कि खाद की दुर्गन्ध एक दिन अवश्य सुगन्ध के परिवेश में समाकर महकने लगती है। माँ अमृता और कल्याणी दोनों को समान समझती थी। परन्तु उनके प्रयास, डॉक्टरी इलाज के बावजूद अमृता दिमाग़ी रूप से कमज़ोर ही बनी, क्लासों में फेल होती जा रही थी, परन्तु कल्याणी अपनी स्थिति पर पैर जमाये निरन्तर चलती जा रही थी। पढ़ती तो जैसे पूरी पुस्तक को सीख जाती, घर के काम करती तो इतने सलीके से सुनियोजित कि लगता घरेलू काम, काम नहीं चित्रकला हों। कॉलेज के परिवेश में या घर के पड़ोस में हर व्यक्ति उसके

नाम से परिचित हो चला था। पूरे संसार में केवल राजेश की पत्नी से उसकी बिल्कुल नहीं बनती थी। ग्रह-नक्षत्र में उनकी भाषाएँ भी तो नहीं मिलतीं। रेखाएँ भी तो अनगिनत हैं, माथे पर खिंची हैं—हाथों पर उँगलियों की पोरों पर घूमते चक्र बनती रेखाएँ, चक्रों में अलग-अलग फ्रीक्वेंसी में घूमती रेखाएँ संसार और मनुष्य का लेखा-जोखा कैसे पेश कर सकती हैं...आश्चर्य होता था। विशेष रूप से तब जब माँ अमृता की जन्मपत्री फैलाकर उसके विवाह की सम्भावनाओं की लकीरों को उकेरने में प्रयासरत होती थी। कल्याणी कौतूहल से देखती अमृता का जन्मपत्री पर खिंचे घड़ीनुमा गोल घेरे पर नौ ग्रह बने थे। वह ग्रह जो हर क्षण भिन्न गति से परिक्रमा कर रहे थे—जैसे उनके साथ जीवन का एक पहर समाप्त हो रहा था, दूसरा आरम्भ हो रहा था। बचपन बेआवाज़ विदा ले रहा था, यौवन नयी सम्भावनाओं के द्वार खोल रहा था और जन्मपत्री की गणनाएँ किसी एक नवीन क्षितिज तक जाती रहगुज़र बनती जा रही थीं। कल्याणी का कौन-सा क्षितिज है...? शायद 'मधुप'। जयन्त अंकल का बेटा। कल्याणी को अपने सपनों में केवल उसी का चेहरा दिखाई देता था...वह मधुप को दूर से देखती—मधुप अपनी अमरीकी एम.बी.ए. की डिग्री के सुपीरियोरिटी कॉम्पलेक्स से अगल-थलग किसी ऊँचे पैडस्टल पर खड़ा दिखाई देता। उसका आधुनिक सजीला वेश उसकी चाल-ढाल में एक अजीब-सी अकड़, कल्याणी और उसके बीच खाई-सी फैल जाती। कल्याणी की साड़ी में लिपटा साधारण-सा परिवेश कभी भी मधुप को आकर्षित नहीं कर पाया था...एक बार मधुप ने कहा भी था, "अरे जब भी तुम आती हो कल्याणी, एक अगरबत्ती की महक साथ आती है। तुम्हारे, इजंट इट स्ट्रेंज..." कल्याणी उसके चेहरे की रेखाओं से डरकर अपने को दूर ही रखती।

कल्याणी की इच्छाओं को अनदेखा करती अमृता की शादी की बात...घर से उठने लगी। रिश्ते आने लगे, घर का वार्तालाप बदल गया, "मेरी इकलौती बेटी है...सारी जमीन-जायदाद इसी की है।" अमृता के गुणों के फेहरिस्त में जुड़ने लगा था वह वाक्य। उस पल कसीदा काढ़ती कल्याणी की उँगली में अचानक सूई चुभ जाती—रक्त के धब्बे प्रश्न हो जाते, "कैसा है हमारा रंग, कौन-सा है हमारा क्षितिज?"

उस दिन घर सजाया गया, अमृता को सजाया गया, नया कुछ घटित होने से सज गयी, परिवर्तन घर के हर व्यक्ति को सिहराने लगा, नया कुछ घटित होने जा रहा था। घंटी बजते ही दौड़कर कल्याणी द्वार खोलकर खड़ी हो गयी—सामने खड़ा था सुदर्शन, लम्बा कद, रूपवान, पिता के धन और व्यवसाय

की प्रतिष्ठा तथा दर्प से लैस। कल्याणी की आँखों से टकराकर सुदर्शन की आँखों में जो भाव गहराया था, उसे पढ़ना कल्याणी के लिए इतना कठिन नहीं था। मनुष्य का अस्तित्व एक आर्गेनिक यूनिट है, जीवन्त-संयुक्त शरीर जिसमें निकट से निकट और दूर से दूर कुछ भी अजुड़ा नहीं है—भाव पढ़े जा सकते हैं, अर्थ जाना जा सकता है। परन्तु एक ही झटके में कल्याणी दूर के द्वीप में जा गिरी, यह उमड़ा हुआ भाव उसके अस्तित्व के लिए नहीं था—सारा दृश्य माँ ने सँभाल लिया, सुदर्शन की उन्हीं आँखों के सामने अमृता को बैठा दिया गया—और उन्हीं आँखों ने भावनाओं को एक तरफ़ धकेलकर अमृता के साथ जुड़ी जमीन-जायदाद की फेहरिस्त आत्मसात कर ली—सब परिवर्तन चरम-बिन्दुओं पर होते हैं, कल्याणी को पहली बार लगा, परिवर्तन स्थिति के नीचे कभी नहीं होते। उसे लगा ये सभी आयोजक, सगायी में आये स्त्री-पुरुष सभी तो कैसे हैं—अति साधारण, अधकचरे और ल्यूकवार्म। कुनकुना पानी कभी आप नहीं बनता, शायद ये सब हृदय की उस विशिष्ट डिग्री के ताप से अनभिज्ञ हैं जहाँ इच्छाएँ भाप बनती हैं, उबलती हैं, वाष्पीभूत होकर ऊर्जा। में ढलती हैं। उसे एक आक्रोश घेरने लगा था, जितना वह अपनी इच्छाओं का दमन करती उतना ही उसका हृदय अचेतन होता जाता। कल्याणी को लगता जैसे-जैसे ये बात बड़ी होकर फैलती कि वह 'गोद ली हुई बेटी है' या 'नौकर की बहन है', वैसे-वैसे उसका उधार का परिवेश उससे अपने हाथ छुड़ाने लगता। वह जैसे संसार के समूचेपन से अलग सरक नद्य में घनीभूत होने लगा था। उसे लगता था वह सारे काम निबटाती, चलती रहती है, परन्तु जैसे कुछ बदल-सा गया था। अचानक ही उसे लगा कि उसके भीतर जो कुछ उमड़ा था वह समय के अन्तराल में परिवर्तित होकर मैच्योर हो गया। कल्याणी जब भी मुड़कर किसी को देखती, तो लगता जैसे देख नहीं रही थी, उसकी पनीली आँखें जैसे कुछ सोख रही थीं और उसका चेहरा भी तो कैसा भिन्न-सा हो गया था, न उसमें कोई अतीत था, न कोई भविष्य, व मात्र वर्तमान था—'आज' और कल्याणी के उस 'आज' का हल कठिन होकर उस घर के वातावरण में पसरने लगा था। अपनी आत्मा से यदि वह उन अपमानजनक वाक्यों को छुड़ाने का प्रयास भी करती तो कहीं से कूदता उसका गोल-मटोल भतीजा आकर उससे लिपटता या 'बुआ' कहकर उसकी गोदी में बैठ जाता। माँ की सुबह की पूजा मे वह शामिल रहता था, पूजा के बाद फैली अपनी नन्हीं हथेली पर प्रसाद या कला या मिठाई लेकर वह अवश्य कल्याणी के पास आता कि उसे भी अपनी उपलब्धियों का हिस्सेदार बना ले। बस वही पल होता था जब कल्याणी अपने पथराये खोल से निकलकर

कल्याणी हो जाती, गुनगुनाती, प्यार करती, लिपटाती मुन्ने को गुदगुदाती हुई जैसे मनुष्य योनि में लौट आती। पर राजेश उस दृश्य में दखल देकर बच्चे को डाँटता और घसीटता हुआ बाहर ले जाता, सप्रयास वह उन दोनों के बीच एक पारदर्शी दीवार खड़ी करना चाह रहा था जो नहीं हो रही थी।

अमृता के ब्याह के दिन पास आ गये थे। कल्याणी माँ के साथ जुटकर सारा काम सँभालती थी। उसके लिए सारी स्थिति आत्मविस्मरण जैसी थी, पर वैसा हो कहाँ पाता था। माँ की भाभी और भाई चौधरी बने आगे आकर कभी उसके हाथ से शगुन का थाल छीनकर माँ से कहते, "बहन जी बहुत सिर चढ़ा रखी है, ये नौकरानी आपने देखो तो कैसे बन-ठन के शगुन का थाल लिए आगे खड़ी है, नीची जात और घमंड कैसा है..." कल्याणी पथरा जाती, राजेश काम भूल जाता और माँ अपनी तरह से सफाई पेश करती–"भाभी मेरी बेटी जैसी है कल्याणी, ऐसी बुरी बात मत कीजिए–आप नहीं जानतीं, लड़की खरा सोना है, इतनी गुणवान है...प्लीज भाभी...?"

परन्तु भाभी के आगे माँ का कमज़ोर व्यक्तित्व जूझ नहीं पाता था, अगर भाभी चुप होती तो भाई या दूसरा कोई उसे आवाज़ दे डालता–"कल्याणी, यहाँ झाड़ू लगा देख तो बच्चों ने कितना खाना फैला दिया है..." या "कल्याणी चाय के जूठे प्याले उठा।" "कैसी सजती-सँवरती है यह नौकर की बहन।" "छोड़ो बहनजी, 'बेटी जैसी' कहना बन्द करो, यह छोटी जात क्या अपनी हुई है कभी?" कल्याणी सबसे अधिक माँ के 'बेटी जैसी' शब्द से विचलित होती, परन्तु उसे लगता अपने से बाहर किसी स्थिति से उलझने की न तो उसमें सामर्थ्य है, न ही इच्छा। तो भीतर अपनी बुनियाद में, गहरे में, अपने से ही बचने की कोशिश में वह मशीन की तरह व्यस्त रहती। आत्मपलायन तो भीतर चलता रहता था उसमें। शादी की पूर्व सन्ध्या को, पता नहीं माँ को क्या सूझी उन्होंने जयन्त अंकल को पकड़कर कहा, "भाई साहब, कल्याणी को गोद लेने के पीछे आपकी भी बहुत रजामन्दी थी, आपके सामने कल्याणी बड़ी हुई है–कितनी गुणवान है, ये आपसे अधिक कौन जानता है, आपके विचार भी ऊँचे हैं, अब आप इसे मधुप के लिए ले लें...तो मैं भारमुक्त हो जाऊँ, परिवार के सब लोग यहीं हैं–आप इन्हीं दिनों इनकी सगाई करवा दें..."

जयन्त अंकल क्रोध से छिटक गये, "भाभी मैं आपका आदर करता हूँ, इसीलिए मैं रमानाथ की मृत्यु के बाद भी आपकी हर तरह से मदद करता रहा, और आप मेरी इज्जत करने के स्थान पर मेरी इंसल्ट कर रही हैं–मेरे इकलौते बेटे के लिए आपको ये गाँव की मनहूस-सी लड़की ही मिली...कम-से-कम

बात करने से पहले सोच तो लिया होता? क्या हो गया है आपकी बुद्धि को? आई एम सॉरी मुझे आपसे ये उम्मीद नहीं थी।" वह गुस्से से उठकर जाने लगे।

माँ सकते में आ गयी, घबराकर बोली—"मुझे माफ कर दीजिए भाई साहब, मुझसे गलती हुई, मैंने सोचा था आप इन सब आम लोगों जैसे नहीं हैं...आप माफ करें मुझे, प्लीज भाई साहब।"

अचानक कल्याणी नहीं उसके भीतर का कुछ ज़ोर-ज़ोर से ही-ही करके हँसा था...माँ ने घबराकर देखा, "कोई और होता तो यहाँ से चला जाता, भाभी, पर इस शादी तक मैं साथ हूँ...फिर यहाँ कभी क़दम नहीं रखूँगा..." वह अपने हाथ का व्हिस्की का पूरा गिलास गटक गये—पता नहीं क्यों, कल्याणी को हँसी आये जा रही थी—जयन्त अंकल के चेहरे को देखकर उसे शुतुरमुर्ग की याद आ रही थी। जैसे वह जानवर अपने दुश्मन को सामने देखकर रेत में सिर छुपा लेता है, अंकल भी व्हिस्की के गिलास में डूब रहे थे—परन्तु न दिखाई देने से दुश्मन टलता नहीं, न ही स्थिति मिट सकती है। कल्यााणी सोच रही थी स्थिति सामने हो तो समाधान खोजा जा सकता है, नजरअन्दाज करके तो कोई उपाय ढूँढ़ा या किसी निशचय पर तो पहुँचा नहीं जा सकता। उस समय की स्थिति यह थी कि असुन्दर मन्दबुद्धि, अमृता दुल्हन बन रही थी, कल्याणी जैसे ही दर्पण के सामने आ खड़ी हुई तो दर्पण उसे, एक नयी कल्याणी का परिचय करा रहा था, आत्मसाक्षात्कार के उस पल में उसे ऐसा लग रहा था जैसे सभी कुछ जो हो रहा है शर्म का एक मूकाभिनय है, उसके लिए, उसकी कपड़ों में लिपटी नग्नता का एक प्रतिबिम्ब।

सुदर्शन को देखकर उसे पता नहीं बार-बार ऐसा लगता—जैसे वह उसके लिए था और जबर्दस्ती उसे किसी अदृश्य हाथ ने उसे अमृता से बाँध दिया है, वह उस दृश्य से अलग अपने काम में लगी रही, जैसे काम नहीं चित्र रोप रही हो, मेहँदी हथेली पर, धरती पर उकेरता अल्पना के रूप में या फूल-पत्तों को वन्दनवार में सँवारकर वस्तुओं का सौन्दर्य उसे अलग कर रहा था। वह साचे रही थी, 'ये सूचा चित्रित सौन्दर्य, रचयिता का आकस्मिक एकांकीपन है—और कुछ नहीं क्योंकि, किसी का भी शारीरिक सौन्दर्य, सुन्दर चेहरा स्वच्छ दर्पण होता है, क्या वह इतना कमज़ोर है कि मन के असौन्दर्य, कुरूपता या अचित्रता को छुपा पाने में असमर्थ है? तो सुदर्शन? विवाह के बाद भी स्थिति सामान्य नहीं हुई, मेहमानों के विदा लेते ही राजेश भी अपना बोरिया-बिस्तर बाँध गाँव के टिकट ले आया। माँ ने बहुत समझाया पर वह हर दलील को धकियाकर कहने लगा, "मेरे यहाँ रहने से कल्याणी की शादी अच्छे घर में नहीं होगी माँ

जी...कल्याणी पढ़-लिख गयी है। अच्छे घर ब्याही जाए मैं यही चाहता हूँ?" और वह जबर्दस्ती रोते हुए मुन्ना को घसीटता हुआ बाहर चला गया। माँ और कल्याणी बड़ी देर तक शून्य में ताकते वैसे ही बैठे रहे, निर्विवाक। कल्याणी जेसे-तैसे घर सँभालने लगी। माँ ने नया नौकर नहीं रखा, हालाँकि उसकी बी.ए. की पढ़ाई का ये अन्तिम वर्ष था और उसे बहुत मेहनत करनी थी। सुबह पूजा के बाद माँ के ठाकुरजी का प्रसाद वैसे ही पड़ा सड़ता न माँ उसे मुँह लगाती न कल्याणी। अमृता और सुदर्शन आते रहते थे, उन दिनों कल्याणी को रात-दिन काम में जुटना पड़ता था—खातिरदारी करनी पड़ती थी। अमृता में बचकानी-सी एक चहक थी, कपड़े-गहनों में लिपटी एक प्रसन्नता, माँ से वह कुछ-न-कुछ फुसफुसाकर कहती रहती। कल्याणी से उसकी मित्रता अब उतनी नहीं थी जितनी बचपन में थी। माँ भी बहुत सतर्कता से उसके गण्डे-ताबीज जुटाने में लगी रहती। सुदर्शन जिस प्रॉपर्टी के लिए अमृता को ब्याह ले गया था उसे वह अपने हर ट्रिप पर किसी-न-किसी बहाने अख्तियार करता जा रहा था। कल्याणी से उसका व्यवहार अच्छा नहीं था। वह बस पैसा समेट रहा था। यहाँ तक कि वह खर्च भेजना उसने अपने हाथ में ले लिया था।

कल्याणी जितना अधिक सुदर्शन को घर में स्थापित करती या आदर-मान देने का प्रयास करती सुदर्शन की अशिष्टता उतनी ही बढ़ती जाती, "साली आधी घरवाली होती है" उसकी शारीरिक चेष्टाएँ शिष्टता का उल्लंघन कर जाती थी, घर की समस्याएँ अलग मुँह बाये खड़ी थीं, धनाभाव बढ़ रहा था। उसे लेकर सुदर्शन जयन्त अंकल से सलाह-मशविरा करता था, जिससे जयन्त अंकल की हरकतों में भी एक कामुक बहाव आने लगा था—क्या करे कल्याणी? माँ के स्थिति से सूख आये चेहरे से, मूल्यों के पिरामिड में बन्द माँ की बेचैनी, और उसका रोज़ होता अपमान, वह निगलती जा रही थी, क्यों? शायद माँ के लिए, माँ के अपने प्रति एक दिये हुए सच्चे लगाव या शायद एहसानों के लिए। माँ का धनाभाव, माँ का अकेलापन भरने में सप्रयास लगी रहती—वह आस-पड़ोस के बच्चों को ट्यूशन पढ़ाने लगी जिससे घर का खर्च किसी तरह निकल आता। अच्छा है अमृता 'स्लो' है वह साचेती अमृता जीवन के भावनात्मक प्यार से परे है—उसका अपना द्वीप है, आइसोलेटेड आइलैंड, क्योंकि कल्याणी जानती हे उसमें कोई नहीं है, न तो वह ना ही सुदर्शन...

फ़िल्मों में जब मृत्यु का दृश्य उभरता है तो एक पनीला, दर्दमिश्रित संगीत उभरता है—वातावरण को उदास करने का प्रयास करता है, न चाहते हुए भी दर्शकों की आँखों में आँसू आ जाते हैं—परन्तु वास्तविक जीवन की मृत्यु का

संगीत से कोई रिश्ता नहीं होता—फिर भी मौत, भीतर तक कँपा जाती है, जीवन बदल देती है। एक माँ की मौत कल्याणी को इस शहरी परिवेश तक लायी थी—दूसरी माँ की मौत उसे फिर से पुराने छोड़े हुए परिवेश में लौटा रही थी। कितनी तीव्र गति से चल रहा था समय का चक्र? अवसाद में डूबी कल्याणी फटी-फटी आँखों से संसार की क्रूर व्यावहारिकता को देख रही थी—माँ के श्मशान पहुँचते ही सुदर्शन और जयन्त अंकल घर का सामान और घर बेचने में जुट गये—वह स्तब्ध मनुष्य को अमनुष्य के चोले में सिमटता देख रही थी—उसके हाथ लग गया था वह पत्र जो माँ की मृत्यु का कारण बना था और जिसमें लिखा था सुदर्शन अमृता को किसी मानसिक रोगों के अस्पताल में दाखिल कर आया है—यह जानते हुए भी कि वह गर्भ से है, उस स्थिति में अमृता जाने कैसी मानसिक विकृतियों से पीड़ित एक पाशविक यातना से गुज़र रही थी। जिस अदा से जयन्त अंकल ने उसे अपने घर में रहने का आमन्त्रण दिया था, उससे कल्याणी आश्वस्त कम घबरा अधिक रही थी। इससे पहले सुदर्शन उसके लिए कोई अमृता जैसा विकल्प सोचता, कुछ कहता—कल्याणी ने निकल भागने का फैसला ले लिया था।

उसके हाथ में राजेश का पता था—ट्रेन उसे भूपाल के उस शहरी परिवेश से दूर ले जा रही थी, उसका छोड़ा हुआ गाँव छोटा-सा, टटोलने पर भी मन में जिसकी कोई स्मृति नहीं थी, 'ढेरी' एक नाम यों ही यादों में सरसराने लगा था। शून्य से यात्रा आरम्भ करो या कहीं से भी, जीवन का मैटीरियल तो एक जैसा होता है, वही सीमेंट, वही ईंट, वही गारा, वही सारी कठिनाइयाँ। बस थोड़ा-सा उलटफेर, नये-पुराने की अदल-बदल। वह स्टेशन पर उतरती है—पत्थर की सिल पर काले अक्षरों में लिखा था—'ढेरी'—कुछ अज्ञात-सा भीतर जुड़ने लगता है—धीरे-धीरे वह पैदल ही चलने लगती है—आश्चर्य गाँव का कुछ भी अपनेपन के हाथ नहीं फैला रहा फिर भी कुछ था जो उसे गतिमान किये था। उसके पैरों को चला कर सही रास्ते पर ले जा रहा था—धुन्ध-सा अनजान कुछ उसे घेर कर चौराहे तक पहुँचा देता है जहाँ एक पुराना घण्टाघर बना हुआ था—गाँव के कच्चे परिवेश में यह ब्रिटिश राज्य की स्मृति हाथ में थामे जाने कब से खड़ा है—उसकी ऊँची बुर्जी पर रोमन अक्षरों वाली बड़ी-सी घड़ी की सुइयाँ निःशब्द सो रही थीं—समय क्या वास्तव में थम गया था—या समय उस स्मृति को थामे था जो उस घण्टाघर में गुँथी थी। गोलू ख़ूबसूरत घड़ी मिट्टी से अटी पड़ी थी। जीवन का गोल डायल या अंकपट्टी भी तो कैसी धूल-धूसरित हो उठी है? अचानक उसे लगा अमृता की जन्मपत्री पर खिंची रेखाओं की

गोलाइयों से कितनी मिलती-जुलती है ये घड़ी की आकृति, शायद इसलिए कि घड़ी का बताया हुआ समय विशेष जन्मपत्री की रेखाओं की तरह किसी की भी निर्णयात्मकता की अन्तिम अवस्था को जता सकता था जब-जब उसकी सूइयाँ समय की बाँहों में फिसलकर एक पूरी परिक्रमा करती हैं तो जीवन एक पहर एक पहलू समाप्त हो जाता है, भूकम्प से पहले भूकम्प के बाद।

घण्टाघर को यों एकटक देखते कल्याणी को लग रहा था कि उसे कोई अदृश्य आकर्षण है जो बाँध ले रहा है, खींच ले जा रहा है, वह अपने भीतर एक गति को घुमड़ते महसूस करती है, एक अदृश्य-सा खिंचाव जिसके प्रभाव से बचने के लिए वह एक खम्बे से टिककर कसकर पुरानी एक दीवार को पकड़ लेती है। उसके पैर चलना नहीं चाहते पर जाने क्या था जो उसके शरीर से निकलकर उससे उठकर गतिमान होकर घण्टाघर के वर्षों पुराने दरवाज़ों के जंग लगे तालों और साँकलों को बेझिझक फलाँगकर भीतर चला जाता है। घुमावदार सीढ़ियों से मुड़कर, चमगादड़ों के झुण्ड और पुरानेपन की दुर्गन्ध से बचता-बचाता ऊपर चढ़ता जाता है, सीढ़ियाँ जर्जर और टूटी हुई हैं परन्तु कुछ भी तो व्यवधान ही है वह घड़ी तक पहुँच गयी है—पल्लू से घड़ी की धूल, जाले साफ़ भी कर दे रही है—उसके हाथ झटके से वर्षों पहले भूकम्प के क्षण बन्द हुई उस घड़ी की उन सूइयों को हिलाकर गतिमान कर देते हैं। वर्षों से निद्रामगन वह घड़ी, जो उठती है और समय के उस पल को टिकटिकाती लयमयी ताल से चल पड़ती है। खम्बे से जुड़ी कल्याणी एकाएक चौंकती है, पत्थर की दीवार को सख्ती से पकड़े उसका हाथ जैसे सो-सा गया था। घण्टाघर की घड़ी घण्टे बजा रही थी, एक या दो नहीं पूर बारह...वह जाने कब से खड़ी है वहाँ—दोपहर के बारह बज रहे हैं—आस-पास व्यक्ति जमा हो रहे हैं—फुसफुसाहट फैल रही है, भूकम्प के बाद से रुकी घड़ी आज अचानक चल कैसे पड़ी? न कोई घड़ीसाज आया न गया—लोग कल्याणी को भी एक अजीब सवालिया दृष्टि से घूर रहे थे। कल्याणी मुड़ जाती है, हाँ बस उसी नुक्कड़ पर तो है उसका घर—सुखीराम की पक्की हवेली का पीला-रंग—वैसा ही है—कैसा...कौन-सी स्मृति? जब तक वह सोचती, उसके पैर एक अधटूटे मकान के सामने रुक जाते हैं—यही तो है मेरा घर—मुन्ना धूल के गुबार से निकलकर पास आ खड़ा हुआ 'बुआ आ गयी...बुआ आ गयी...' ताली बजा रहा है...भाभी भी जाने किस दरवाज़े से अपने राखसने हाथ पोंछती आ खड़ी होती हैं...

"कल्याणी दीदी—कब आयीं...कैसी हैं, माँ जी कैसी हैं?"

"बुआ मेरे लिए परसाद लायीं...माँ जी ने भेजा है ना..."

"नहीं मुन्ना!" वह अचानक फूट कर रो पड़ी—"माँ ही भगवान के घर चली गयीं।" अपने खाली हाथों—खाली अस्तित्व पर उसे खुद ही तरस आने लगा—एक और बोध भीतर कुरेदने लगा—धन तो था नहीं कभी उसके पास, अब क्या करेगी वह...एक अभाव जकड़ने-सा लगा उसे...मुन्ना को अपने से लिपटाकर रोने लगी—वह तो कभी रोई नहीं थी—उतने दिन का उफान जैसे बाँध तोड़ कर बह आया था। अचानक घटित हुआ ये तो...दीदी जी...माँ जी बीमार थीं क्या और अमृता बहन जी...?" भाभी पानी का गिलास लिए खड़ी थी..."वो भी पागलों के अस्पताल के किसी अँधेरे कमरे में पलंग से बँधी चीख चिंघाड़ रही होगी—पता नहीं ज़िन्दगी उसके साथ कौन-सा सलूक करेगी...पता नहीं क्या होगा उसका?" बाँध जब टूटते हैं तो किनारे तोड़ देते हैं—बेहोशी-सी नींद थकावट टूटन उसे सो जाने को विवश कर देते हैं—जाने कब तक वह सोती रहती है...एक दिन एक रात या दो दिन पता नहीं? जब उठती है तो उसे साफ़ दिखता है कि एक कष्टपूर्ण जीवन सामने ठिठका खड़ा है, घर की क्षीण हालत साफ़ थी कि बस रूखी-सूखी खाई जा सकती है। राजेश काफ़ी दूर एक अस्पताल में 'वार्ड ब्यॉय' है। दिन-रात ड्यूटी करके कभी-कभी घर आता है राशन, रुपया पहुँचाने। कल्याणी गाँव को जैसे जानती थी, यहाँ कुछ दुकानों-स्कूलों के अतिरिक्त और कुछ नहीं था—कोई लघु-उद्योग कुछ भी नहीं तो क्या किया जाये? उसने हाथ में पड़ी पतली चुड़ियाँ, गले की सोने की चैन बेच डाली—घर को गुजारे लायक ठीक किया—कुछ दिन बीत गये। राजेश भी आ गया। उसे देख खुश भी हुआ—आश्चर्यचकित भी हुआ। छः साल की कच्ची उम्र में गाँव से चले जाने के बाद कल्याणी को यहाँ के रास्ते कैसे याद रहे...भूकम्प के मलबे के कच्चे-पक्के टूटे रास्ते उसकी स्मृति में कैसे खुदे रहे गये? कल्याणी अपने भीतर टटोलती तो उसे कुछ भी सुझाई नहीं देता था, उसे अपना बीता हुआ समय या जीवन एक सड़क जैसा है जैसा माँ का था, एक रोल-अदायगी जैसा। पत्नी के अभिनय से विधवा के आयाम तक ले जाता हुआ—समय उस सड़क का गति अवरोध है, एक ऐसा गति अवरोध जिसे तीव्र गति से दौड़ते हुए तय किये जाना था, परन्तु वह जैसे उसी परिधि में पहुँच गयी है जहाँ ठिठका हुआ ठहराव है। इस गँवारू संसार में कैसे रहा जाये जिसकी उसे आदत नहीं है, न प्रेरणा है, न प्रोत्साहन, न गति—पर जीना तो है, और शायद यहीं जीना है—मुन्ना का हाथ पकड़कर उसके स्कूल चली गयी—घूमकर पूरा देख आयी—स्कूल का बड़ा—हैडमास्टर कम दकियानूसी नहीं लगा—भूकम्प की टूटन यहाँ भी मौजूद थी—कल्याणी के सुन्दर व्यक्तित्व, पढ़े-लिखे स्वरूप

से वह प्रोत्साहित तो नहीं हुआ, हाँ डर-सा गया और उसने—आधे वेतन पर उसे वहाँ काम करने की अनुमति दे दी—यह भी समझाया कि गाँव के मुखिया सुखीराम जी से भी मेल-मुलाकात रखनी है—तभी गाँव में रह सकेगी अन्यथा कुछ भी सम्भव नहीं होगा, दिन बीतते गये—वह स्कूल को सँवारने में जुट गयी—उसका अस्तित्व एक चमत्कारी रहस्य से मास्टर से सभी काम करवा लेता था—स्कूल की मरम्मत से लेकर, पुस्तकालय की योजना—थोड़ी-सी किताबों की ख़रीद-फरोख्त—सिसकता हुआ रुपया सुखीराम जी को चौकन्ना कर रहा था—'टिक-टिक' करके चलती घण्टाघर की घड़ी समय की सरसराहट से गाँव को चेता रही थी—एक नीची जाति की, मनहूस लड़की इतनी शिक्षित-इतनी सुन्दर...अभी तक उनके दरबार में क्यों नहीं पेश हुई। उन्हें आश्चर्य होता...एक नये भूचाल की आशंका जैसी उन्हें घेरने लगी थी।

भाभी दूसरे प्रसव के लिए राजेश के साथ अस्पताल चली गयी थी। कल्याणी और मुन्ना पढ़ने-पढ़ाने के लिए अकेले थे। मंगलवार के दिन मन्दिर में सुखदेव बाबू हनुमान बाबा की पूजा करवाते थे—मुन्ना परसाद का चटोरा उस दिन अवश्य भागता हुआ मन्दिर जाता परसाद ले आता था। उस दिन भी जब वह मन्दिर पहुँचा तो पुजारी जी नहीं थे—लड्डुओं का पूरा डोंगा वैसे ही पड़ा था। पुजारी सुखदेव बाबू के साथ मसान साधने गये थे...प्रकोप की आशंका, तन्त्र-मन्त्र तक ले आयी थी—मुन्ना सारे लड्डू अपने फटे कुरते में समेटता बुआ के निकट आ खड़ा हुआ—बात इतनी-सी थी—पुजारी के लोलुप ललचाये नेत्रों का आग्नेय क्रोध बहुत बड़ा था—पुजारी मुन्ना की खोज करवा, पहली बार उस फटेहाल बस्ती में घुसा—पहले तो बस्ती की कुरूपता फिर कल्याणी के घर के साफ़-सुथरे स्वरूप ने उसे आतंकित कर दिया—फिर पहली बार देखा कल्याणी का अद्भुत रूप—वह मुन्ना को घसीटकर बेदर्दी से पीटने बीच-बचाव करती पुजारी के सामने आ खड़ी हुई—"क्यों मार रहा है इसको, सब बच्चे एक जैसे होते हैं नासमझ—अगर तुम्हारा बेटा इसकी जगह मन्दिर से उठाकर परसाद खा लेता तो क्या उसे भी इतनी ही बेरहमी से मारते...शर्म-लिहाज कुछ नहीं है तुम्हें?" मन्दिर का पुजारी सन्न खड़ा रह जाता है—पहली बार किसी ने विरोध किया उसका—चिल्लाकर कहता है, "मुँह लगती है, साली मनहूस, माँ-बाप को खाकर गयी थी—कम्बख्त, अब जाने कैसी कमाई करके लौटी है—घर तो देखो कैसा बना लिया है—नीची जाति नखरा देखो...मुझसे ज़ुबान लड़ाती है, मन्दिर के पुजारी से..."

"अपमान से जलती कल्याणी चुपचाप मुन्ना को अपने से सटाए दीवार की तरफ़ मुँह करके खड़ी हो गयी—नहीं वह नहीं रोएगी, कभी रोई है क्या। परन्तु

एक अनिश्चय, एक भय उसके भीतर जाल बुनने लगा। उसे सभी कुछ, अपना भविष्य अन्धकारमय दीखने लगा। उसने सोचा—भाई के आने पर कुछ नया विकल्प सोचेगी, कौन-सा? सुबह मुन्ना को लेकर स्कूल गयी तो एक कोलाहल उसे घेरले लगा। पुजारी जी का बेटा रात को जो सोया, सुबह उठा ही नहीं, न तो वह बीमार था, न कोई चोट लगी...ऐसे कैसे जान निकल गयी? पुजारी, दुख से बावला हुआ चिल्लाता गाली बकता एक भीड़ के साथ स्कूल की तरफ़ आ रहा था—"इसी ने टोका था मेरे बेटे को...साली प्रतिमा है कोई पैदा हुई तो गाँव में भूकम्प आया, माँ-बाप सबको खा गयी।"

कल्याणी ने हैडमास्टर की ओर देखा, वह तो पढ़ा-लिखा था, परन्तु आश्चर्य वह भी एक क्रूर मुस्कान से लैस अकड़ा बैठा था। बहुत से घबराये स्वर भीड़ से उठ रहे थे—"दुष्टा है", "प्रेतात्मा है", "कौन है तू...बता तो", "घण्टाघर की सालों से बन्द घड़ी कैसे टिकटिकाकर चली पड़ी", "इतने वर्षों से कहाँ थी तू...कौन से श्मशान में मसान साधती रही, कुशक्तियाँ जुटाती रही...कहाँ से अर्जित किया यह सब तूने...बोल तो?"

वह हैरानी से आँखें फाड़-फाड़ कर ताकती रही, क्या कहे इस भीड़ से...कोई 'वनस्पति' 'ठगिनी' जलस्रोत, तारा...मनहूस...कुलच्छिनी...माँ-बाप को खाया... सहारा देने वाली माँ को खाया...मुँह बोली बहन को भी तो नहीं छोड़ा...उसे पागलखाने की सींकचों में धकेला...छल होना तो स्वाभाविक है...इसका...शिकार साधती घातिनी कौन है वह? कल्याणी अपने भीतर झाँक कर देखती है—दूर गहरे अपनी आत्मा में परन्तु उसे मात्र कुछ अपमानित, सिकुड़नी प्रतिच्छाओं के अतिरिक्त कुछ भी नहीं दिखाई दिया। उसे सूझ रहा था कि परिस्थितियों को झेलने के लिए उसे तैयार होना है, अचानक उसे ये भी महसूस हुआ कि स्थितियाँ असाध्य नहीं थीं। मनुष्य होना जीवन में असाध्य नहीं है, असाध्य होता है अपनी मनुष्यता में अपनी आत्मा को जान लेना। लोग चीख रहे थे और वह सोचे जा रही थी—क्या करें? नहीं वह अपने जीवन की इस स्थिति या जीवन के समूचे विषयवस्तु से पलायन नहीं करेगी, भागेगी नहीं, यदि जीवन में इतनी विविधताएँ हैं—तो उन्हें झेलना ही होगा। जीवन की घड़ी का गोलाकार डायल उसके भीतर टिकटिक करके बजने लगा—उसके भीतर कोई भाव नहीं था न डर, न उदासी, न ही शर्म—सारी भावनाएँ वाष्पीभूत होकर न जाने कहाँ चली गयी थीं—कुछ नहीं था—मन के भीतर—जैसे सब खाली हो गया था, पुँछी हुई स्लेट की तरह—कल्याणी दूर कहीं देख रही थी—भीड़ के उस पार—शायद जहाँ सुदर्शन भी था—लोग कह रहे थे वह उस पर माँ के सारे गहने चोरी

करके भाग आने का इल्जाम लेकर आया था...ठीक ही है—भीड़ कह रही थी, "घर बना लिया उसने सोने की चूड़ियाँ बेची हैं, और भी दबा रखा होगा।" पुजारी अलग से चिल्ला रहा था, "मेरे बेटे को ज़िन्दा कर..." और अपने बेटे का चादर में लिपटा मृत शरीर उसके पैरों के पास रख दिया था..."ज़िन्दा कर राक्षसी...नहीं तो मैं भी तुझे नहीं छोड़ूँगा..." पुजारी चीखे जा रहा था। कल्याणी क्या करे...क्या सामर्थ्य थी उसकी? कोई भी तो उसे जानने को तैयार नहीं था। उसका प्रतिरोध गले में ही रुका रह गया, न देखती हुई। अचानक उसके लिए, एक कल्पनातीत दर्पण, मैं दिल्ली के मकान की दीवार से उतरकर धरती और आकाश के मध्य आकर टंग गया था, वह अपना प्रतिबिम्ब देख सके...और मैं उसे देख सकूँ...दर्पण झूठ न बोले। भीड़ ने उसे कसकर एक लोहे के खम्भे से बाँध दिया था उसका निर्वसन शरीर...चकाचौंध हो रही थी भीड़, सुदर्शन का कामलिप्त मन, सुखदेव बाबू, स्कूल का हैडमास्टर, पुजारी...हतप्रभ सभी तो...

वह किसी को नहीं जानती थी, भीड़ के साथ घिसटते शरीर से धीरे-धीरे पहचान के तन्तु भी तो अलग हो रहे थे—उसका अस्तित्व उससे छूट रहा था—वह अपनी प्रतिकृति से विपरीत दिशा में चलने लगी थी। जलता हुआ शरीर, जाने किस अनजान शक्ति के ऊपर को उठा, फिर धुएँ में खो गया। कुछ चेहरों पर हर्ष था, या शायद भय शर्म किसी चेहरे पर नहीं थी। नाड़ियाँ फट रही थीं... कहते हैं हृदय में एक सौ नाड़ियाँ हैं, उनमें से मस्तिष्क की ओर जाती हैं, जो ब्रह्म को साधते हैं केवल वही ऊपर की ओर जाते हैं, अमरत्व को प्राप्त होते हैं...उत्क्रमण को प्राप्त होते हैं।

मैं, दर्पण साफ़-साफ़ देख रहा था, धरती से दूर जाता, कल्याणी का अस्तित्व...मैं चलता हूँ उसके साथ...एक कमरे में दयनीय अवस्था में पड़ी अमृता प्रसव से कराह रही है—एक अधकचरी-सी दाई उस पर झुँझला रही है...अमृता की चीख...कल्याणी के अस्तित्व को घेर लेती है...अमृता की चिल्लाहट मेरे काँच हुए अस्तित्व को किरचों में बदल रही थी, "मत मारो सुदर्शन, चेक साइन करा लो, पर मारो मत... देखो ख़ून बह रहा है न...माँ...कहाँ है माँ...कल्याणी..." उसी क्षण रक्त से लथपथ बच्ची जन्म लेती है...दाई घबराकर बच्ची को जमीन पर लेटा चुकी थी...सारे कमरे में एक कमज़ोर बचकानी खिलखिलाहट भर जाती है...दाई की आँखें फटी की फटी हैं...बच्ची रोने अस्पताल में भगवान का नियम बदल चुका था...दर्पण केवल वास्तविकता जानता था...मैं...परन्तु कल्याणी सोच रही थी, वह नाड़ियाँ जो उत्क्रमण का कारण थीं...वह अमरत्व का कारण क्यों नहीं बनीं...असमर्थता के बीच ये पगलाई हँसी...तो फिर कैसे सम्भव होग मेरा उत्क्रमण...कैसे?

ये हमारा मकान

वह दरवाज़ा खोल कर बाहर आयी तो रतिका खड़ी थी।

"ओह तू...एक मिनट ठहर ज़रा बीजी को बताकर आऊँ...नहीं तो वह आवाज़ें लगाती रहेंगी।"

"तू पोते-पोती वाली हो गयी सुम्मी पर बीजी का...अभी भी कितना मान करती है...क्या ज़रूरत है अब?"

"रतिका जब से शादी हुई है उन्हें मान देती रही हूँ। वह बड़ी हैं घर की। मुझे अच्छा भी लगता है," और वह मुड़कर बीजी के कमरे में चली गयी—बीजी... भजन ग्रुप में जा रही हूँ।" बिस्तरे से लगी बूढ़ी बीजी को सुनाई कम देता था, फिर भी।

कॉलोनी के अगले मोड़ पर एक स्कूल पड़ता था—उसके आगे बड़ी भीड़-सी जमा थी।

"लगता है कोई हादसा हुआ है।"

निकट पहुँचने पर पता चला भीड़ के झुरमुट में एक औरत दीवार से टिकी खड़ी थी और दो पुलिसवाले उसे हटाने के प्रयास में लगे थे। रतिका भीड़ को फलाँगकर देख आयी, तभी किसी स्वर ने सूचना दी।

"अरे, उसने तो वहाँ चारपाई बिछा ली है—नीले प्लास्टिक की छत भी तान ली है। लोग बता रहे हैं चार-छः दिन से यही पड़ी है। स्कूल का चौकीदार समझा-समझा कर हार गया, पर मानती नहीं।"

पुलिसवाला चिल्ला रहा था—"तू यहाँ नहीं रह सकती—सीधे-सीधे चली जा—नहीं तो जेल में डाल दूँगा।"

अभी एक समाज-सेविका जैसी खादी में लिपटी बहन जी आ गयीं। भीड़ छँट गयी। उसने पुलिसवाले से कहा, "आप छोड़िये साहब, मैं सँभालती हूँ—इसे समझा कर अपने आश्रम में ले जाऊँगी।"

"अरे, कुछ बोलेगी तब न—दो घण्टों से बक-बक कर रहे हैं, पर ये है कि

चुप्पी साधे है—जैसे गूँगी हो।" पुलिसवाला बड़बड़ाता चला गया।

भीड़ कम होने पर रतिका और सुम्मी निकट चले गये—समाज सेविका के बहुत पूछने पर उसने कठिनता से दो वाक्य बोले, "मेरा कोई घर नहीं है बहन जी—बूढ़ी माँ हूँ—बोझ नहीं होना चाहती न आप पर न पुलिस पर वह जो है न ऊपर वाला उसकी छत के नीचे रह लूँगी।" उसका चेहरा पत्थर जैसा था—सख्त उसकी आँखों में धधकता ज्वालामुखी था, जिसे उसने अपनी पलकों से ढाँप लिया और दीवार की तरफ़ पीठ फेर कर बैठ गयी जैसे दीवार पर कोई सुरंग उसे तलाशनी थी। कुछ था, उसके शालीन स्वर में, आत्म सम्मान का लावा जैसा कि भीड़ छँट गयी। बहन जी 'आश्रम' 'आश्रम में चलो' कहती कहती थक कर चली गयी। उसने अपना चेहरा नहीं घुमाया, उसका अटूट मौन फिर से धुन्ध-सा उसके चारों ओर घिर गया, जैसे उसे भीड़ के चंगुल से बचा रहा था। एक पटाक्षेप, दृश्य का, अनखुले अन्तःकरण की प्रतिसृष्टि का। सुम्मी और रतिका ने भी उसे, उसकी निरर्थकता में छोड़ दिया और चली गयी, भजन के लिए देर हो रही थी।

मंजरी दी का घर बाहर तक फूलों से सजा था, जैसे कोई शादी-ब्याह का आयोजन हो। रतिका ने सुम्मी की तरफ़ देखा—"पता है रतिका रेवा बता रही थी कि मंजरी दी ने बहुत मेहनत की है सारे फूल बाज़ार से मँगवाये हैं। आज की सजावट में जी खोल कर खर्च किया है। लो भजन में भी कम्पटीशन शुरू हो गया। सुम्मी याद है, उर्मी ने कैसे सजवाया था मन्दिर। किसी प्रोफेशनल को बुलाकर और सबको द्वार पर ही लाल दुपट्टे दिये और ख़ूब कीमती मौली बाँधी थी जिस पर साँई बाबा का चित्र बना था। बता रही थी उसका पति 'बाबा' का भक्त है। बहुत बड़ा प्रापर्टी डीलर है वहाँ।"

"और रूपा ने प्रसाद के रूप में मीठे बादाम बाँटे। सबको सुना रही थी कि मेरा बेटा बड़ा अफसर हो गया है—"

"यह नहीं बताया ऊपर की कमाई, वेतन से कहीं ज्यादा है।"

"फिर परनिन्दा" सुम्मी ने टोका, स्वामी जी ने ही तो बताया था, "परनिन्दा करना पाप है, नरक का द्वार" और भजन का 'दर्शन' चिन्तन? उसके प्रोफेसरी मन ने सोचा।

भीतर भजनीक भजन गा रहा था "जिन मात-पिता की सेवा की, तीरथ धाम कियो न कियो..." सुम्मी के मन में कहीं गढ़ा रह गया था वह वाक्य। उसे बड़ा अच्छा लगा था स्वर की उस लहरी में सअर्थ कुछ हो जाना। परन्तु दीवार से सटी वह पथराई औरत? मन के आन्दोलनों में डूबती-उतरती जाने किस

किश्ती में सिमटी हुई/उसे विस्मृत नहीं कर पा रही थी सुमित्रा—पता नहीं क्यों?

और फिर कुछ ही महीनों बाद भजन उसके घर में भी हुए। पति की शोक सभा, घण्टियों, मंजीरों, तबले, बाँसुरी पता नहीं कौन-सा स्वर देवताओं को जगाने का प्रयास कर रहा था, कौन-सा? वह भगवान जो पत्थर की प्रतिमाओं में समाहित थे—या वह तो इनसानों के भीतर सो चुके थे—कोई गहरी नींद। सुम्मी इन तीन-चार दिनों में अपने बेटों, बहुओं की आवाज़ें सुन रही थी। मृत्यु के बाद का बदलता समय, एक पतझर जैसे घर में सेंध लगा गया था, और बच्चों का वार्तालाप सूखे निर्जीव पत्तों-सा झर रहा था। सुम्मी उस कूड़े के ढेर से बचने का प्रयास करना चाहती थी, परन्तु?

शायद वह भी घर की एक सूनी सपाट दीवार की तरफ़ मुँह फेर लेना चाहती थी जहाँ निःशब्द बह रहा था एक अकाट्य सूनापन। किसने क्या कहा, पता ही नहीं चला। रतिका, मंजरी दी, उर्मी—उसको सहलातीं, पर वह भी तो पथरा गयी थी—सार्थक लगने वाले तत्व भाषा-संस्कार खो से चले थे। तभी तो सुम्मी उस दिन दीवार से सटी फटी आँखों से देख रही थी, बनता बदलता परिदृश्य।

पहले उन्होंने उस लड़ी को मन्दिर के परिवेश से उतारा जिसमें बिजली के छोटे-छोटे रंगीन बल्ब जलते-बुझते थे। काफ़ी साल पहले किसी दिवाली मेले से उन्हें ख़रीदा था। फिर उन्होंने छोटे लकड़ी के उस फ्रेम को चौकी पर से हटाया जहाँ पीतल के हिंडोले में उसके भगवान जी थे। राम, सीता, लक्ष्मण साथ में सीधे तने खड़े, हाथ जोड़े श्री हनुमान जी। उसका 'राम-दरबार'। उनके वस्त्र छोटी-छोटी मालाएँ—चरणों में चढ़े फूल डगमगाये और फिर कतरा-कतरा बिखर गये। किसी एक हाथ में समेटा और अख़बार के पुराने कागज़ में उन्हें बेदर्दी से लपेट दिया, कुछ वैसे जैसे घर का और बाकी बेकार सामान। "व्हेयर इज़ डस्टबिन" महिमा का स्वर उसे चौंका गया। भोग की थाली भी सारी प्रक्रिया में खन्न से धरती पर जा गिरी। जिसमें कितनी बार वह हलवा रखा गया था जिसे सुवीर के कहने पर वह सुबह-सवेरे उठकर बना डालती थी। सुवीर कहता था, "माँ, कल अगर हलवा नहीं बनाया तो मैं स्कूल नहीं जाऊँगा।"

वह सुबह-सवेरे उठकर चाय के पानी के साथ-साथ सूजी की कढ़ाई गैस पर रख देती। चाय बनाते पीते सूजी घी के साथ खदबदाने लगती और उसकी सौंधी खुशबू घर में फैल जाती। सुवीर उठकर सीधा रसोई में आता—"ओह माँ! थैंक्यू...चलो पहले मुझे दो हलवा..."

"अरे ठहर बेटा, पहले भगवान को भोग लगा आ, ये ले...भोग की थाली—मन्दिर में रख और हाँ पहले पाँच बार गायत्री मन्त्र पढ़ना बाद में..."

वह थाली लेकर भागता "ॐ भूर्भुवः स्वः..." जब तक मन्दिर पहुँचता मन्त्र समाप्त हो जाता और थाली चौकी पर रख कर माथा टेकता और भागता हुआ लौटता, "अब जल्दी कर माँ..." "हाँ सबर कर, अभी देती हूँ।" वह जल्दी-जल्दी भोग का हलवा कढ़ाई के हलवे में मिलाकर पहली कटोरी सुवीर को पकड़ाती—"ये ले मेरे गिरधर गोपाल, चल भोग लगा।" सुवीर हँसता अपनी कटोरी उठाकर दौड़ जाता। दूसरी कटोरी सुनील की और तीसरी अपने पति, रघुबीर जी को सजाकर चौथी में हलवा डाल कर अपने सास के पास ले जाती..."लो बीजी, हलवा खा लो...अभी गरम है..."

"आज कोई दिनवार है क्या? सुमित्रा, इस कोठरी में पड़े-पड़े मुझे तो याद ही नहीं रहता कब अमावस होती है, कब पूर्णिमासी। तू बल्लिये अच्छा निभा रही है घर का धरर्म।"

"अरे बीजी, जब बच्चे कहें कुछ खाना है, वह दिन त्योहार हो जाता है। आज कुछ नहीं है। हाँ, सुवीर की फरमाइश थी हलवे की सो बना डाला।"

"कहाँ रखें इस डब्बे को" एक मैले से डिब्बे में मन्दिर राम-दरबार दिए-जोत-भोग के पात्र पैक हो चुके थे। सुमित्रा ने अपनी तन्द्रा से उभर कर कुछ नहीं कहा, केवल देखती रही। सुवीर हीं बताने में लगा था...कौन सी चीज़ कहाँ रखनी है। लकड़ी का छोटा-सा छत से टिका एक फट्टा था जिस पर पुराने समय के दो टीन के बक्से रखे थे। वह भी उस टाँड के खींचे जाने पर ज़मीन पर आ गिरे। एक खुला, उसमें भगवान के पुराने वस्त्र टूटे मालाएँ विभिन्न मन्दिरों से प्राप्त लाल-पीले दुपट्टे तहाये रखे थे, एक पीला वाला चदरा भी था जिसे मनकामेश्वर के महन्त जी ने दिया था जब उसने वहाँ सुवीर का नामकरण किया था। दूसरा रामनामी वाला चदरा, वह एक बार वृन्दावन से लायी थी और अक्सर कीर्तन के समय उसे ही चौकी पर बिछाती थी। मुहल्ले वाली महिलाएँ कितना सराहती थीं उसे—"अरे कैसा अच्छा सजाती है मन्दिर, सुमित्रा तू तो बड़ी कलात्मक चीज़ें जमा करती है—" वीना ने उसके मोर के आकार के लम्बे दिए को देखकर कहा था, जो वह 'दिल्ली हाट' की कर्नाटक की दुकान से ले आयी थी—उसमें रूई की बाती देर तक जलती थी।

दूसरे बॉक्स में किताबें थीं भागवत गीता, रामायण और बिल्कुल नीचे एक थैली में उसके अपने बचपन के घुँघरू की जोड़ी जो झम्म से गिरकर उसे सुम्मी, सुमित्रा के खोल में लौटा आयी थी। उसने झपट कर घुँघरू की थैली उठा ली और कहा, "इन बक्सों को मेरे कमरे में पलंग के नीचे रख दो, इससे मेरी साझेदारी है, बहुत पुरानी।"

"माँ, इनको भी जाने दो पीछे के सर्वेंट क्वाटर में। जब सब ठीक होगा तब निकाल लेना।"

तब तक मन्दिर वाला डिब्बा जा चुका था। उसने भरी-भरी आँखों से देखा डिब्बे पर 'ब्लैक-लेबल' व्हिस्की की पर्चियाँ चिपकी हुई थीं। उसके भीतर कुछ हुमक कर बाहर आना चाहता था। वह भाग कर भीतर चली गयी अपने कमरे में...पर तब तक वह भी भर चुका था। सामान से बीजी की खटिया दीवार से सटी थी—पेशाब की बास का भभका उसे और भी अन्यमनस्क कर रहा था। एक कोने में सुवीर का पुराना डैस्क कुर्सी और तीन-चार बक्से एक-दूसरे पर चढ़े अपने पुरानेपन की बास छाती में छबाये पड़े थे। उसका माथा भन्नाने लगा। बाथरूम में जाकर एक प्रपात-सी उलटी उसके अन्दर के कसैलेपन को बाहर लाने का प्रयास कर रही थी। परन्तु कसैलापन जाता है कभी? बाथरूम में भी तो बीजी का पिसपौट और प्रयोग की हुई धुली-अनधुली चादरों का अम्बार, जिन्हें सुवीर की आर्किटेक्ट पत्नी कभी का फिंकवा गयी थी—कमरे की असह्य गन्ध...कुछ वैसी गन्ध—जिसने उसे रूपा के घर के परिवेश में ला खड़ा किया था।

भजन के समाप्त होने पर वह रूपा के कमरे से जुड़े बाथरूम में चली गयी तो दंग रह गयी। इतना गन्दा? दीवारों के पीलेपन पर रेंगते कॉकरोच, वह बाहर भाग आयी, परन्तु बदबू का भभका यहाँ भी पूरे परिवेश पर पसरा हुआ था जैसे कोई चिर-प्रदोष की छाया वहाँ ठिठकी रह गयी थी। परन्तु बाहर खड़ी रूपा रेशमी कपड़ों और रंगीन मोतियों की माला से सजी अपने चमचमाते पर्स को सबको दिखा रही थी। उसकी दृष्टि, उसकी अभिव्यक्ति में दम्भ घुला था।

"पता है, मेरे बेटे ने 'मदरस्-डे' पर मुझे गिफ्ट भेजा है—है न ख़ूबसूरत... इज़न्ट इंट?"

वीणा ने फुसफुसा कर समझाया, "यह पर्स बड़े महँगे होते हैं, पचास साठ हज़ार से ऊपर...ये पर्स आजकल स्टेटस सिम्बल समझे जाते हैं...जिसके पास जितना बड़ा, वह उतना अमीर...गिनती—धनवान होने की।"

सुम्मी ने अपना कॉलेज के ज़माने का काला पुराना पर्स शाल के नीचे सरका दिया जिसकी जेबों में थोड़े बहुत रुपये चढ़ावे के लिए दस-दस के कुछ नोट थे बस।

"अच्छा", रतिका ने पूछा, "ये रूपा इतना खर्च कहाँ से करती है? इसके घरवाले का तो बहुत साल पहले मर्डर हो गया था—हम सबको जब तक पता चला, इसके ऊपर के फ्लैट वाले किरायेदार ने पैसे देकर सारा मामला रफा-दफा कर दिया था।"

"हाँ, छपी तो थी अख़बार में ख़बर...पर हुआ कुछ नहीं।"

"ऊपर वाला किरायेदार, इसका पुराना प्रेमी है, ब्यॉयफ्रेंड, पायलेट है शायद, हवाई यात्राएँ करता है।" तभी छलकती थी महँगी शराब हर रात, रूपा का ड्राइंगरूम भरा होता था शौक़ीन दोस्तों से—शराब, कबाब और सिगरेटों में रूपा का हुलिया...बदला-बदला होता था। रमेश जी बता रहे थे, "कैसी है तुम्हारी दोस्त, पन्द्रह साल का पोता है उसका...और?" वीणा ने होंठों पर उँगलियाँ दबा कर एक राज़ खोला, स्वस्वाधारी लोगों का रहस्य।

"और, और भजन के दिन? कैसी भक्तिन बनती है, आँखें मूँद कर, जैसे किसी ट्रांस में गुम हो जाती है।"

"ओह वह ट्रांस लगता है तुम्हें...अरे रात की खुमारी होती है, सुम्मी, लीनता, भजन...भज़न वह तो हमसे जुड़े रहने का बहाना है वीणा।"

"बिना किसी का अन्तर्मन जाने...ऐसा कैसे कह सकती हो वीणा?" सुम्मी की चेतना उसे स्वीकार नहीं कर पा रही थी।

"ओह हो...सुम्मी दी, आप ठहरी फिलॉसफी की प्रोफेसर...छोड़िये अपना फलसफा—अब दुनियावी होकर देखिये न, उस यार के जाने के बाद कितनी मुसीबत झेल रही है रूपा...ऊपर का फ्लैट बेच दिया, सामने वाली बैठक, और वराँडा किराये पर उठा दिया। उन्हीं से चलाती है घर का खर्च।"

"तो बस यही एक कमरा बचा है उसके पास?"

"हाँ, और देखिये न बाथरूम को ही पार्टीशन डाल कर रसोई बना ली है।"

"सुम्मी बाथरूम देख आयी न, अब रसोई भी देख आ, तो खाना नहीं खा पायेगी जो उसने परसा है..."

"ओ रियली, पर देखिये न वह पड़ौसन मंजुला। प्लेट भरकर ऐसे खा रही है जैसे कभी खाना देखा ही नहीं।"

"मजबूरी, मजबूरी इनसान से बहुत कुछ करवा लेती है, बहुत कुछ जो उसने सपने में भी नहीं सोचा होता। हो सकता है मंजुला की भी कोई मजबूरी हो।" रेवा ने कहा। "और मजबूरी..धनाभाव बदबू मैली सीलन से कहीं अधिक कचोटती है इनसान की आत्मा को, और अपनी प्रतिबद्धताओं से हटकर करने पड़ते हैं ये दुनियावी कर्म—क्योंकि जीना तो पड़ता है न।"

"सुम्मी दी, प्लीज़ आपकी फिलॉसफी..."

"हाँ"...सुमित्रा ने जैसे अपने आपसे कहा, उसका अपना ज्ञान, अभिरुचि उसका बीता हुआ कॉलिजी जीवन-चेतना की किसी दीवार पर आकर टिक गया था। प्रयास कर रही थी दुनियावी हो जाये।

पिता की तेरहवीं होते ही सुवीर की दृष्टि में अजीब-सा उपार्जन प्रतीत हुआ सुम्मी को। कैसे रिक्त, खाली दृष्टि और कैसी स्नेह-संवाद विहीन भाषा। उसका हलवे, मठरी, अचार पर ठुनकता सुवीर महिमा के लुनाई भरे चेहरे की परतों में कहीं धँसा-सा प्रतीत हुआ। जीवन की अलग-अलग वास्तविकताओं को गिनती में उतार रहा था। गणनाएँ चल रही थीं। बता रहा था अब उसकी पोस्टिंग दिल्ली में हो जायेगी। वह और महिमा यहीं रहेंगे—"तो रहो न" सुमित्रा की दलील पर महिमा का आर्किटेक्चर (वास्तुकला) आड़े आ खड़ा हुआ—"मैं इस घर को तोड़ कर नया बनाना चाहती हूँ...सुवीर, इतनी फेमस आर्किटेक्ट हूँ मैं...ऐसे दकियानूसी मिडिल क्लास घर में कैसे रह सकते हैं हम? देन आई विल क्रिएट माई ऑफिस ऑलसो...इतनी सैण्ट्रल जगह है—यह—बड़ी वैल्यू बढ़ गयी है इस ज़मीन की, मैंने मार्केट स्टडी की है।"

महिमा या वाक्य सुनील के भीतर धँसता चला गया, उचक कर बोला—"सुवीर भाई, आप अकेले हकदार थोड़े ही हैं—डोण्ट फोरगेट, मैं भी हूँ। अगर आप रैनोवेट कर रहे हैं घर को तो एक फ्लोर मेरा भी बनाइये, मैं अपना हिस्सा क्यों छोड़ दूँ...व्हाय?" अब तक सुनील हस्तक्षेप नहीं कर रहा था—"मैं भी तो इस घर का बेटा हूँ...।"

उन दोनों में से किसी ने भी मुड़कर सुमित्रा की ओर नहीं देखा। न जाने क्यों सुमित्रा के मन में स्कूल के पिछवाड़े, नीचे, प्लास्टिक में ढँका उस महिला का चेहरा कोंध गया जो दीवार की किसी अदृश्य सुरंग में अपने अपनत्व के सत्य को तलाशती गहरे मौन में पथराई खड़ी थी।

"देखो सुनील" सुवीर उसके कन्धे पर हाथ रखकर उसे समझा रहा था। "साढ़े तीन सौ गज़ की इस ज़मीन पर एक ही परिवार रह सकता है—तुम्हें तो अच्छा-खासा क्वार्टर मिला है, सरकारी है नौकरी, जहाँ भी तुम्हारी बदली होगी...ठाठ से रहोगे—फिर क्यों परेशान होते हो...प्लीज़ लीव दिस टू मी।"

"मैं रहूँ या किराये पर चढ़ाऊँ, प्रॉपर्टी तो होगी मेरी, जहाँ रिटायरमेंट के बाद मैं और देविका आराम से रह सकेंगे। सारी उम्र तो नौकरी नहीं करता कोई—फिर यहाँ से कम्पनी बाग पास में है—बाबूजी सैर करते थे रोज़, हम भी करेंगे।"

"माँ की तरफ़ तब भी किसी की दृष्टि नहीं गयी। स्वार्थ के सामने, संवेदनाएँ क्या दफन हो जाती हैं, या उनकी अवहेलना हक़ बन जाता है? दोपहर सिर पर सवार थी। अन्दर-बाहर सामान फैला था, तभी दरवाज़े की घण्टी बजी। महिमा दो बड़े-बड़े डिब्बे हाथ में उठाये भीतर आयी। अपने चमकते बड़े से पर्स से पैसे निकाल कर पीज़ा वाले को दिये। "कम सुवीर...चला पहले पीज़ा खा लो,

दो-तीन बज गये हैं, भूख लगी होगी।" उसने डिब्बे मेज़ पर रखे और कोक की बड़ी बोतल से दो गिलासों में कोक डाली..."लो न...चीयर्स" उसने गिलास उठाकर कहा। सुमित्रा और भी पथरा गयी—अपने ही घर में कैसी बेगानी जैसी खड़ी थी, पति के जाते ही सारी कायनात भरभरा गयी। रघुबीर के साथ जिया जीवन भी कम कष्टपूर्ण नहीं था—चुनौतियाँ थीं—नौकरी थी, परन्तु अब आगे, कितने समझौते और?

पीज़ा मुँह में डालते हुए उसने माँ की ओर देखा..."ओह माँ—आईये आप भी लीजिए" सुवीर को जैसे चेत आया।

"पर सुवीर वह नॉनवेज़ है...माँ कैसे खायेगी।"

"तो वेज़ ले आती ना",

"सॉरी, मुझे ध्यान नहीं रहा।"

एक-एक शब्द तीखे। तेज़ाब मात्र द्रव्य नहीं होता। सुमित्रा रसोई में चली आयी—उसे अपना नहीं बीजी का ख्याल आया, अब तक भूखी होगी। पानी में खँगाल कर दाल-चावल प्रेशर कुकर में चढ़ा दिये—खिचड़ी बन जाने पर कमरे में आयी—"लो बीजी, खाना खा लो—" उसने उनके स्टूल पर थाली टिकाकर उन्हें बैठा दिया—"रोटी नहीं बनायी...दो दिन से खिचड़ी खिला रही है तू।"

"शाम को बना दूँगी..." सुमित्रा वहाँ से खिसक गयी।

चार-छः दिन ऐसे ही बीते। महिमा ने नाक-भौं चढ़ाकर सूचना जैसी दी, "यहाँ इण्डिया में आसानी से कुछ नहीं होता। इट ऑल टेकस टाईम, नक्शे अभी तक पास नहीं हुए—कब से दिये हुए हैं...याद है जब तुम्हारे बाबूजी को पहला स्ट्रोक हुआ था, टू ईयर्स बैक...दो साल में भी नक्शे पास नहीं हुए इस मकान के, इट इज़ ए लिमिट।"

"ओह तो इतने दिन से चल रही है प्लानिंग..." सुनील ने देविका का हाथ दबाते हुए कहा, "हम तो बड़े बेवकूफ हैं, हमें पता ही नहीं।"

सुमित्रा ने पथराई आँखों से अपने बेटों को देखा और अनदेखी उस सभी कार्यवाही को, जिसमें एक तिरोहित भविष्य साफ़-साफ़ दिखाई पड़ रहा था। "सुनील, तुमने बाबूजी की वसीयत की कॉपी तो रख ली है न...?" देविका ने सुनील की पकड़ को और मज़बूत करने का प्रयास किया।

"वसीयत की कॉपी तो माँ के पास है।" "रीयली, मैंने सोचा तुमने लिखवा लिया होगा बाबूजी से।" सुनील ने माँ की तरफ़ देखना चाहा परन्तु सुमित्रा मुड़कर भीतर चली गयी।

"चलो, सुवीर मैंने टिकिट्स करा ली हैं, माई बॉस इज़ कॉलिंग, मुझे कल

ऑफिस ज्वाइन करना है। अगले महीने फिर आ जायेंगे—जब तक तो पास हो जायेंगे रिनोवेशन प्लान," दो दिन बाद महिमा ने एक अनाउंसमेंट जैसा किया, सीधे मुँह तो वह किसी से बात नहीं करती थी।

"आई एम श्योर...हो जायेंगे, मैं आज सुबह भी गया था। एन.डी.एम.सी. के ऑफिस...ओह माँ चाय—" वह रसोई में आ गया।

सुमित्रा ने ट्रे में से दो कम चाय छान दी—"तू ले जायेगा, या मंगला को बुलाऊँ..." वह जानती थी महिमा तो आयेगी नहीं, स्थितियाँ स्वतः साफ़ हो जाती हैं।

"मैं ही ले जाऊँगा, घर मैं भी तो मैं ही..." महिमा को देखकर वह चुप हो गया और चाय की ट्रे लेकर बैठक में चला गया।

"हम लोग अगले महीने आयेंगे माँ, तब तक आप घर का बेकार का सामान बेच बाच देना—"सुवीर ने भी अनाउंसमेंट जैसा किया।

"बेकार सामान"...कौन-सा...उसने बीजी और बदबूदार चादरों के ढेर को देखा।

सुवीर और सुनील का अपनी पत्नियों के साथ चले जाने पर सुमित्रा ने जैसे खुलकर साँस ली। उनके बने रहने पर कितना घुटा हुआ था वातावरण—कितना बिखर गया था, उसका करीने से सजा घर, उसे विश्वास ही नहीं हुआ कि ये उसका अपना घर है तिनके-तिनके जोड़कर बनाया हुआ। परन्तु शायद अपना कुछ नहीं है इस संसार में, उसके अपने ही बच्चे उसे ठीक से समझा गये हैं। बहुत देर तक एकान्त में बैठकर सोचती रही—स्वामी जी के स्वर जैसे उसके आप-पास आकर झंकृत हो गये—"तू सम्बुद्ध है जाग/क्योंकि, अब तू नियम के बाहर हो गया है।" समस्याओं को रू-ब-रू करते बच्चों के फ़ोन आते रहते थे। सुनील ही बहुत बार कह चुका था कि "देविका का प्रसव पास है, आप आ जाओ, आपका भी चेन्ज हो जायेगा माँ।"

"चेन्ज? बीजी की इतनी देखभाल जो एक दण्ड-संहिता सी वर्षों से उसके शरीर से चिपकी थी—फिर बीमार पति का एक साल घिसट-घिसट कर चले जाना—उसे धनाभाव और क्रूर वास्तविकताओं को काँटेदार झाड़ी में उलझा गया था। इस बीच उसकी ट्यूशन भी छूट गयी थी। सोच-समझ कर घर चलाना होता था।

उस दिन सब्ज़ी ख़रीद रही थी तो दूसरी गली की मंजुला आकर पास खड़ी हो गयी। उसकी आँखें सब्ज़ी के ठेले से हट ही नहीं रही थीं। अजीब-सा भाव था उनमें, तो सुम्मी ने ही कहा—

"मंजुला ले लो सब्ज़ी, बहुत ताज़े हैं टमाटर और पालक भी, देखो तो?"

"हम लोग सब्ज़ी नहीं खाते" भागता-सा उसका भाई जाने कहाँ से आ प्रकट हुआ, और बहन को घसीटता ले गया। सुमित्रा ने ध्यान से देखा, उन दोनों के चेहरे बहुत कमज़ोर और पीले से थे...लड़खड़ाते क़दमों से चले जा रहे थे। उसे याद आया—कभी-कभी मंजुला व्हीलचेयर पर भी बैठी दिखाई देती थी।

रतिका ने एक बार बताया था कि मंजुला अपने भाई के साथ रहती है। भाई कुछ काम-धन्धा नहीं करता। मंजुला का पति फौज में था। किसी लड़ाई में शहीद हुआ था, और उसके पति की हर माह मिलने वाली पेंशन पर ही दोनों बहन-भाई गुज़ारा करते हैं।

कुछ दिन बाद जब कॉलोनी में बदबू फैली तो, रूपा के एक किरायेदार ने पुलिस को फ़ोन किया—पुलिस ने ही आकर दरवाज़ा खुलवाया। जब तक सुमित्रा, वीणा वहाँ पहुँचते वह मंजुला का शव बाहर ला चुके थे। चादर से ढँक देने पर भी उसके शव से काला-सा रक्त टपक रहा था। शायद अन्दर की शिरायें फट गयी थीं। मृत्यु हुए दो-तीन दिन बीत चुके थे। दुर्गन्ध से सारा वातावरण प्रदूषित-सा हो गया था। मंजुला के भाई को भी स्ट्रेचर पर बाहर लाया गया, उसी ने बताया कि इस महीने पेंशन नहीं मिली, तो दोनों बहन भाईयों ने आठ दिन से कुछ नहीं खाया था रोटी-पानी कुछ भी नहीं। मंजुला ने भूख से प्राण त्याग दिये थे...उसका एकमात्र बेटा अमेरिका में रहता था, उससे पुलिस वाले ने अपने मोबाइल से बात करने की कोशिश की और एक ख़बर, एक एस.एम.एस. भी भेजा। परन्तु कोई उत्तर न आने पर पुलिसवाले मंजुला का शव पोस्टमार्टम के लिए ले गये। भास्कर को भी अस्पताल में भरती करना पड़ा।

उसी दिन सुम्मी के मोबाइल पर सुवीर की छह मिस कॉल थीं और मैसेज भी था, कि वह लोग अपना सामान पैक करा रहे हैं—हो सकता है महीना भी लग जाये पर अब आकर दिल्ली में रहेंगे। जब तक सिर पर नहीं बैठेंगे नक्शे कैसे पास होंगे?"

सुम्मी के पास एक महीने का समय था—केवल एक महीना...तीस दिन—पुश्त-दर-पुश्त चलती व्यवस्थागत स्थितियों में बँधे पिता की सम्पत्ति के दावेदार वही तो थे। उसके अपने बेटे सुवीर और सुनील।

सुनील ने भी सूचना दी, बेटा हुआ है...'उसका पोता' सुमित्रा और रघुबीर का। विरासत का एक और दावेदार। किसी ने भी बीजी या उसके स्वास्थ्य के बारे में कुछ नहीं पूछा। यह टेलीफ़ोन था या दण्ड-संहिता? जो अपनी टुनटुनाहट

से उसकी तन्द्रा तोड़ रहा था। पता नहीं क्यों? एक लावा-सा आत्मसम्मान पर चिलचिलाया। वह उठी अलमारी से अपना पर्स उठाया और रतिका के साथ रघुबीर के पुराने मित्र के घर चली गयी।

एक महीने बाद सूटकेसों से लदी टैक्सी से सुवीर और महिमा जब घर के सामने आ खड़े हुए तो उन्हें विश्वास ही नहीं हुआ। चारों ओर दृष्टि दौड़ाई। हाँ, परिवेश तो वहीं था, आसपास के घर जैसे के तैसे फिर ये उनका अपना घर उसे क्या हुआ? साथ वाली पतली गली से मंगलो चली आ रही थी। महिमा ने उसे रोक कर पूछा "अरे...मंगलो, बता न इस घर को किसने तोड़ डाला किसकी इजाज़त से?" सुवीर ने मोबाइल पर माँ का नम्बर मिलाया, पर वह 'स्विच्ड ऑफ' आ रहा था। झुँझलाकर फिर सुवीर ने पूछा, "अरे बोल क्यों नहीं रही, ये हमारा मकान था, तोड़ा क्यों, किसने, तुझे तो पता होगा?"

"अरे भईया, मकान-मकान करे जा रहे हो, एक बार माँ को तो पूछा होता?" उसने पिच्च से थूका और झटक कर चली गयी।

"हाउ रूड शी इज़" महिमा गुस्से से चिल्लाई "देखा, नमस्ते तक नहीं की इसने, जैसे हमें पहचानती ही नहीं।" "व्हेयर इज़ योर मदर...एण्ड द ओल्ड लेडी? कहाँ गायब हो गयीं दोनों?"

बहुत बार मोबाइल मिलाने पर भी कोई जवाब नहीं मिला—तो वह रतिका के घर की तरफ़ चले गये—"रतिका माँ की बेस्ट फ्रेंड थी। उन्हें पता होगा—चलो उनसे पूछ लेते हैं।" बुदबुदाता रहा सुवीर, "माँ ने कभी कुछ बताया नहीं। अभी हफ्ता पहले तो बात हुई थी बड़ी नार्मल थी, तब तो। मुझे तो कॉन्फीडेंस में लेती।"

सुवीर के घण्टी बजाने पर रतिका बाहर आ गयी—कड़ी धूप के बावजूद भी उसने उन्हें घर के अन्दर आने को नहीं कहा। सुवीर और महिमा ने भी अभिनन्दन की भूमिका के बिना ही गरज कर कहा—

"आंटी...आपको तो पता होगा यह हमारा घर किसने तोड़ डाला...किसकी इजाज़त से?"

"ओह..." रतिका ने 'मकान' की बात सुन ली—"अरे सुवीर...मकान-मकान करे जा रहे हो—एक बार भी माँ के बारे में पूछा? शाबाश बेटा, शायद इसीलिए सुम्मी ने यह मकान बेच दिया, और यहाँ से चली गयी।"

"ओ हाउ क्लैवर...?" महिमा क्रोध से फड़फड़ा रही थी..."कहाँ चली गयी... व्हेयर इज़ द मनी?"

"शायद किसी वृद्धाश्रम में—वहीं जमा करा दिये सारे पैसे अपनी सास को

भी उतनी इज्जत से साथ ले गयी है। उन्हें भी इस घर के मलबे में सड़ने के लिए नहीं छोड़ा। सुना तुमने?"

"यस, पर उसका पता तो बता दें आंटी...?" पहली बार रतिका को 'आंटी' कहा उसने—परोक्षतः कोई आदर नहीं था उसके स्वर में।

"नहीं, मैं उसका पता नहीं बता सकती, आई विल नॉट—और फिर उसका कोई फायदा नहीं, सुम्मी ने वहाँ अपने आपको अनाथ लिखवाया है। साथ में यह भी कि मर जाने पर, उस 'होम' की संस्था वाले लोग ही उनका क्रिया-कर्म कर दें। क्योंकि उनका इस पूरे संसार में अपना कोई नहीं है—न कोई सन्तान न भाई-बहन, न रिश्तेदार अपना कोई नहीं है—कोई नहीं।"

रतिका के चेहरे पर आँसू बह आये थे—परन्तु महिमा और सुवीर उसे निःशब्द घूर रहे थे—एक मरणासन्न सन्नाटा बीच में गहरा रहा था। इससे पहले वह और कुछ कहते, पूछते, रतिका ने पलटकर अपना दरवाज़ा भी उनके लिए खुला नहीं छोड़ा।

एक मात और

पीले, सूखे पत्ते-सी झड़ने को प्रस्तुत दादी माँ की स्थिति कमज़ोर कतई नहीं थी। दादी माँ थी, सतर्क, कड़ी सूखी 'सीजण्ड', विशाल वृक्ष के तने सी अपनी ज़मीन पर बेहद मज़बूती से गड़ी हुईं। जितना भी प्रयास करके पूरा परिवार उन्हें रिटायर करार देना चाहता था, वह उतनी ही होशियारी से घर के मामलों में और भी अधिक हस्तक्षेप पर उतर आती थीं। हमारे घर में दो ग्रुप बन गये थे—एक वह जो उनसे परेशान था, दूसरा वह जो उनका समर्थक था। चाची, माँ, फूफाजी, हम सब बच्चे पहले ग्रुप में थे। चाचा, बाबूजी और बुआ दूसरे में। अमीता दीदी बुआ की बेटी होने पर भी हमारे घर में ही ज्यादा रहती थी। वह और मैं पाँच भाइयों के बीच दो ही बहनें थीं। अमीता की बहुत लाड़ली, फेवरिट बेटी थी। दादी माँ की विरोध सभा में जो भी गोष्ठियाँ बैठती थीं, उनमें सबसे कमज़ोर वक्ता थी अमीता दीदी। अक्सर तो वह 'ब्लैक शीप' बनी दादी माँ को हमारी गोष्ठी की रिपोर्ट इस ढंग से पेश करतीं कि अच्छे से अच्छे आलोचक के पसीने छूट जाते और हम सबको उस दिन नाश्ते में कुछ नहीं मिलता था। शाम को मिलने वाली गर्म मेवा की कटोरी की भी हमारे मेन्यू में से कटौती हो जाती। हम बस अमीता की बादाम, काजू, किशमिश से ठसाठस भरी कटोरी को हसरत-भरी नज़र से देखते तो थे, पर भीतर के चल रहे शीत युद्ध के 'सीज़-फायर' वाले समझौते पर हस्ताक्षर नहीं करते थे।

अमीता पढ़ाई में सबसे कमज़ोर, ठस्स दिमाग़ की थी। वह ख़ूबसूरत भी नहीं थी, पर अपने को बना-ठना कर रखने में ख़ूब सिद्धहस्त थी। घर में हम दोनों लड़कियों की बात-बेबात तुलना होती रहती थी। दादी अपने स्वर में स्वर मिलाकर रामायण पढ़तीं, दीदी की पीठ ठोंककर कहतीं—ऐसी सच्चरित्र, समझदार लड़की आजकल के ज़माने में ढूँढ़ने से भी नहीं मिलेगी। और एक हमारी संगीता है? जब देखो सब लड़कों से जमघट्टे में बैठी बकर-बकर किया करती है। अभी से न सँभाला, तो देखना एक दिन किसी के साथ ज़रूर भाग जायेगी।

वे जब मुझे जबरदस्ती रामायण पढ़ने को कहतीं तो मैं कहती–"दादी माँ, एक बार तो पढ़ ली है रामायण...अब नहीं पढ़ूँगी...क्या होगा पढ़ने से?"

दादी माँ मेरी नामसझी पर दुखी होतीं। समझातीं–"अरी छोकरी इसे पढ़ने से ही तो आदमी को मोक्ष मिलता है। जन्म-मरण का बन्धन छूट जाता है...।"

"आप गलत समझ रही हैं दादी माँ! अच्छी कहानी को बार-बार पढ़ने से कोई मोक्ष नहीं मिलता। इसमें तो अच्छे जीवन को आदर्श रूप से जीने की बात कही है। यह कहानी–आपके मन की उलझनों को शायद दूर कर दे, पर आपको मोक्ष नहीं दिला पायेगी दादी माँ। अच्छे कर्म करने से मोक्ष मिलता है...आपने कभी सोचा है?"

"धर्मग्रन्थों पर सोचा नहीं जाता, उन्हें पूजा जाता है। ऐसी बातें करेगी संगीता तो तुझे मेंढकी का जन्म मिलेगा–बड़ी टर्र-टर्र लगा रखी है।" वे खीझकर कहतीं।

अमीता दीदी के ब्याह के समय सारा लेन-देन, बारात के जेवनार, जनवासे की सजावट से लेकर दहेज का हिसाब-किताब दादी माँ ने ही समेटा था। चाहे बुआजी की ससुराल वाले या फूफाजी कुछ भी कहते रहें, माँ ने भी बहुत समझाने की कोशिश की, पर दादी माँ सारी दलीलों को रौंदती तटस्थ बनी कहती रहीं–"बेटी क्या परायी होती है! मैं उसका भला ही चाहती हूँ, बहू! खर्चा समझदारी से ही करूँगी। पहली शादी है। कुछ ऊँच-नीच हो जाये तो लोग मुझे ही कहेंगे। बेटी के ससुराल वालों का क्या है, कुनमुनाने दो! किसी के कहने से मेरा क्या बिगड़ता है?"

फिर मुझसे पुरानी खुन्दक निकालकर, मुझे सदा की तरह अमीता की ओर से मात देती कहने लगीं–"संगीता की शादी में जो भी चाहे करना बहू। न वो मेरी सुनती है, न तुम्हें मेरा कहा पसन्द है।"

उनकी धड़ल्लेदार बातें माँ को क्या सभी को चुप करा जातीं। चाहते, न चाहते हुए भी दादी माँ का हुक्म सभी को सिर झुकाकर मानना पड़ जाता है, चाहे उसके मान लेने पर कितनी ही परेशानियाँ पेश आतीं। उससे क्या, दादी माँ सर्वाजित, अजेय बनी अपनी बात पर अड़ी रहतीं। और फिर अब अमीता दीदी की अच्छे घर में शादी करके जो यश उन्होंने अर्जित किया था, वह क्या उनकी धाक घर में और भी अधिक ज़माने में काम नहीं आ रहा था?

गर्मियों की छुट्टियों में अमीता दीदी के घर में मेरे रह आने की बात दादी माँ ने ही सुझाई थी। माँ बिल्कुल नहीं चाहती थीं और मैं मेरी तो उससे कभी नहीं पटी थी। मुझे वह सदा ओछी तबीयत की लगती थीं।

वह पढ़ने की शौक़ीन नहीं थीं। हमारी पढ़ाई-लिखाई में जितनी बहसें होतीं

उनमें वह दूर रह जातीं। अब दादी माँ का प्रस्ताव मुझे उसके नितान्त अजनबी घर में धकेल रहा था, जहाँ जाने की न तो मुझे उत्सुकता थी, न इच्छा। पर दादी माँ के आदेशानुसार मैं अमीता के संसार में पहुँचा दी गयी थी। उसके घर की चमक-दमक, खुला वातावरण मुझे चकाचौंध कर रहा था। अमीता का पति राजन ख़ूब शौक़ीन तबीयत का, सजीला-सो व्यक्ति था। फिर उसके मात्र शौक़ीन तबीयत ही नहीं रंगीन मिज़ाज होने के नये-नये नमूने भी सामने पेश आने लगे। अमीता को वह ख़ूब लाड़ करता था। दफ़्तर से आते ही न आव देखता न ताव "अमी कहाँ है"..."अमी कहाँ है" कहते-कहते उसे सभी के सामने बाँहों में भरकर चूम लेता था। पहले-पहल मुझे यह दृश्य देखकर संकोच हुआ था, पर फिर आदत-सी हो गयी थी। जितनी देर राजन घर में रहता, अमीता उसके आसपास मँडराती रहती। वह कभी 'जानेमन' कभी 'बेगम' और कभी 'रानी' कहकर उसे धरती से उठाकर आकाश पर बैठाता रहता। अमीता हर पल गुनगुनाती अपने घर के सुख बढ़ा-चढ़ाकर मुझे सुनाती। जैसे मुझे चिढ़ा रही हो, राजन से मेरा वार्तालाप बहुत कम होता था। जाने क्यों मुझे उस घर की चमक-दमक और लाड़-प्यार का वह सारा वातावरण बहुत बनावटी और खोखला लगता था। अब तक मैं तह तक भी पहुँच गयी थी। उस घर में धन तो अधिक था, पर सभी बातों, विचारों, कार्य-कलापों के बीच चमक अधिक, गम्भीरता कम थी। क्योंकि सोचने का ढंग, विचार...तो उसी क्रिया की अभिव्यक्ति हैं जो मनुष्य के भीतर होता है, हाँ, यह बात अलग है कि उस अभिव्यक्ति को मनुष्य की विद्या और ज्ञान ही माँज-धोकर चमकाते हैं। यहाँ क्रिया थी—अभिव्यक्ति थी, विचारों का वह परिष्कृत रूप कहाँ था? जो मैं सोच रही थी राजन के इस चमकीले परिवेश में छुपा मिल जायेगा।

फिर भी मैं अमीता दीदी के लिए प्रसन्न थी। उसे अपने मन का-सा पति मिल गया था। वह कुशल गृहिणी की भूमिका निभाती हुई दादी माँ की तरह सुबह रामायण पढ़ती, राजन के घर की साज-सँभाल करती, फूल-सी खिली रहती। राजन की शौक़ीन तबीयत का सिक्का मुझ पर तब जमा, जब हर शनिवार को दोपहर को एक ख़ूब हीरो-सा लगने वाला दफ़्तर का चपरासी घर आया था। अमीता ने अपने आँचल के गुच्छे से बेडरूम से जुड़े छोटे बरामदे में पड़ी बड़ी-सी अलमारी से राजन के पचास जोड़ी जूते निकालकर उसे दिये। इस 'हीरो' से लगने वाले चपरासी ने वहीं अख़बार बिछाया, इत्मीनान से चौकड़ी मारी, कभी उँगली, कभी ब्रुश से जूतों पर पॉलिश थोपी और फ्लालेन के पीले कपड़े से रगड़कर चमका-चमकाकर सारी जोड़ियाँ ऐसे रखता गया जैसे किसी

कला-दीर्घा की कलाकृतियाँ हों, इस पूरी कारीगरी में उसे दो-तीन घण्टे लगते थे। दीदी अपने कमरे और बरामदे के बीच के दरवाज़े को खुला छोड़कर उस बीच सो लेती थी। जब वह काम ख़त्म होने पर दीदी को आवाज़ देता, वह पुनः गिनवाकर होशियारी से सारे जूते सहेज लेती। दीदी जब उसे पैसे देती तो वह एक खास तरह से होंठ दबाकर हँसता, हल्की-सी सीटी बजाकर गुनगुनाता हुआ चला जाता। पता नहीं क्यों मुझे उसका इस तरह होंठ दबाकर हँसना, गुनगुनाना अजीब ही नहीं, एक हद तक बेहूदा भी लगता था।

अमीता दीदी के घर से लौटने पर सविस्तार सारे समाचार दादी माँ को सुनाने पड़े थे। उन्हें सुनकर दादी माँ ने बड़े सन्तोष की साँस ली थी। उनका ढूँढ़ा हुआ लड़का सोलह आने सही निकला था। और उनकी लाड़ली अमीता ख़ूब सुखी थी। मेरे बार-बार 'राजन' 'राजन' कहने पर दादी माँ ने डाँटकर कहा था—तो क्या तू अपने जीजा को नाम लेकर बुलाती थी संगीता? 'जीजा जी' कहते तेरा मुँह दुखता था?

"ओह हो दादी माँ...वही तो कहता था कि संगीता, पुराने ज़माने की नहीं नये ज़माने की ज़ुबान बोला करो...नाम लेकर बुलाया करो...और कहता था—यार, साली तो आधी घरवाली होती है और फिर तुम तो मेरी इकलौती, लाड़ली साली हो। हूँ कि नहीं दादी माँ?"

दादी माँ, नये ज़माने के तहत जमा करके रखी अपनी सारी गालियाँ की पुड़िया खोल डालतीं और मैं उन्हें खिझाकर ख़ूब प्रसन्न होती।

अमीता के बेटा पैदा होने का ज़श्न भी ख़ूब दिन चला था। अमीता के गुणों की लम्बी सूची में और भी अधिक अंक जुड़ गये थे। परन्तु एक दिन अचानक दादी माँ की ज़ुबान पर जैसे बिजली-सी गिरी थी। पूरा घर ही हिल उठा था। अमीता की असमय ही मृत्यु सभी को शोक सन्तप्त कर गयी थी। बात उस दिन ऊपर से गुज़री जब दादी माँ ने अमीता की मृत्यु के ठीक एक साल बाद कुशल दार्शनिक की मुद्रा में राजन के पुनर्विवाह की बात मेरे लिए कह दी थी। माँ ने बहुत शोर मचाया, बाबूजी भी झल्लाये थे। पर फिर सभी चुप रह गये थे। जब बुआ ने माँ के आगे आँचल फैलाकर कहा था—

"कोई हर्जा नहीं है भाभी, संगीता वहाँ सुखी रहेगी। राजन में कोई कमी नहीं है। फिर नन्हे को माँ जैसा प्यार...संगीता ही दे सकेगी। माँ और मौसी में भला अन्तर ही कितना होता है। संगीता उस घर में रह भी आयी है। राजन की तारीफ़ भी करती रहती है।"

जीवन की कितनी ही काली-सलेटी सलवटें मेरे आगे खुलने-बिखरने लगीं।

मैंने तो अमीता का कुछ भी नहीं बिगाड़ा था। वह ज़ब जीवित थी, हर क़दम पर मुझे मात देती रही। अब मरकर मुझसे, मेरी किस बात का इतना बड़ा बदला ले रही है? घर के सभी लोग अपनी-अपनी तरह से इस रिश्ते की बात पर सोचने लगे। सब सोचते रहे, वे जानते हैं...पर जाना तो किसी ने भी नहीं। और मैं...मैं अकेली खड़ी रह गयी, मेरे भीतर कोई नहीं मुड़ा। मैं सोचती रही कौन-सा रास्ता चुनूँ? दादी माँ की बातों से कभी भी मैंने अपने लिए कुछ नहीं चुना। अब लगा था, क्यों न किसी के साथ भाग ही जाऊँ? पर किसके साथ? प्रेम? या वैसा अभी तक मन में जागा नहीं था जीवन के इस आयाम में पढ़-लिखकर कुछ बन जाने की साध ही अभी मुझे घेरे हुए थी। मुझे लग रहा था जैसे बहुत कुछ मुझसे जबरदस्ती छीना जा रहा है।

दादी माँ की बातों पर बहस अधिक दिन नहीं चल सकती थी। घर के लोगों ने भारी मन से हथियार डाल दिये थे, तो मैंने भी उस सीढ़ी से पैर उठा लिए थे, जिस पर आज तक विश्वास करके आस्था का एक टिमटिमाता दिया जलाये चढ़ने के प्रयास में थी। वह सीढ़ी, वह देहली, वह मोह, कुछ बन पाने की साध, माँ की बेबस, पर असंगत चुप्पी को मैंने मुड़कर भी नहीं देखा। और राजन की उस रामलीला में चली आयी, जहाँ मुझसे पहले अमीता हीरोइन का रोल सँभाले थी। मैंने सोचा था मैंने धरातल पा लिया था। पर जो पैर मैंने अपनी धरती से उठाये थे वे जैसे हवा में ही टँगे रह गये मुझे हर पल लगता था मेरा होना ही कितना गलत हो गया है और वह सोच जो मुझे अन्य सबसे अलग करती थी, केवल वही मेरे भीतर टीस की एक लकीर खींचती सच हो रही थी।

राजन से समझौता कर लिया था, पर मन में पुराने रिश्ते की दूरी अकड़ी खड़ी थी अक्खड़ जिद्दी साली की तरह। दिमाग़ में पुराना सब हाई फाईडैलिटी टेप रिकार्डर-सा बजता था। बीते हुए इस घर के दृश्य ज्यों-के-त्यों जमा थे। मैं इन दृश्यों के बीच एक दर्शक की हैसियत से रह चुकी थी। उनके भीतर अपने को जड़े जाने को मैं स्वीकार नहीं कर पा रही थी। विवाह का अर्थ कसैला-सा था, कड़आता, मुँह से चबाकर थूका हुआ-सा लगता था। जैसे किसी जूठी थाली में कोई राज़ ही बेस्वाद खाना परस दे, वैसा कुछ।

दिन बीतते चले गये। राजन शौक़ीन मिज़ाज तो अब भी था, रंगीन कम हो गया था। अमीता के समय में जो दृश्य इस घर में उभरते थे, अब नहीं रहे थे। साँय-साँय करता सन्नाटा, नन्हे की छोटी-मोटी शैतानियों से हल्का-सा सरसराता था। नन्हा बड़ा हो रहा था, स्कूल जाने लगा था। प्रायः बच्चे बहुत प्यारे होते हैं, पर नन्हा...? मैं बहुत प्रयास करती कि उसे बहुत दुलार करूँ,

पर उसके मुख पर बच्चों-सा भोला भाव या बच्चों जैसा कुछ नहीं था। पता नहीं क्यों, न तो वह शरारती था और न ही शरीफ,- न चुप न चंचल। क्लास में भी बेहद साधारण। न चुलबुला, न ही मेधावी। वह बिल्कुल अलग-थलग रहता था। न बुरा था, न ही अच्छा। मेरे दुलार की, कुछ कहने न कहने की कोई भी प्रतिक्रिया उसमें नहीं जागती थी। मुझे लगने लगा था कि उसमें कुछ है जो भिन्न है...या कहीं से...ज़िन्दगी से उसका परिचय गलत हुआ जा रहा है। मन ही मन एक शीत सिहरन मुझे कँपकँपा जाती। मैं एक खाली दोपहर की तरह दिन के दो छोरों पर राजन और नन्हे के बीच विभाजित हुई बैठी चुपचाप समय के कट जाने की प्रतीक्षा करती। एक दिन उसी चुप्पी को तोड़ते हुए राजन के कहा, "संगीता हमारी शादी को सात-आठ साल हो चुके हैं। एक लम्बा अरसा बीत गया। तुम डॉक्टर को दिखा लो न, नन्हा बड़ा हो गया है, घर में और बच्चे आने चाहिए।

मैं चुप रही थी। हाँ...यह कमी तो कभी-कभी मुझे भी खली थी। फिर इस डर से मैं चुप थी कि मेरी उत्सुकता को राजन गलत न समझ ले और फिर मेरी इच्छाओं का मूल्य भी कितना था?

राजन ही मुझे डॉक्टर के पास ले गया था। कुछ दिन चैक-अप, जाँच चलती रही और तब डॉक्टर ने कहा था कि मैं बिल्कुल ठीक हूँ। लौटने पर राजन को बताया कि वह अब उसे चैक-अप के लिए बुला रहे हैं, तो वह चौंक कर बोला था—"क्या कहती हो संगीता, मेरा कैसा चैक-अप, नन्हा तो है।"

हाँ, मैंने डॉक्टर को बताया था, पर वह कहता रहा कि मेरे ख़ून का कोई ग्रुप आपके ख़ून से मेल न खा रहा हो। या फिर ऐसा ही कुछ रहा हो। दिखा लेने में परेशानी भी क्या है।

"हाँ, चलो दिखा लेंगे।"

और फिर तब एक नहीं, उस एक साल में राजन ने देश-विदेश के किसी डॉक्टर को नहीं छोड़ा। सभी का डाइग्नोज एक ही था...राजन तो पिता बनने के योग्य न पहले था, न अब है। उनकी रिपोर्ट की फ़ाइलें भावनाओं की क़ब्र की तरह मेज़ पर ढेर लगाये पड़ी थीं। वह मुझसे, मेरे सुख या मेरे दुख से नहीं घबराया था—और अपने जीवन के इस अभिशाप की जानकारी से विक्षिप्त भी नहीं हुआ था। बौखलाया था, तो इस बात पर कि अतीत में उसके प्यार को बेमतलब करती अमीता दीदी की यह सौगात नन्हा...इसे लेकर वह कौन-सा भविष्य बुनेगा? एक प्रेत की तरह सारा वर्तमान उस पर मँडराने लगा था और राजन...मेरे और अपने बीच अँधेरा भरता, दूर हुआ जा रहा था। इतना दूर

कि मैं घबरा रही थी कि दोपहरी बन मेरा जीवन यूँ कब तक हवा में टँगा रहेगा...इस पल मेरे अस्तित्व से अधिक जो कुछ बहुत सता रहा था, वह था समाज। मुझे फिर साफ़-साफ़ लगने लगा कि राजन की ढीठ चुप्पी, नन्हे का सहारा लेकर, उसके अभिशाप को मेरे ऊपर ओढ़ा देगी, और आँखों में प्रश्न भर कर समाज केवल मुझे देखेगा और मैं फिर एक अमीता दीदी से मात खा जाऊँगी। लग रहा था, एक आँधी नहीं साइक्लोन घर में उठा है, बवण्डर, जो लाख टालने पर भी टलता नहीं है। चारों तरफ़ उखड़े विश्वास और रौंदे हुए सपने कटे पड़े थे। तभी कभी-कभी उस धुँधुआते पूरे दृश्य में उभर कर नन्हा मेरी तरफ़ देखकर, मुझे ख़ुश करने के लिए होंठ दबाकर अजीब-सी आकृति बनाता था और मुस्कुराहट सीटी बजाने लगता था। मेरे मन ने फिर स्वीकारा था कि यह मुद्रा मुझे आज भी भिन्न ही नहीं बेहूदा लगती है।

मेरी दृष्टि तो मेरी है

जब आँख खुली तो देखा घड़ी में केवल पाँच ही बजे थे। ओह, तो अभी सुबह नहीं हुई? बाहर भी छुटपुट अँधेरा था। पहले तो मैं इस समय उठ जाती थी, और आतुरता से अपनी पढ़ने की मेज़ पर बैठ कर, अपने किसी उपन्यास या कविता, कहानी में डूब जाती थी। उन दिनों जाने कहाँ से आकर, अजनबी सी एक ऊर्जा का ज्वार, कल्पनाओं के पंखों पर सवार मेरे आसपास धुन्ध-सा ठहर जाता था, और मेरी कलम चल निकलती थी। पर अब...जाने क्या हो गया है मुझे, मेरा शरीर...मन...दिल का ये दर्द पता नहीं क्या? खोयी वृत्तियाँ? क्या है, जो मुझे अलसाये रखता है, मेरी मानसिकता को क्या हो गया है, जाने क्या?

मैंने झट से नींद की आधी गोली पानी के साथ निगल ली। हाँ, कुछ भी हो नींद को आना पड़ेगा, मुझे अभी नहीं उठना है। आँखें खोलते ही एक लम्बा-चौड़ा दिन, पहाड़-सा, हाथ बाँधे सामने खड़ा हो जायेगा, तो मैं क्या करूँगा उसका, अकेलेपन का? उठी, तो पहले सिर-पैरों को चलाना है न, फिर चाय, चाय के साथ अख़बार। बाहर एक जीवन्त संसार पलटे-से ले रहा है, उससे अपनेपन को जोड़ने का एक प्रयास, ये अख़बार। फिर उठो, खाना-पीना देखो, पति को क्या चाहिए, उनकी रुचियाँ? परन्तु पूरे आयोजन में मैं, मेरा अर्थवान होना, कहीं भी नहीं था, पता नहीं क्यों? चलो नहा लिए, भगवान का स्मरण आरती, दिनचर्या का एक अंश, अब? फ़ोन बेमानी से...किताबों के पन्ने केवल अपने से। परन्तु पूरे कमरे...कॉरीडोर में फैला सन्नाटा, एक खाली-खाली बेसाँस होती उदासी...और कुछ नहीं।

अचानक अधनींदी अँधमुदी आँखों में...एक आँसू...तैर आया, कि तुम आ खड़े हुए...“अरे...?” तुमने बिना किसी भूमिका के कहा, “मुझे बुला लो ना तुम...या मेरे साथ चलो?”

“अरे तुम?” कितनी मुश्किल से पहचाना तुम्हें, कितनी कृश थी तुम्हारी

काया, चेहरे पर ढेर सारा पीलापन, आँखों पर चश्मा भी नहीं था। परन्तु स्वर में अद्भुत रूहानियत थी।

"चलो...मेरे साथ...?" तुमने आमन्त्रण का हाथ फैला दिया। "चलो मैं गाड़ी भी लाया हूँ...।"

"हाँ, मैं? ठीक है, चलती हूँ...कपड़े बदल लूँ, चप्पल पहन लूँ।"

"जल्दी करो" कितना गीला था स्वर, और पनीली उदास थी आँखें भी।

"कहाँ थे अब तक? इतने वर्षों बाद अचानक? आ जाओ, गाड़ी में बैठ कर बातें करेंगे।"

"ठीक है।" मैं जल्दी-जल्दी साड़ी लपेट कर चप्पल पैरों में फँसाती बाहर आयी तो, ये क्या? तुम्हारी कार तो खचाखच भरी थी लोगों से...हँसती-बतियाती महिलाएँ...और तुम बिना मेरी ओर देखे चले गये।

"अरे ठहरो...ठहरो...तुम तो मुझे लेने आये थे? जा क्यों रहे हो, रुको...।" उसके साथ जाने का निर्णय मैं ले चुकी थी और निर्णय किसी की वसीयत नहीं होते।

मैं बिस्तरे पर उठ बैठी, आसपास कुछ नहीं था, मेरा सूना कमरा, सुबह की उजास से आहिस्ता-आहिस्ता उजागर होता, खाली। तो, वह क्या था, स्वप्न? या वास्तव में तुम आये थे। क्या?

मैं पूरा दिन, अपनी दिनचर्या में तुम्हारी स्मृतियों में साँस लेती रही, इतने वर्ष, पाँच या छह, तुम्हें गये हुए तो एक अरसा हो गया, फिर तुम या तुम्हारी गुनगुनाहट इतनी जीवन्त होकर, आज ही क्यों, मेरे आसपास मुझसे सटती, सिमटती...एक नेपथ्य संगीत सी ध्वनित हो रही थी। वैसे तो तुम्हें मैंने भुलाय कभी नहीं था। खासकर शाम को जब दिन ढल जाता था, तब वह सारी सन्ध्या जी उठती थीं जब हम कॉफ़ी शॉप की शीशे की खिड़की के नीचे बैठकर च पीते थे। कविताएँ गढ़ते थे, ढेर-सी कहानियों के सिरे जोड़ते थे। पर ज तुम गये हो, गहरे अकेलेपन ने मन में घाव बो दिये हैं, भीतर एक टीस आरजू भी है, जो हर समय एक दुखन सी साँसों में सिमटी रहती है।

मैं कुछ और अधिक सोचती, डॉक्टर आ गये। मेरे बहुत मना बावजूद, बेटी ने मुझे उस तन्तुजाल में फँसा दिया, जिससे मैं बच थी—शरीर की पूरी जाँच पड़ताल हो गयी और उसने मुझे अस्पता करवा दिया...उसकी दलील थी कि मैं 'डिप्रैशन' में जा रही हूँ—बहु गयी हूँ...अतः 'हार्ट-अटैक' हृदय पर दस्तक दे रहा है। अस्पताल क स्वच्छ कमरा, गुच्छे-गुच्छे होती स्वरलहरियाँ, घर के लोगों में क

बेटी और...? मैं भी तो उस प्रक्रिया में कहीं नहीं थी, बस शरीर में सरसराता दर्द, जीवित होने का एकमात्र एहसास था। उसे बढ़ाती घटाती दवाइयाँ मेरी हाथ में ठुकी सूई के तरल द्रव्य में बहने लगी थीं। मेरे आन्तरिक मरुस्थल में एक मधुर मधुमास जगाने का एक कमज़ोर सा प्रयास।

दवाइयों की तन्द्रा के मध्य, तुम फिर से मेरे सामने आकर खड़े हो गये। इस बार तुम्हारे पीछे कोई सवारी या कार नहीं थी हाँ हाथ में बिल्कुल वैसा पीला फूल था जो जाने कब से तुम्हारी लिखित कविताओं की पुस्तक में दबा पड़ा था। आश्चर्य वह तब से अब तक कभी सूखा भी नहीं था, और न ही झरा था, रंग भी तो वैसा ही था पीला, पक्का पीला। आज भी। इतने वर्षों बाद भी।

"कहाँ, रहते हो तुम आजकल? कौन-सा है तुम्हारा ठौर-ठिकाना?"

"वहाँ...ऊपर..." तुमने आकाश की ओर उँगली उठा दी।

"बिना सीढ़ी के उतर आये?"

"वहाँ सीढ़ी नहीं है...केवल महल जैसे हैं।"

"तो...? क्या नाम है उस बस्ती का?"

"स्वर्ग।"

"अरे...फिर? मज़ाक़। मज़ाक़ करने की तुम्हारी आदत गयी नहीं? तुम स्वर्ग से उतर आये हो, वह भी इतने वर्षों बाद? पहले क्यों नहीं आये? क्या कर रहे थे तुम वहाँ, क्या?"

"कुछ भी नहीं, वहाँ करने को कुछ भी नहीं है न काग़ज़ न कलम...न भाव...न प्रेरणा।"

"और स्मृतियाँ?"

"जुगनू सी जगमगाती हैं, कभी-कभी, तो अतीत की उँगलियों से हवाओं में लिखता हूँ छन्द...क्योंकि आरज़ू तो कभी नहीं मरती—आकांक्षा, शरीर से अलग खड़ी रह जाती है।"

"क्या लिखा दिखाओ?"

"हवाएँ उड़ा ले गयीं। मैंने तो उनसे कहा था, तुम्हें दे दें, नहीं दिया क्या?"

"नहीं।"

"मेरी आवाज़ कमज़ोर हो गयी है न, हो सकता है, उन्होंने सुना ही न हो। या शायद संस्कारवत...अविरोध?"

तभी एक रंगीन तितली उसकी खुरदुरी हथेली पर आकर बैठ गयी।

"सन्देश है, मुझे जाना होगा।"

"नहीं रुको-रुको" क्योंकि प्रश्नों का या अर्थों का आविर्भाव नहीं हुआ था अभी।

परन्तु तितली के परों में सिमट गया उसका, सारा का सारा वजूद।

मैं खड़ी देखती रही...उसकी आकृति के छोड़े हुए शून्य में...चुपचाप...क्या था? स्वप्न...तसव्वुर?

"माँ...माँ...आप सुन ही नहीं रही हैं—आपके फ़ोन पर किसी की चार-पाँच मिस्ड कॉल हैं।" मेरी बेटी ने मेरा फ़ोन मुझे पकड़ा दिया। अस्पताल के बैड को ऊपर उठा कर तकिये के सहारे मुझे आराम से बैठा भी दिया।

"और माँ, आपकी सारी फेवरेट किताबें भी ले आयी हूँ घर से, आपने कहा था न...यह रखी हैं। हाँ आप फ़ोन कर लीजिए, मैं आपकी चाय मँगवाती हूँ...सुबह हो गयी है ना।" तर्क तो जीने पड़ते हैं...तो तर्क को क्यों उकेरना।

"हाँ सुबह?" वह चली गयी तो मैंने अपने आप को निजता में सँभालते हुए, परिवेश के वर्तमान में गहरी साँस ली। अरे यह किसका फ़ोन है, नम्बर मिलाया, तो उ़धर से उत्तर आया "आपको कबसे फ़ोन लगा रहा हूँ मैडम... आपकी दोस्त, मानसी, वह चली गयीं...आई मीन शी डाईड...।"

"क्या? ऐसे कैसे हो सकता है—कल ही तो बात की थी मैंने उससे—क्या हुआ अचानक, वह ऐसे कैसे जा सकती है? वह भी मुझे बिना बताये?"

"मैडम, यहाँ बहुत ठण्ड है न, पहाड़ी इलाका है। फिर उनके हालत ऐसे थे आप तो जानती हैं वह बिल्कुल अकेली रहती थीं। बच्चे तो सब विदेश में हैं, ऊपर से उम्र और बीमारी। रात को बाथरूम गयी थी जाते समय रज़ाई का कोना रौडवाले हीटर से चिपक गया, बस आग लग गयी। आग में सभी कुछ जल गया, सारा शरीर—कम्प्यूटर-पलँग, कपड़े-किताबें।" दर्द का शीत तुषारापात मुझ पर हुआ।

"ओह?" मुझसे और सुना नहीं गया—कैसी मृत्यु? सन्नाटे में सरसराती टेलीफ़ोन की आवाज़ असहज भी तो कर रही थी—"जाना था उन्हें...चली गयी। जब सब कुछ जल कर राख हो जाता है तो पता नहीं जाने वाला कौन-सी शय जीतता है? इश्क़ की बाज़ी या?" तभी बैड साइड टेबल पर नज़र पड़ी।

उसकी कविताओं की पुस्तक रखी थी—"अरे।" मैंने उसे हाथ में उठा लिया, खोला तो उसमें एक सूखा पीला फूल मेरी चादर पर गिर पड़ा वैसा ही था। क्योंकि प्रेम न कुम्हलाता है न मिटता है। प्रेम की सम्पदा प्रेम है...उसी में जीवन है वह।

बेटी ने जबरदस्ती चाय पिला दी थी। बातें भी करती रही—"माँ गैट रेडी डॉक्टर आ रहे हैं—आपकी सर्जरी है न, आप घबरा तो नहीं रहीं...बी ब्रेव, ठीक होना है आपका हमारे लिए, पापा के लिए...ओ के।" उसने बहुत प्यार से मुझे सहलाया।

"हाँ...मैं ठीक हूँ बेटा...नहीं, बिल्कुल नहीं घबरा रही, तुम आश्वस्त रहो।"

नर्सें आ गयी थीं...कपड़े बदल दिये गये थे। और स्ट्रेचर पर मैं चली जा रही थी...भावनाशून्य अपनेपन में अपने को तलाशती। ऑपरेशन थिएटर... क्लोरोफार्म की महक...बस...बस।

"अरे तुम?"

"हाँ मैं, आ गया हूँ... तुम्हें साथ ले जाने, चलो?"

"ठीक है मैं चलती हूँ।" और मैं बिना कोई विचार मन में लाये चल पड़ी। "हाँ...तुम बताओ इतने दिन...क्या कर रहे थे?"

"मैं, मैं एक साँस लेने और दूसरी साँस छोड़ने के मध्य जो समय बचता है न, उसी में तब से खड़ा हूँ। क्योंकि मेरे लिए निश्चय नहीं लिया गया अभी तक।"

"तुम्हारा स्वर्ग तो अवश्य ही अद्भुत होगा, वहाँ अप्सराएँ, परियाँ...फरिश्ते सभी होंगे। तुम्हारी तो उनसे मित्रता भी हो गयी होगी...और प्रेम? हुआ क्या किसी से?"

"अरे प्रेम क्या ऐसे ही हो जाता है, जिस किसी से, प्रेम तो अस्तित्वगत धर्म है...उसे जीना होता है...मनसा-वाचा-कर्मणा, जी तो रहे हैं हम।" उसने मेरी ओर देखा।

"अच्छा और बताओ" मैंने बात टालनी चाही, "और कौन रहता है वहाँ, तुम्हारे महलों-दोमहलों में?"

"बहुत से प्राणी...योगी, साधु सन्त...विचारक सभी हैं। और एक राज़ की बात बताऊँ तुम्हें।" उसने फुसफुसाकर कहा, "वह जो अप्सराएँ हैं वहाँ, किरणों का ज्योति-पुंज चाँदनी की चकाचौंध से भरी हुई, वह सभी, धरती से आयी नाबालिग लड़कियाँ हैं, जिनकी बलात्कार के पश्चात क्रूरता से हत्या कर दी गयी थी।"

"ओह...और फरिश्ते?"

"हाँ फरिश्ते भी, वह सब बेचारे बेकसूर नवयुवक हैं जिनको जात-पाँत के बँटवारे में मृत्यु के घाट उतार दिया गया था। वह भी उन्हीं के मित्रों ने...या परिवारजनों ने...।"

हम काफ़ी आगे आ गये थे...अथाह जल का समुद्र था, परन्तु वह वास्तव में समुद्र नहीं था, ना ही आकाश, बस एक एहसास जैसा था...अलौकिक-सा एहसास। दूर तक धुन्ध के अतिरिक्त कुछ भी दिखाई नहीं दे रहा था। एक गहरा सन्नाटा, दूर-दूर तक कोई रेखा छाया भी नहीं, सपाट खालीपन फैला हुआ था।

"तुम्हारी दोस्त मानसी है न, वह पूरा समय फरिश्तों और अप्सराओं से

बातें करती रहती है...हो सकता है उन पर रिसर्च कर रही हो, उनकी 'केस हिस्टरी' जमा करती रहती है।"

"तुम तो कह रहे थे वहाँ काग़ज़-कलम कुछ नहीं है, तो कहाँ लिखेगी? पत्रिकाएँ या समाचार-पत्र हैं वहाँ...क्या है?"

वह चुप रहा...तो मैंने ही पूछ लिया, "और मेरी दोस्त सारा? सारा भी तो अभी कुछ दिन पहले हमारी धरती से चली गयी थी। मुझसे उम्र में छोटी थी, फिर पता नहीं क्यों, क्या जल्दी थी उसे?" मैं अपने आप ही उसकी मृत्यु के समीकरण जुटा रही थी—"पता है अपनी बहन की मौत के बाद वह इतनी अधिक आहत हुई कि बिस्तर से जुड़ गयी, और उसी मूर्च्छा में चलते-चलते मौत के कुहासे में गुम हो गयी।"

"हाँ अभी आयी है एक महिला, शायद तुम्हारी 'सारा' ही हो। हाँ वह महिला पूरा समय यहाँ के नैसर्गिक सौन्दर्य में ध्यानस्थ रहती है। यहाँ नयनाभिराम उद्यान है। प्रकृति का फूल-पत्तों का कभी न कुम्हलाने वाला स्वरूप आश्चर्यजनक है।"

"वह चित्रकार थी न, इसी कारण वह सौन्दर्य उसे अभिभूत करता होगा—सौन्दर्य तो सदा ही उसकी मूलप्रेरणा रहा था।"

अचानक उसने मेरा हाथ पकड़ लिया था। कोमल-कोमल बादलों के गुच्छे जाने कहाँ से आकर हमें घेर रहे थे। पक्षियों का मधुर-मधुर सा कलरव, सुगन्ध, खुशबुएँ, मेरे आसपास बिखर रही थीं। तभी एक लयबद्ध मन्त्रोच्चारण की धुन मेरी आत्मा में उतरती चली गयी। जहाँ खड़े हुए थे वहाँ एक रहगुजर थी। शान्त, परन्तु मेरे सम्मुख जैसे एक प्रवेश-द्वार खुल रहा था। मैं उसका हाथ थामे भीतर चली आयी थी। सारा का सारा वातावरण बहुत पवित्र, परन्तु धुआँ-धुआँ, सभी कुछ जैसे तैर रहा हो, वायु का बहाव जल जैसा तरल था। बहुत से मन्त्रोच्चारण के स्वर, मैंने देखा कतार बाँधे बहुत से योगी...साधना में लीन बैठे थे।

हम आगे चलते गये, एक कक्ष, फिर दूसरा। बहुत से व्यक्ति आ रहे थे, जा रहे थे। अपनी विचार द्रोहता में स्तब्ध मैं समझ नहीं पा रही थी क्या करूँ? तभी एक चेहरा निकट सिमट आया, "अरे मानसी...मानसी?" मैं बहुत प्रसन्न हो गयी, कोई तो अपना, पुराना सरमायेदार मिला।

"ओह...हाय।" उसका स्वर वैसा ही था, पूरे आत्मविश्वास से गहराया हुआ... एक गूँज-सा अखण्ड, इससे पहले मैं कुछ कहती वह चली गयी, उसी लयबद्ध उत्तेजना और फुर्ती से जिससे हमेशा वह एक गोष्ठी से दूसरी...एक नाटक से दूसरे, पत्रकारिता के हेतु रिक्शा में बैठ कर नोट्स बनाती, वह फर्राटे से सामने से निकल जाया करती थी।

उसके जाने के बाद, एक जले हुए वस्त्र की महक जैसी, देर तक मेरे आसपास कुछ बुनने लगी। जलने की गन्ध या हवनकुण्ड का धुआँ? तो उस धुआँ-धुआँ परिवेश में उसकी मुखाकृति कभी आलोप होती, कभी दिखाई पड़ती थी या कभी उजागर होती थी। उसकी जीवनभर की ऊर्जा, उसकी दिशा उन्मुखता कर रही थी जैसे।

"मानसी ठहर...ठहर, तेरे बिना बहुत अकेली हूँ मैं।" पर मानसी धुएँ के उस अपार गुबार में अदृश्य हो गयी। जैसे कभी थी ही नहीं, विदेह।

तभी बहुत से ज्योतिपुंज, गोल-गोल घूमते एक व्योम की संरचना कर रहे थे। मैं संयत होने के प्रयास में थी तो उसने मुझे छू लिया...

"ओह, सारा तुम?"

"हाँ...मैं, मैं अब वहाँ रहती हूँ...वहाँ, जहाँ आसमान सुर्ख़ या सुनहरा होता है। वहाँ एक दरया भी है, आओ चलो, तुम भी एक अजनबीयत ओढ़ कर आ जाओ मेरे साथ—वहाँ कहानियों के बहुत से धुँधले खाके मिल जायेंगे तुम्हें।"

"पर मजहब?"

"यहाँ मजहब के दायरे नहीं हैं, न तो कोई दरवाज़ा है न खिड़की, बस केवल मोहब्बतों के बगीचे हैं, जिसमें रंग-बिरंगे फूल खिले हैं।"

उसकी आवाज़ में नर्म-सी गूँज थी, जिसे मैंने अपनी साड़ी के आँचल में समेटना चाहा। पर तभी लगा कोई रो रहा है...कौन? शायद मेरी बेटी का स्वर था..."डॉक्टर्स प्लीज़ कुछ कीजिए ना, नो, नो, ऐसे कैसे कह रहे हैं आप? कि वह ऑपरेशन से उभर नहीं रही...इतना कमज़ोर कैसे हो गया उनका हार्ट कि जान चली जाये?

"हमने तो आपसे कहा था, इनका ऑपरेशन रिस्की है—वह बहुत कमज़ोर भी तो थी। जीने की 'विल-पावर' खो चुकी थीं...आपने बताया था डिप्रैशन में हैं काफ़ी समय से। तो? फिर भी, कोशिश करते हैं...ओ.के.।"

"हाँ कोई तीन-चार वर्ष से गुमसुम हैं माँ, बात भी बहुत कम करती थीं, जाने क्या था जो इन्हें उदास रखता था?"

सारे स्वर मेरे आसपास बिखर रहे थे। परन्तु मैं तो, मैं तो किसी अदृश्य बहाव में बही जा रही थी, जहाँ सुगन्ध थी, मधुर-मधुर संगीत की धुनें गुंजायमान थीं, और कोमल-कोमल बादलों के गुच्छे मेरे शरीर को अपने आगोश में लपेट रहे थे...बहुत से मन्त्रोच्चारण और मध्य में कहीं "एक ओङ्कार श्री वाहेगुरु" "एक ओङ्कार सतनाम श्री वाहेगुरु" कानों में तन्तुजाल रच रहा था।

तभी मानसी पास आ गयी। "अरे ये तो सरदार जी हैं...मनविन्दर जी, ओह गुड।" वह दौड़ती हुई उनके स्वागत के लिए आगे चली गयी।

सारा तब तक फूलों की एक क्यारी से निकल कर बाहर आ गयी, "मैंने कहा था ना, यहाँ मजहब की कोई पाबन्दियाँ नहीं हैं, आ चल मिलते हैं उनसे।"

हम दोनों आगे चलते गये, मन्त्रोच्चारण के साथ...गुरु ग्रन्थ साहब का पाठ या कहीं किसी अनजान की 'गैबी आवाज' वातावरण में जहाँ-तहाँ उभर रही थी। सामने मनविन्दर जी खड़े थे।

"हम सब मित्र यहीं हैं।" मनु का स्वर था...पास कहीं सुखद मिठास से भरा। फिर वह उत्साहित होकर मनविन्दर जी से पिलट गया, "अच्छा किया मित्र तुम आ गये, मैं जाने कब से अकेला था...मित्रविहीन जीवन तो पूरा मरुस्थल होता है दोस्त।"

"अरे यहाँ तो इतना सौन्दर्य है, तुम्हें यहाँ मरुस्थल क्यों लगा, यह तो जन्नत है...स्वर्ग।"

''अरे आप तो मनविन्दर जी अमरीका जाने वाले थे...यहाँ कैसे आ गये?" मानसी ने आगे बढ़कर उनसे पूछ ही लिया।

"हाँ...वह निश्चय मेरा नहीं, मेरे बेटों का था। पूरी उम्र मैंने तिनका-तिनका जोड़ कर जो तीन मंज़िला घर बनाया था, उन्होंने बेच दिया। विदेश जाने का लालच उन्हें खैंच ले गया, परन्तु, मेरी बूढ़ी देह में इतनी ऊर्जा कहाँ थी कि मीलों दूर जाकर ठण्डी खाली कोठरी में दफ्न हो जाता और मेरी पत्नी उनके बच्चे सँभालती या जूठे बरतन माँजती? इस उम्र में अपनी पुस्तकों के संचित संग्रहालय के बिना, और मित्र-विहीन, उस ठण्डी विदेशी धरती पर मैं कैसे जी पाता दोस्त? इस अस्सी वर्षीय मन में कौन-सा उत्साह बाकी था? न विदेश का ना ही नये मित्र बनाने का, ना ही अपनी मातृभूमि से रुखसत होने का...।"

"ओह" हम सब उनके पथराये चेहरे पर बहते आँसू...उनका दर्द देख कर सिहर रहे थे।

"बेटों ने सोचा होगा—फालतू सम्मान-सा ले जाकर हमें भी एक कमरे में पटक देंगे, परन्तु मेरे भीतर अभी आग बाकी थी—एक उजास अभी भी अंकुरित थी—मेरा रचनाकार मन उस पूर्ण-विराम, पूर्ण-शून्य के स्वीकार से विरक्त हो गया था। तो अस्पताल उस शईया से मैं उठ आया...याद है मनु तुम ही गुनगुनाते थे, "आज हमने अपना दिल। खूँ किया देखा। अपने को गुम किया हुआ पाया।"

"अच्छा किया चले आये...अच्छा किया इस निर्णय के साथ, उनकी, अपने बेटों की दुविधा को भी मिटा दिया। तुम्हारे चले जाने से उन्हें भी मुक्ति मिली होगी।"

"हाँ...जीवन का आत्यंतिक कटु गणित यही है शायद?"

"सृष्टि का गणित भूल जाओ...अब यहाँ तुम्हें प्रभुता मिलेगी दोस्ती। स्वायत्तता प्रभुता सम्पन्न यह वातावरण।"

"हाँ ख़ूब गुज़रेगी जो मिल बैठेंगे दीवाने...हम सब...मित्र।" सारा की हँसी में फूल ही फूल झर रहे थे।

मैं हतप्रभ उन फूलों को देख रही थी...कि किसी ने मुझे झटके से उस स्थान से घसीटना आरम्भ किया...मेरी साड़ी वस्त्र सभी रंगतविहीन श्वेत होते गये। "सारा...सारा" मैंने भरपूर शक्ति से चिल्लाना चाहा। परन्तु वह सब किसी दीप नौका पर सवार जाने कहाँ चले गये। जैसे कभी थे ही नहीं विदेह।

परन्तु मेरी स्मृति में तो वह सभी समोहित मेरे प्रिय। इस क्षण भी हैं... अब के पल में भी, कैसे जा सकते हैं, वह मनविन्दर, मानसी, सारा...कैसे जाने दूँगी उन्हें। अपनी समूची बहुमूल्य-स्मृतियों को अपने हृदय से बाहर आने की इजाजत तो मैंने कभी नहीं दी। कभी नहीं। उनके अस्तित्व का विलोपन मेरी दर्द की पराकाष्ठा थी। अपनी दोनों हथेलियाँ हृदय पर रखनी चाही थीं, कस कर मन का द्वार बन्द करना चाहा था कि वह जा न सकें, परन्तु? परन्तु, वहाँ?

"शी इज सिकिंग।"

"क्या हुआ? चैक द हॉर्ट-बीट?"

फिर एक गहरा सन्नाटा, कोई शब्द नहीं, एक खाली स्पेस, फिसलनी...। फिसलनी, ज़िसमें सरकती चली गयी मैं। कहीं दूर मन्दिर की घण्टियाँ बजने लगी थीं, नींद की सुरंग में भजन...मन्त्र गुंजरित होने लगे तभी किसी ने मेरा हाथ थाम लिया। "अरे, मनु...तुम कहाँ चले गये थे?" वह अकेला था।

"कहीं भी तो नहीं...तुममें ही तो समोहित हूँ...यही मोह ही, मेरी गति अवगति का कारण है...सह लिप्यंतिरता ही तो मुझे यहाँ की स्वर्गीय व्यवस्था से अलग करती है...।"

"ओह" उसके हाथ की जकड़न और पुष्ट हो गयी थी। तभी हम नये कक्ष में प्रवेश कर गये थे। जहाँ असंख्य दीये जगमग जल रहे थे। सुगन्ध के पुंज इतने अधिक प्रभावशाली थे कि हमारा तादात्म्य वहाँ के सुरक्षित वातावरण से कठिनाई से हो रहा था। तभी एक स्वर, गहर-गम्भीर, प्रभावशाली स्वर कानों से आ टकराया।

"अप्पा अप्पयरिम रओ।"

"आत्मा ही तुम्हारा ज्ञान है। आत्मा दर्शन है। आत्मा ही तुम्हारा चरित्र है। आत्मा ही प्रत्यास्थान है और आत्मा ही संयम योग है। तुम सब यहाँ उपस्थित... अपने-अपने आत्मरूप ही हो।"

"आत्मा परम शब्द है। और जिसने उसमें स्थिरता पा ली है...उसने सभी कुछ प्राप्त कर लिया है।"

"तुमने पा ली है न वह 'थिरता'? इतनी क्षमता तो तुम में सदा ही थी मनु।"

"कहाँ पा सका, कारण जो भी हो? मैं जो भी रचना करता था, गीत गाता गुनगुनाता था, उनकी निरंकुश सत्यता तो यही थी कि उनमें तुम, केवल तुम बसी हुई थीं...मेरे सारे साहित्य का अनुप्राण, प्रेरणा केवल तुम थीं। तुमसे आगे मेरी कोई महत्वाकांक्षा थी भी नहीं। फिर यहाँ, इस पूज्य देवस्थान पर तो कुछ भी गोपनीय नहीं रखा जा सकता। यह सभी जन जान गये हैं मेरा भेद, मेरे लेखन की मूल प्रेरणा, तुम्हारी छवि। भीतर से अविमूर्त परन्तु अर्थत्व।"

"नहीं...नहीं। तुम ऐसा मत कहो...हमारी मित्रता या स्नेह सन्धि, अनिष्टकर कभी नहीं हो सकती। मनु...तुम तुम उस मोहपूर्ण कल्पित स्थिति से उबर जाओ प्रिय।" वह आगे आता गया...मैं पीछे हटती गयी।

"नहीं...नहीं..इस मोह का परित्याग कर दो प्रिय...। मुझे एक हताशा ने एकाएक ग्रस लिया था।

"परन्तु मेरा ज्ञान-संज्ञान तो तुम हो, मात्र तुम, मैं तो तुम्हारे बिना वर्षों से यहाँ भी एक अस्तित्वहीन...शून्य की खाली-सी तनहाई में चुपचाप खड़ा हूँ।"

उसके इस वाक्य से मेरा सारा वजूद एक आत्मग्लानि से झनझना उठा। हमारा प्रेम तो नैसर्गिक था, या है, शरीर और ऐन्द्रीयता से भिन्न ऊँचा, सीमाहीन, जिसकी भाव प्रणयता में अद्वितीय घटित होता है, ज्ञानात्मक। परन्तु मनु? नहीं हमारा प्रेम उसके सूर्यास्त का कारण नहीं हो सकता।

जहाँ हम खड़े थे वहाँ जल के सरोवर में अनेक कमल खिले थे विभिन्न रंगों के सफ़ेद, गुलाबी-पीले और हरे, ब्रह्मकमल भी। मैं मनु को उनके निकट ले गयी, "मनु देखो यह कमल कीचड़ से जन्म लेकर जल की सतह पर संकेतार्थ आकर मुस्कुरा रहे हैं। भारतीय दर्शन में यह संकेत हैं, एक परित्याग का, रूपान्तरण का, मानवीयता से मुक्ति का। तुम भी मनुष्यत्व की सीमाओं से उठकर कुछ अलौकिक प्राप्त करो—किसी गरिमापूर्ण रचना में समोहित हो जाओ। प्रतीक-प्रयोग, जो मुझसे अलग अन्तरआत्मा से उभर कर आये—सद्य स्नात, नैसर्गिक, जीवन्तता में नहाई हुई ज्योतिर्मय। ब्रह्मकमल सी असाधारण।"

मेरे भीतर एक धिक्कार भाव उभर रहा था, मेरा प्रेम तो प्रार्थना था, उपासना, अशरीर, मेरा प्रेम किसी का गति-अवरोध कैसे बन गया? मेरा प्रेम तो जीव-शरीर-रचना से अलग था। कहाँ से आ गयीं ऐसी परिस्थितियाँ? क्यों एक तीव्र वेदना मेरे पूरे शरीर को कँपकँपाहट से भर रही थी...मेरी सारी चेतना

पर एक गहरा आघात हुआ था। इससे पहले कोई मूर्छा मुझे जकड़ लेती...मेरे और मनु के मध्य एक सुगन्ध...एक ज्योतिपुंज, एक आलोक-सा उपजने लगा। ऐसा विदित हुआ जैसे कोई सूर्य उदित होने को था। तभी वही मन्त्रोच्चारण वाला प्रभावशाली स्वर फिर से मेरी स्मृतिविहीनता के कुहासे में एक ज्योतिर्मय दीप-सा जगमगा उठा।

वह स्वर मुझे मेरी भावनाओं से निर्भाव कर रहे थे—खाली एक विपरीत रास्ते की ओर संकेत कर रहे थे। वह रहगुज़र, जहाँ सभी भाव त्याग देने होते हैं। जहाँ भाव राग नहीं...बन्धन नहीं...ज्ञान या दर्शन बन जाते हैं। वह मार्ग जो प्रेम या भाव से नहीं, दर्शन, आत्मविस्मृति की तल्लीनता तक जाता है। मेरे और मनु के मध्य कोई और था...उसका स्वर, धर्मसार, "छोड़ दो, ये आशा अपेक्षा, कब से समझा रहा हूँ तुम्हें मनु, परन्तु तुम समय के उसी पल में पथराये खड़े हो। उबर आओ अपनी आकांक्षाओं की भ्रमित दृष्टि से वह मृग मरीचिका है। वह गीत गाओ जो सम्बन्धों से परे हैं अद्वितीय नित नूतन, ज्ञानात्मक, यद्यपि सनातन, क्योंकि वही गीत ऋचाएँ हैं, वही गीत वेद के स्वर हैं...वही गीत तुम्हारा मोक्ष हैं। "एक अहोभाव...अनन्त रश्मियों में समोहित निकट जगमगा उठा। "हाँ" मैंने उसका हाथ छोड़ दिया। "आत्म दीपो भव...तुम दीपक बन जाओ...अतीत के अँधेरे जंगल में मत भटको, प्रिय, सूखी पंखुडियों में मधु नहीं होता। कोई ब्रह्मकमल खिलेगा तुम्हारे लिए...विराट तुम्हारे भीतर है...पुराने कृत्य...उनके टूटे किनारों को मैं साथ ले जाती हूँ...तुम मुक्त हो जाओ इस प्रेम बन्धन से।" बेड़ियाँ...जैसी टूटने लगीं कुछ टूटने की झन्न-सी एक ध्वनि वहाँ फैलती रही। हाँ मेरे भीतर खण्ड-खण्ड कुछ बिखरने लगा, कहीं दूर बिजली-सी कड़क गयी। मूर्छा जैसी असहाय अवस्था। मेरी साँसों में कभी खुशबुएँ घुलतीं, कभी जले हुए वस्त्र की महक, कभी पुष्प पुंज, कभी कीर्तन के जाज्वल्यम स्वर...कभी जल की कलकल...। मैं ज़िन्दगी से थककर तो यहाँ आयी थी...और अब, अपने प्रिय के इस सत्य से हताश गहरे सदमे में डूबती-उतरती, अपनी ही, आत्यंतिक छाया से घबरा कर, इस आखिरी मोह बन्धन के रेशमी तन्तुओं से हाथ छुड़ा कर, मोहभंग के पश्चात भी जाना नहीं चाहती थी। परन्तु नैसर्गिक वह स्वर फिर गुंजायमान थे और मुझे आगाह कर रहे थे...स्थितियों से।

"दसणभट्ठा भट्ठा" भटका वही जिसके पास दृष्टि नहीं थी।"

"दक्षणभट्ठा नस्ति निर्वाण।"

और जो दर्शन से भ्रष्ट है उसका कोई निर्वाण नहीं, मोक्ष नहीं। तभी मैंने देखा वह सब, मानसी, मनु, सारा, मनविन्दर जी एक दीप नौका पर सवार

आँखों से ओझल तो रहे थे। मैं न चाहते हुए भी अकेली की अकेली खड़ी रह गयी थी।

"आप कैसी हैं...कैसा फील हो रहा है।" किसी ने मेरे माथे पर हाथ रखा। "रो क्यों रही है?" जाने किसका स्वर।

"डॉक्टर शी इस रिसपौंडिंग...देखिये इनकी धड़कन, हार्टबीट नॉर्मल हो रही है। और आँसू भी बह रहे हैं आँखों से।" वह मेरे आँसू पोंछ रही थी।

मैं आँखें खोल कर फिर बन्द कर लेती हूँ। जिस अहोभाव के मध्य...मेरी बन्द आँखें खुली थीं, वह सारे ज्योतिपुंज सभी, मेरे मित्रगण, मेरा प्रिय...उनका धुँधलाता अक्स, आत्मा की पवित्रता हेतु सतह से ऊपर उठता, एक रूपान्तरण... कायान्तरण आँखों से ओझल हो रहा था। परन्तु मैं तो सभी को अपने भीतर सँजोकर रखना चाहती थी। क्योंकि मेरी आन्तरिक दृष्टि तो मात्र मेरी है, उस पर किसी का अधिकार हो ही नहीं सकता। दृष्टि ही तो सभी कुछ है, क्योकि अपनी ही दृष्टि से मैं सृष्टि या...स्वर्ग का अँधेरा-उजाला देख रही थी। छाया में, प्रेम की छाया में भटकती जाने कहाँ-कहाँ हो आयी थी। परन्तु वहाँ के सारे धर्मावतार...संन्यासी कह रहे थे, "जो दर्शन से भ्रष्ट है उसका निर्वाण नहीं।"

परन्तु मेरा तो यही मानना है, प्रेम, आन्तरिक गहरा लगाव सांसारिक दृष्टि से परे एक दुर्लभ आत्मिक चेतना है। प्रेम दृष्टि से परे है, दृष्टि मुक्ति की राह हो भी नहीं सकती परन्तु प्रेम से बड़ी मुक्ति और कोई नहीं है। मेरी दृष्टि भ्रष्ट नहीं हो सकती, क्योंकि उसमें केवल प्रेम ही प्रेम जीवन्त है वही प्रेम मुझे न जीने दे रहा है, न मरने। ये तो, प्रेम जो करे, सो जाने।

❑❑